تہ بساط

ما در درون سینهٔ هوای نهفته‌ایم

## آثاری که تاکنون از نویسندهٔ این کتاب چاپ و منتشر شده است

• کتابهائی که با علامت × مشخص شده، هنوز به انتظار اجازه انتشار در چاپخانه یا صحاف محبوسند، بجز شماره ۱۷ که بعلت طولانی شدن دوران انتظار خیر شد و راحت.

• کتابهای شماره ۱۷، ۱۹، ۲۰ بدون اجازه و اطلاع مؤلف در خارج از ایران چند نوبت منتشر شده است.

• کتاب شماره ۱۸ با اجازهٔ مؤلف در امریکا منتشر شد.

# ته بساط

## سعیدی سیرجانی

Ibex Publishers,
Bethesda, Maryland

ته بساط
سعیدی سیرجانی

Tah Basat
Critical Essays by Saidi Sirjani

Cover illustration is from *Voyage en Perse Moderne*
by Eugène Flandin and Pascal Coste.

این کتاب با اجازه مولف بطبع رسیده و کلیه
حقوق آن برای ناشر و مولف محفوظ است.

ISBN: 978-0-936347-23-3
LCCN: 91-077271

Manufactured in the United States of America. The paper used in this book
meets the minimum requirements of the American National Standard for
Information Services—Permanence of Paper for Printed Library Materials, ANSI
Z39.48–1984

Ibex Publishers, Inc.
Post Office Box 30087
Bethesda, Maryland 20824
Telephone: 301–718–8188
Facsimile: 301–907–8707
www.ibexpublishers.com

# فهرست مقالات

# این چاپ

این کتاب در تهران حروفچینی شده و همزمان در ایران و خارج از ایران به چاپ رسیده است، اما تصوّر می‌کنم چاپ خارجش زودتر از چاپ ایران منتشر گردد. امیدوارم معاندانِ کج اندیشی که دور میدان نشسته اند و فریاد «لِنگش کن» شان در فضا پیچیده است، با شنیدن این خبر بوق و کرّنا برندارند و سر و صدا راه نیندازند که: واویلا، در ایران اسلامی اختناق حکمفرماست. خیر، مطلقاً همچو چیزی نیست. ولایت مطلقهٔ فقیه کجا و اختناق فکری و فرهنگی کجا؟ آنچه باعث تأخیر انتشار کتابها می‌شود روش خاصی است که در وطن عزیزمان جریان دارد— و البته که به مصلحت اسلام و مسلمین است— خلاصه اش اینکه:

اگر خواستید در ایران اسلامی کتابی منتشر کنید، دیگر آن استبداد و اختناق دوران آریامهری نیست که مجبور باشید مطالب دست نویس یا ماشین‌شدهٔ کتاب را به ادارهٔ کل نگارش وزارت فرهنگ و هنر تسلیم نمائید تا سانسورچیان دستگاه حکّ و اصلاحش کنند و بعد از ماهها اجازهٔ چاپ بدهند، یا ندهند[1]. خیر بحمدالله این سدّ نامبارک از میان برداشته شده است.

۱— در رژیم آریامهری هم بودند آدمیزادگانِ دردسرجوئی که بجای مراجعه و کسب نظر از مأموران ادارهٔ کل نگارش وزارت فرهنگ و هنر خودسرانه اقدام به چاپ کتاب می‌کردند و به عواقبش گرفتار می‌آمدند. بگذارید فصلی از ←

امر رسیدگی[۲] به انتشار کتاب در جمهوری اسلامی بر عهدهٔ وزارت ارشاد و فرهنگ اسلامی است. مؤلف یا ناشر اجازه دارند هرچه می‌خواهند بنویسند و انتخاب کنند،

۲ــ البته منظور از **رسیدگی** هدایت متفکران و نویسندگان است برای علمی‌تر شدن کارشان، و فصیح‌تر شدن نثرشان؛ وگرنه در جمهوری اسلامی بحکم نص قانون اساسی ممیّزی در کتابها و مطبوعات جرم شناخته شده است.

یادداشتهای منتشر نشدهٔ استاد فقیدم دکتر خانلری را برایتان نقل کنم؛ برای عبرت کسانی که ممکن است در آینده پیدا شوند و بخواهند با توقیف کتابها در جهان گستردهٔ بهم پیوستهٔ امروز پایه‌های حکومتشان را محکم کنند:

«دام دیگر که برای من گستردند این بود که روزی آقای پهلبد به من تلفن کرد که مطلب مهمی دارد و می‌خواهد با من دربارهٔ آن صحبت کند، وقتی معین کردیم و در دفتر من با هم ملاقاتی کردیم. گفت که **هفتصد جلد کتاب** چاپ شده و منتظر اجازهٔ انتشار است اما دستگاه نگارش وزارت فرهنگ و هنر هنوز اجازه نداده و این امر موجب نارضایتی مؤلفان شده و تبلیغاتی بر ضد این روش می‌کنند. تصمیم گرفته شده است که نظارت بر این امر را به فرهنگستان واگذار کنند که صلاحیت دارد تا از میان این کتب آنچه را سودمند می‌داند و جنبهٔ **خلاّقیت** آنها را تصدیق می‌کند اجازهٔ انتشار بدهد. کلمهٔ خلاّقیت را چند بار تکرار کرد و ضمناً گفت که این طرح را اونکشیده بلکه دستگاههای دیگر (یعنی ساواک) آن را ابتکار کرده و **به عرض رسانیده‌اند** و تصویب شده است و این نکته را نیز مکرّر کرد. خلاصه آنکه پیشنهاد می‌کند که در فرهنگستان کمیسیونی مرکب از ده نفر یا بیشتر تشکیل شود که این کتابها را بخوانند و دربارهٔ جنبهٔ خلاّقیت آنها اظهارنظر کنند و هر کدام را که دارای این صفت باشد اجازهٔ انتشار بدهند. و گفت که فهرست اسامی آن ده نفر تهیه شده و برای شما فرستاده می‌شود و خودتان مختارید که آن لیست را کم و زیاد کنید. گفتم من که فرصت خواندن این همه کتاب را ندارم و بعلاوه درست نمی‌فهمم که مراد از خلاّقیت چیست، گفت مقصود ارزش ادبی و هنری است. گفتم فعلا نمی‌توانم این طرح را رد یا قبول کنم. خواهش کردم که به من بنویسند تا با فرصت و دقت بیشتری موضوع را مطالعه کنم. در آخر مذاکره باز دو نکته را تأیید کرد: یکی اینکه طرّاح این نقشه او نبوده و دیگر آنکه مطلب به شرف عرض رسیده و تصویب شده است. ضمناً گفت که هر قدر اعتبار بخواهید برای دستمزد همکاران در اختیار شما گذاشته می‌شود و مطلقاً می‌توانید به هر طریق که بخواهید از آن استفاده کنید. در موقع خداحافظی هم گفت که این کار موجب نیکنامی شما خواهد شد و عده‌ای که کتابشان آزاد می‌شود ممنون شما خواهند بود.....».

اینکه مرحوم خانلری نوشته است گوشه‌ای است از طول و عرض مسألهٔ سانسور کتاب در اواخر دوران آریامهری. شاهِ واقعاً بدعاقبت تصوّر می‌کرد با تشکیل دستگاهی به نام ادارهٔ کلّ نگارش در وزارت فرهنگ و هنرمیتوان به جنگ فکر و قلم رفت، غافل از این واقعیّت که تنها خاصیّت همچو اداره‌ای کاستن از تیراژ رسمی کتابهاست و افزودن بر تعداد طالبان و خوانندگان. در آن دوران تیراژ معمولی کتابی موفّق چیزی در حدود ۳ تا ۵ هزار نسخه بود که اگر نویسنده و ناشر را آزاد می‌گذاشتند برای مصرف دو سالهٔ بازار کافی می‌نمود. اما اگر نوجوانان روزگار ما ندانند، سی چهل ساله‌های وطن می‌دانند چگونه آثار نویسندگان ممنوع‌القلم به دست دهها هزار نفر خوانندگان مشتاق می‌رسید، که ←

نوشته‌ها را به چاپخانه بسپارند. چاپخانه‌ها در کمال آزادی عمل مطالب را حروفچینی می‌کنند و پس از نمونه گیری های متعدد آن را در تیراژی که سفارش داده اید روی کاغذی — که معمولا از بازار آزاد خریداری شده است[۳] — چاپ می‌کنند، و شما که مؤلف یا ناشرید مزد حروفچینی و چاپ و کاغذ را تمام و کمال می‌پردازید. آنگاه مدیر چاپخانه نسخه‌ای از فُرم های چاپ شدهٔ کتاب را جلدی موقّتی می‌کند و مشخّصاتش را (ازقبیل نام مؤلف و ناشر، تیراژ، تاریخ اتمام چاپ) روی فرمی چاپی می‌نویسد و نسخهٔ جلدشده را همراه آن فرم مستقیماً به ادارهٔ کل مطبوعات وزارت ارشاد می‌فرستد[۴]. در وزارت ارشاد نسخهٔ چاپی

۳ــ کاغذی که دولت ــ یعنی وزارت ارشاد اسلامی ــ در اختیار بعض مؤلفان و ناشران می‌گذارد هر بند (پانصد برگی) در حدود دویست و پنجاه تومان است. اما قیمت همان کاغذ دولتی در بازار آزاد از سه هزار تومان هست تا پنج هزار تومان.

٤ــ بدون اینکه نسخه‌ای از آن به عنوان نمونه به مؤلف یا ناشر بدهند؛ شاهدش اینکه خود بنده هنوز حسرت دیدن نمونه ای از چاپ دوم در آستین مرقع را به دل دارم.

→

الانسان حریصٌ علی ما مُنع.

و عجبا که اوج سانسور آریامهری در دوران همان امیرعباس هویدائی بود که به هر حال از روشنفکران مملکت بشمار می‌رفت و از بسیارخوانانِ زمانه. و باز هم عجبا که با همه دانائی این نمی‌دانست که با این سدهای پوشالی نمی‌توان به مقابلهٔ سیل جوشان افکار و جریان طبیعی زمانه رفت.

همین آقای هویدا در اواخر عهد دولتش چون می‌بیند با گرفتن و بستن و توقیف و سانسور کاری از پیش نبرده است به چاره‌جویی برمی‌خیزد، با حضور جماعت ناشران و مقامات وزارت فرهنگ و هنر و مباشران سانسور جلسه ای تشکیل می‌دهد. ناشران از اختاپوس سانسور می‌نالند و مدیر کل مربوطه به دفاع از همکارانش برمی‌خیزد که:

«درست است که بسیاری از این نویسنده های خائن بی وطن مستقیماً چیزی دربارهٔ سیاست روز نمی‌نویسند اما همه می‌دانند وقتی نویسنده‌ای شروع می‌کند به بدگوئی از شمر یا انتقاد از یزید منظورش شاهنشاه آریامهر است، آنوقت توقّع دارید آزادشان بگذارم تا با حیثیات ملی ما بازی کنند؟».

و همین پاسخ جانانهٔ رئیس دستگاه سانسور باعث می‌شود که همهٔ دستها به جیبها رود و دستمالهای در دهان تپانده مانع خندهٔ حاضران شود.

در آن سالهای سیاه اگر خوش‌رقصی دشمنان فکر و قلم مجالی می‌داد تا جویبار نرم سیرِ افکار در مسیر طبیعی خود جریان یابد هرگز در پشت سدّ سانسور تبدیل به سیل بنیان کن نمی‌شد، و هرگز کار جنون فرمانروائی بدانجا نمی‌کشید که «هیچ نیازی به نویسندگان انتقادگر نیست، من خودم انتقاد می‌کنم کافیست»، یا «هر که نمی‌خواهد عضو حزب رستاخیز شود، بیاید گذرنامه اش را بگیرد و برود».

با تغافل از گذشته ای تاریک نمی‌توان به آینده ای روشن رسید.

کتاب در اختیار بررسان محترم[5] قرار می‌گیرد. بررسان محترم برای مطالعهٔ کتاب نوبتی تعیین می‌فرمایند.

از اینجا به بعد مسئله ممکن است به دو صورت درآید: یا مأموران وظیفه‌شناس در کتاب عیب و ایرادی نمی‌بینند، و چند ماهی ــ و گاهی هم چند روزی ــ بعد اجازهٔ خروج از چاپخانه و تحویل به صحافی اش را صادر می‌کنند؛ و شما که مؤلف یا ناشرید اجازه‌نامهٔ رسمی چاپی را می‌گیرید و به دفتر چاپخانه می‌برید، و مدیر چاپخانه فرمهای کتابتان را به صحافی که نامش در اجازه‌نامهٔ رسمی آمده است تحویل می‌دهد. یا اینکه در کتاب چاپ شدهٔ شما مختصر عیب و ایرادهائی وجود دارد و بررسان محترم که دلشان می‌خواهد هرچه در قلمرو جمهوری اسلامی منتشر می‌شود بی عیب و نقص باشد، عبارات معیوب و کلمات نامناسب را مشخّص می‌نمایند و شما را که ناشر یا مؤلفید به حضور می‌خوانند و توصیه می‌فرمایند که این نکات جزئی را ــ که ممکن است بیش از پنجاه شصت مورد نباشد ــ در متن چاپ شده اصلاح کنید و بار دیگر نسخهٔ بی‌عیب و نقص را با همان تشریفات سابق به حضورشان بفرستید تا پس از بررسی اجازهٔ حمل به صحافی صادر شود. در همچو مواردی کار اندکی به تعویق می‌افتد. برای تعویض چهل پنجاه صفحه از کتابی ممکن است مشکلاتی پیش آید از قبیل نایاب شدن نوع کاغذی که قبلاً تهیه کرده بودید[6]، اعتراض صحاف که من اهل «لت‌چسبانی» نیستم و باید در هر مورد فرم کامل کتاب را (که معمولا ۱۶ صفحه است) عوض کنی و از این مسائل که مطلقاً و ابداً ربطی به وزارت ارشاد ندارد و گناهش متوجه کاغذفروشان است و صحافان.

به هر حال امر از این دو صورت خارج نیست، بجز موارد البته معدودی که بررسان محترم بر اثر گرفتاریهای زیاد مجال کافی برای بررسی کتابی ندارند و به این زودیها نوبت بررسی اش نمی‌رسد.[7] در این موارد استثنائی گاهی یک سال دو سال پنج سال هشت سال می‌گذرد و

۵ــ این جماعت بررسان غالبا همان جوانهائی هستند که با مشت‌های گره کرده و فریادهای آزادی خواهانه‌شان حکومت مطلقهٔ اختناق آریامهری را ساقط کردند.

۶ــ تغییر رنگ کاغذ و کوتاه و بلند شدن صفحات در بعض کتابها معلول کم همتی ناشرانی است که نتوانسته اند بر این مشکلات جزئی فایق آیند.

۷ــ گاهی هم صفحات کتاب زیاد است و خواندنش وقت‌گیر، مثلاً چاپ ششم تاریخ بیداری ایرانیان که ۱۴۰۰ صفحه است اگر چند سالی معطل بماند جای گله و شکایتی نیست.

نوبت بررسی به کتاب شما نمی‌رسد . در اینجا هم نه مأموران وزارت ارشاد گناهی دارند و نه مدیر چاپخانه که مرتب غرغر می‌زند و از تنگیِ جا شکایت می‌کند. اگر گناهی باشد متوجه بخت بدِ ناشر و نویسنده است از طرفی و مدیر چاپخانه از طرفی دیگر که وقت تأسیس چاپخانه به فضائی پانصد یا هزارمتری اکتفا کرده است و انباری چند هزارمتری برای نگهداری همچو کتابهائی در اختیار ندارد[۸]؛ و به همین علت بعد از یکی دوسال صبر کردن و بر دوش ناشر و مؤلف منتها گذاشتن، شخصاً برای رهائی از تنگی جا و مخارج نگهداریِ فرمهای چاپ شده پیشنهاد معدوم کردن فرمها را می‌دهد[۹].

همین جاست که تماشاچیان مقیم خارج فریاد برمی‌دارند که: وامصیبتا، در جمهوری اسلامی کتاب خمیر می‌کنند یا می‌سوزانند. بله، همچو کاری صورت می‌گیرد منتها نه به دستور وزارت ارشاد. تنها دخالت وزارت ارشاد در این مرحله منحصر بدین است که نماینده‌ای بفرستد تا با حضور او صفحات لاک و مهر شدهٔ کتاب معدوم گردد، و این عمل هم صرفاً برای حفظ حیثیت مؤلف است و ناشر. آخر اگر بنا شد فرمها را ببرند و فی‌المثل پاکت درست کنند و به بقال ها و میوه‌فروشها بدهند و این پاکتها به دست بلفضولان افتد، دیگر آبروئی برای ناشر و مؤلف باقی می‌ماند؟

باری، بگذریم و دنبالهٔ سرگذشت را تماشا کنیم. درمورد کتابهائی که به صحافی فرستاده شده است، باز امر از دوصورت خارج نیست: صحّاف کتابتان را جلد می‌کند و برای هر جلد اگر زرکوب باشد مبلغی بین هشتاد تا صد تومان وجه نقد رایج مملکتی از شما می‌گیرد[۱۰]، آن وقت پنج نسخه از کتابهای جلد شده را همراه نامه‌ای مبنی بر اتمام کار صحافی این دفعه به

۸ــ این مدیران چاپخانه ها هم بعضی هاشان آدمهای عجیبی هستند. یکیشان که دوسالی فرم های چاپ دوم در آستین مرقع را نگهداری کرده بود می‌گفت «صد هزار تومان بابت چاپ به من داده‌اید، حال آنکه کرایهٔ سالانه همین یک اطاق بیش از دویست هزار تومان است».

۹ــ کاری که بعد از سه سال همان مدیر چاپخانه کرد. خدا پدرش را بیامرزد که از مطالبهٔ ششصد هزار تومان اجارهٔ سه ساله صرفنظر فرمود، وگرنه تکلیف بنده و ناشر چه بود؟

۱۰ــ هزینهٔ جلدسازی ۱۵ هزار نسخه چاپ پنجم **ضحاک ماردوش** ۱/۲۰۰/۰۰۰ تومان بیشتر نشد، که خوشبختانه مؤلفش پولدار بود و مسئله ای پیش نیامد!

دست خودتان می‌دهد تا ببرید به ادارهٔ قیمت گذاری وزارت ارشاد[11] و کارشناسان خبره با توجه به قیمت رسمی و دولتی کاغذ و چاپ و صحافی ارزش آن را تعیین فرمایند[12]. در مورد قیمت گذاری هم باز امر از دو صورت بیرون نیست: قیمتی که تعیین می‌فرمایند گاهی دو تا سه برابر هزینه های چاپ است که در این صورت نان مؤلف و ناشر توی روغن است (البته اگر کتابشان خریداری داشته باشد)؛ گاهی هم قیمت تعیین‌شده چیزکی از مخارج واقعی کمتر است[13]. حالا اگر مؤلف یا ناشر نتوانند با کسر سی درصد هزینه های توزیع از قیمت تعیین شده، کتاب را به دست مردم برسانند، ربطی به وزارت ارشاد ندارد و گناه از بخت سیاه و طالع ناموافق خودشان است، که تازه در این صورت هم بحکم زرحمت گشاید درِ دیگری نسخه های کتاب را به دست ویزیتورها می‌سپارند تا به چند برابر قیمت تعیین‌شده در بازار سیاه عرضه کنند[14]، گرچه این عمل نه اخلاقی است و نه اسلامی، و شایستهٔ هزاران سرزنش.

بعد از مرحلهٔ تعیین قیمت هم، امر از دو صورت خارج نیست: یا فرم رسمی اجازهٔ ترخیص کتاب را خطاب به کارگاه صحافی صادر می‌فرمایند و به دستتان می‌دهند که بروید و کتاب را توزیع کنید، یا اینکه باز بختتان می‌زند و فرصتی پیش نمی‌آید تا فرم ترخیص را امضا کنند و بدهند[15].

در این مرحله نیز امر از دو صورت خارج نیست: یا مجبورید با التماسها و ریش گروگذاشتنها از صحاف خواهش کنید که چند ماه یا چند سال دیگر حوصله نشان دهد و به

۱۱ــ اخیرا این «قانون» عوض شده است، از چاپ اول هر کتاب باید ۱۰ نسخه تقدیم کنید و از چاپهای بعدی هر چاپ ۵ نسخه.

۱۲ــ این را می‌گویند توجه دولت به فرهنگ مملکت، در کشوری که خرید و فروش همه کالاها تابع قانون عرضه و تقاضاست، از کاغذ نازک و تیرآهن کلُفت گرفته تا نان سنگک و آمپول...، آیا دلسوزی وزارت ارشاد در قیمت گذاری کتابها معرّف کمال علاقهٔ مسئولان محترم به طبقهٔ کتابخوانِ اندک بضاعت نیست؟. حالا اگر بعض کتابها محال است با قیمت اعلام‌شده به دست اهلش برسد، وزارت ارشاد را چه گناه؟

۱۳ــ مثلا چاپ سوم **سیمای دوزن** را با حساب البته دقیق ۴۳ تومان تعیین فرموده بودند، و در همان سال به چند کتاب در همان قطع و اندازه قیمت هائی بین ۷۰ تا ۱۲۰ تومان دادند.

۱٤ــ که در مورد **سیمای دوزن** چنین شد و عملاً حتی یک نسخه اش هم ارزانتر از ۲۸۰ تومان به دست خواننده نرسید. نوش جان دلاّلان کتاب.

۱۵ــ مثلا **ضحاک ماردوش** علیه ما علیه که چاپ پنجمش تا این مرحله رسید و سر بشکست.

هر صورت که هست انبوه کتابهای جلد شده را در گوشه ای به انبارِ انتظار بسپارد؛ یا شما که مؤلف و ناشرید ــ و البته بی صبر و تنگ حوصله ــ نمی‌توانید با صحاف کنار بیایید و صحاف ناچار است برای دفع شرّ کتابهایِ جا گیر به وزارت ارشاد متوسّل شود و نماینده‌ای بخواهد برای امحاء کتابها. که در این صورت هم گناه یا از صحاف بی فکرِ عاقبت نیندیشی است که انبار مناسبی تهیه نکرده است، یا متوجه آتش مزاجی خود شماست. به هر حال مطلقاً و ابداً ربطی به وزارت ارشاد ندارد.

در مورد چاپ های بعدی نیز همین مراحل با همین دقّتها و همین دلسوزی ها موبه‌مو باید اجرا شود، و می‌شود. آخر ممکن است بررسانی که دو ماه پیش اجازهٔ چاپ چهارم را داده‌اند رفته باشند و بجایشان گروهی دیگر آمده باشد و کُشتنیان را سیاستی دیگر.

***

با توجه به همین دلایل است که عرض کردم احتمال دارد چاپ خارج این کتاب زودتر از چاپ ایرانش به دست خوانندگان برسد؛ که این هم تازه به نفع مؤلف و ناشر است و باید عمری سپاسگزار حسن توجه مأموران بررسی باشند. می‌پرسید چرا؟ بشنوید:

بعض کتابها در خارج از ایران خواستارانی دارد و خریدارانی. کشور عزیز ما با همه توجّهی که به رعایت حقوق اهل تحقیق و تألیف دارد به قانون بین المللی «حق چاپ» نپیوسته است[۱۶]، و در میان هم وطنان البته عزیز خارج از ایران، هستند مردان فرهنگ پروری که صرفاً برای نشر فرهنگ ایرانی اقدام به تجدید چاپ کتابهائی می‌فرمایند که در ایران منتشر شده است و بعللی چاپ دوم یا سومشان به موانعی که عرض کردم برخورده است. این هم وطنان عزیز در کمال فداکاری و ایثار به نفس کتاب شما را برمی‌دارند، هزار نسخه، دو هزار نسخه چاپ می‌کنند و به بازار می‌فرستند و پشت جلدش هم می‌نویسند «همه حقوق محفوظ است»، البته برای خودشان. حالا اگر فرصت نمی‌کنند یا پولش را ندارند که چهارپنج دلاری خرج تلفن کنند و از مؤلف یا ناشر به عنوان رعایت ادب اجازه‌ای بگیرند، جای

۱۶ــ قسمتی از بارِ این گناه بر دوش خود بنده است. در سالهای آخر عهد آریامهری دولت هویدا اصراری در پیوستن به قانون بین المللی حقِ چاپ (کپی رایت) داشت، یکی از کسانی که با این کار بشدّت مخالفت کرد خود بنده بودم (اصل مقاله در کتاب **درآستین مرقع** آمده است)؛ و هنوز هم بر همین عقیده‌ام، البته درمورد ترجمهٔ کتابهای خارجی، نه اینکه عین کتاب مردم را بردارند و افست کنند، کاری که در وطن عزیزمان رایج است و گاهی هم مباشرانش نهادها و دستگاههای رسمی.

ملامتی نیست. این جزئیات ارزش بگومگو ندارد. غرض خدمت به مؤلف است و خوانندگانی که حاضرند فلان کتاب دویست صفحه‌ای را با جلد شمیز به قیمت ۲۰ دلار بخرند و کلّی هم متشکر باشند.[۱۷]

ملاحظه می‌فرمائید چه سعادتی داریم و در چه دوران فرهنگ پروری زندگی می‌کنیم. آن از ملاحظات دلسوزانهٔ بررسان محترم داخلی، و این از فداکاریهای ناشران خارجی.

با اینکه گفته‌اند تنها چیزی که بودنش احتیاجی به تبلیغ ندارد آزادی است، من دریغم آمد در مورد آزادی عملی که متفکّران و نویسندگان و ناشران ایرانی در حال و هوای فعلی دارند و غالبا قدرش را نمی‌دانند، حرفی نزده باشم.

تهران ــ دی ۱۳۶۹

سعیدی سیرجانی

۱۷ــ در کُلنِ آلمان کنگره‌ای بود برای تجلیل شاهنامه. من هم شرکت داشتم. صبح روزی که درخدمت استادان گرامی (صفا، یارشاطر، متینی وغیر هم) راهی محل جلسات شدیم در راهرو دانشگاه کلن نمایشگاه کتابی ترتیب داده بودند. دکتر یارشاطر که شب پیش نسخه ای از چاپ آمریکای **ضحاک ماردوش** برایم آورده بود ــ که مرد محترمی بدون اطلاع و اجازهٔ بنده مرتکب فداکاری شده بود ــ روی بساط یکی از کتابفروشان نمایشگاه چشمش به چاپ دیگری از همان کتاب افتاد که هم وطنان فرهنگ پرورمان در آلمان منتشر کرده بودند، با چاپ و جلدی بدتر از نوع آمریکائیش و با قیمتی بیشتر. به نیّت تفنّنی رو به جوان نازنینی که تابلو «**انتشارات هنر**» بالای سرش می‌درخشید کردم که ناشر این کتاب جنابعالی هستید؟. شانه‌ای تکان داد که «بچه ها چاپ کرده‌اند»، و درپاسخ سئوالم دربارهٔ هویت «بچه ها» گوشهٔ لبی جمع کرد که «همین بچه ها، دیگه»، و با شنیدن این پرسش ابلهانه که «از صاحبش اجازه گرفته اید؟» نگاهی لبریز از بی‌حوصلگی بر چهره‌ام پاشید که «صاحبش دارد توی زندان اوین می‌پوسد، من چطوری ازش اجازه بگیرم؟» و در مقابل تردید من که «یقین دارید صاحبش توی زندان است؟» لحنش رنگ قاطعیّتی گرفت که «مدتهاست، شاید هم زیر شکنجه مرده باشد»؛ و من که می‌دیدم بر دیوار روبروی جناب مدیر **انتشارات هنر** آگهی بزرگی با خط نستعلیق ــ برای رماندن مستمعان ــ آویخته اند که «سخنران امروز سعیدی سیرجانی است»، درحالیکه می‌کوشیدم مانع دخالت و اشارت دکتر صفا و دکتر متینی شوم، به فضولی ادامه دادم که «به فرض خودش مرده بود، زنی، بچه‌ای، ورثه‌ای که داشت، کاش لااقل تلفنی می‌زدید و از آنها اجازه‌ای می‌گرفتید». مرد البته نازنین که از پرحرفی من بشدّت عصبانی شده بود، به پرخاش آمد که «برو بابا، خدا پدرت را بیامرزد، صدّام می‌رود کویت را می‌گیرد و آب از آب تکان نمی‌خورد، من بروم برای چاپ کتاب اجازه بگیرم».

# این حکایت

به درویش گفتند «بساطت را جمع کن» دهنش * را گذاشت روی هم. بنده هم چون خیال دارم بساطم را جمع کنم چاره‌ای ندارم جز به حراج گذاشتن ته بساط. و این ته بساط زندگی بی‌حاصل من است که دیگر نه حالی برای نوشتن مانده است و نه مجالی. از ما که خسته‌ایم گذشته است.

در مورد مقالات این دفتر و مجموعه های دیگرم می‌خواهم نکته‌ای به عرض خوانندگانی برسانم که از نزدیک فیض زیارتشان نصیبم نیفتاده است و آنان هم با شیوه زندگی بنده آشنائی ندارند. و آن اینکه هر چه نوشته‌ام در هر دوره و زمانی عین عقیده‌ام بوده است بی هیچ مصلحت اندیشی و تقیّه‌ای و چه بسا که در بسیاری موارد تشخیصم غلط باشد.

چندی پیش دوستی به سراغم آمد که «آفات پیری به جانت افتاده یا قاطعیت برادران متعهد به تو هم سرایت کرده است؟ این پرت و پلاها چیست که می‌نویسی؟». خندیدم که «کدام یکی را می‌گویی؟». خروشید که «همه را، نکند تو هم وقت نوشتن در قالب بزرگانی می‌روی که جز راه خودشان هر راهی را باطل می‌دانند و جز مریدان خویش همه عالم را کافر؟». نالیدم که «دوست عزیز، اولاً کار پاکان را قیاس از ما مگیر، ثانیا من کی و کجا همچو احکامی صادر کرده‌ام؟».

رفیق معترض که خود از روزگاران جوانی زخمهائی در دل و آثاری بر صورت دارد* گفت

* عباس منصور سالها پیش مدتی را در قصر قجر و جزیرهٔ خارک گذرانده است و بقیه قضایا.

«همین که نوشته‌ای بعد از هجوم چنگیزخان، مغولی به چند نفری از نیشابوریان برخورد، خطی دورشان کشید و گفت: همین جا بمانید تا بروم و شمشیرم را بیاورم و بکشمتان؛ و نیشابوریان ماندند و مغول هم به وعده‌اش وفا کرد». گفتم «از خودم که نساخته‌ام، لابد جائی خوانده‌ام». خروشید که «نمی‌گویم نخوانده‌ای، نمی‌گویم دروغ است، نتیجه گیری تو غلط است، اطاعت مردم را حمل بر بی‌غیرتی و بی‌حمیتی کرده‌ای». از حالت دفاعی درآمدم که «یعنی این بی‌غیرتی نیست، چند نفر مرد صحیح و سالم و احتمالاً جوان را مغول پاچه ورمالیده‌ای در حصار خطی زندانی کند که بمانید تا برگردم و بکشمتان، و آنها هم بمانند بی‌آنکه دست از پا خطا کنند تا جانور بیاید و بکشدشان»، خندهٔ تلخی سر داد که «بله، این اوج غیرتمندی است و حدّ اعلای فداکاری». خندیدم که «کمال بی‌غیرتی است و بزدلی و ستم‌پذیری. چرا این جمع چند نفری که تن به مرگ داده بودند نریختند و مغول متجاوز را تکه‌تکه نکردند، بیش از این بود که می‌کشتندشان؟».

سری تکان داد که «البته بیش از این بود. تو گمان می‌کنی اگر می‌گریختند به نفعشان تمام می‌شد؟». به پاسخ برخاستم که «البته، گیرم دل و جرأتی نداشتند که دسته جمعی بر سر مغول بریزند و حسابش را برسند، آخر کم از این که بگریزند و خودشان را نجات دهند، تا مغول برگردد و مغولان دیگر را خبر کند و به جستجویشان پردازند خود فرصتی مغتنم است و از این ستون تا آن ستون فرج».

رفیقم خندهٔ تلخی سر داد که «اشتباهت همین جاست، زیر پرچم امن و امان عدل اسلامی نشسته‌ای و گمان می‌کنی که مغول‌های بت‌پرست هم از قبیلهٔ مسلمانان متعهدند که نص شریف وَلاتَزِرُ وازِرَةٌ وِزرَ اُخریٰ سدّ راهشان باشد، خیر، چنین نیست، او بجای اینکه نیرویش را در جستجوی فراریان مصرف کند مستقیم به سراغ زن و بچه و کس و کارشان می‌رود و انتقام فرار مرد را از دختر و پسر و خواهر و برادرش می‌گیرد و خانواده‌ای را عرضه تیغ قساوت می‌کند. مرد نیشابوری که نمونه‌های این قساوت مهاجمان را به فراوانی دیده است ترجیح می‌دهد مثل چوب خشکی سر جایش بایستد تا مغول بازآید و گردنش را بزند، بدین امید که زن و فرزندش از لهیب غضب مغولان معاف مانند، ولو اینکه قرنها بعد آدمیزاده ساده‌لوحی مثل تو پیدا شود و عمل شهامت‌آمیز فداکارانه‌اش را حمل بر زبونی و بزدلی کند» و با مشاهدهٔ آثار انکار و تردید بر چهرهٔ من لحنش تندتر شد و ملامت‌آمیزتر که «اصلا امثال تو

به اصطلاح قلمزنانی که در چله خانهٔ انزوا نشسته اید و از حال و روزگار ملت و مملکتتان بی‌خبرید با چه جرأتی به مباحث اجتماعی می‌پردازید، اگر توی جامعه بودی و همین چند سال پیش با چشم خود می‌دیدی چگونه به جرم ناکردهٔ پسر پدر پیرش را به شکنجه گاه می‌برند و برادر خردسالش را از مدرسه بیرون می‌کشند، و خواهر بیچاره اش را ممنوع القلم می‌کنند و زن بدبختش را به زندان روسپیان می‌سپارند، و همه کسان و بستگانش را از طبیعی ترین حقوق انسانی محروم می‌سازند،... دست به قلم نمی‌بردی و این پرت و پلاها را نمی‌نوشتی».

من که می‌دانستم رفیقمان به روزگار جوانی از مبارزان بوده و طعم زندان و تبعیدگاه چشیده و دل پرخونی از دستگاه گذشته دارد، سخنان شعارگونه اش را از مقولهٔ اغراقهای سیاسی دانستم و دنبالهٔ بحث را نکشیدم. اما سالها بعد با تأمل و تحقیق بیشتر ــ البته در متون تاریخی ــ دیدم حق با اوست.

و اکنون به قول کلیلهٔ کذائی این حکایت بدان آوردم تا خوانندگان این مجموعه بدانند نوشته های بنده غالبا مشتی خیالبافی است، نه استدلال محکم منطق. سخن حق در زمانهٔ ما هم مثل روزگاران گذشته چیزی است که برهان قاطعی پشت سرش ایستاده باشد، و بنده نه برهان قاطعی دارم و نه حتی خودم درحقانیت برداشتهایم اصراری.

اما به یک نکته اعتقاد دارم، و آن بی ارزشی زندگی آدمیزاده است در مقابل آزادی و آزادگی. و اکنون که نوای خوش الرحمن در گوش جانم پیچیده است و صلای راحت بخش ارجعی بر شوق وصالم افزوده‌امیدوارم در حفظ این عقیده تا واپسین لحظات زندگی ثابت قدم بمانم.

# آسید ابول

خدا بیامرزد اموات شما و همه رفتگان اهل اسلام را، پدر خدا بیامرز من اولین کسی بود که پای کتاب و مجلات را به ولایتمان باز کرد. کتابفروشی پیرمرد اگر برای خودش جز دردسر و زیان حاصلی نداشت برای من که در سالهای دور و بر ده سالگی می‌پلکیدم و حرص سیری ناپذیری به خواندن مجلات هفتگی داشتم چیزی از مقولهٔ خلوت بی مدّعی و سفرهٔ بی انتظار بود. یکی از هفتگی های دهاتی پسند آن روزگار مجله ای بود به نام «ترقی» با سرمقاله هائی به قلم مدیرش لطف الله ترقی که من دلباختهٔ قلمش بودم.

لطفاً تأمل کنید و محکومم نکنید که بچهٔ ده دوازده ساله را چه به خواندن سرمقالهٔ مجله که جای طرح مسائل سیاسی و پیچیدهٔ مملکتی است. علت شور و شوق من به خواندن سرمقاله های ترقی این بود که نویسنده بجای انشاء عبارات ملقلق و پرطمطراق، در هر شماره با نقل قصهٔ شیرینی می‌کوشید حرفهایش را با شیوهٔ تمثیلی به خوانندگانی که غالبا شهرستانیهای از همه جا بی خبری بودند منتقل کند.

باری، یکی از روزها شمارهٔ تازه مجلهٔ ترقی از راه رسیده بود و مشغول خواندن سرمقاله اش شده بودم که مشتری دائمی کتابفروشی از راه رسید. آسید مصطفای مرحوم را می‌گویم که ظاهرا باید معرّف حضور اغلب شما خوانندگان پرت و پلاهای بنده باشد. سید نازنین از نعمت خواندن و نکبت نوشتن بی نصیب افتاده بود، اما شوق عجیبی داشت به اطلاع از همه جریانهای

روز و شنیدن همهٔ مقالات و اخبار جراید. هر وقت از برابر کتابفروشی پدرم می‌گذشت و مرا مشغول خواندن می‌دید، با عبارت همیشگی اش به سراغم می‌آمد که «آمیرزا، مگه چی نوشته اند که این جوری ششدانگ حواست رفته توی مجله؛ بلند بخوان من هم گوش کنم.» و از آن به بعد وظیفهٔ همه روزهٔ من شروع می‌شد: هم خواندن مقاله و هم شنیدن تفسیر و تعبیرها و گاهی هم اظهار نظرهای فنّی آسید مصطفی.

آن روز هم سیّد رسید و مجبورم کرد سرمقالهٔ ترقی را برایش بخوانم. مرحوم ترقی به شیوهٔ معتادش قصه ای بافته و چاشنی سرمقاله کرده بود بدین مضمون:

اهالی روستائی در فلان گوشهٔ خاک پهناور وطن در تنها قهوه‌خانهٔ ده گِرد آمده و مشغول نوشیدن چای و کشیدن چپق بودند و قهوه‌چی هم با حدّت و حرارت مشغول خدمت که در گوشهٔ نیمه تاریکی از قهوه‌خانه چشمش به قیافهٔ ناآشنائی افتاد؛ مرد جلمبر مفلوکی در زاویه‌ای کز کرده و زانوی چکنم در بغل گرفته و سر بی کسی بر زانو نهاده بود. قهوه‌چی به تصور اینکه مرد ناشناس مسافر راهگذری است که برای نوشیدن پیاله ای چای وارد قهوه‌خانه شده است، استکانی پر کرد و بجای دو حبه سه حبهٔ قند هم پهلویش گذاشت و به شاگردش داد تا ببرد و پیش روی تازه وارد بگذارد، شاگرد قهوه‌چی رفت و باز آمد که «نمی‌خواهد».

قهوه‌چی به تصور اینکه مرد گرسنه است و برای خوردن غذائی بدانجا آمده است، شخصاً به سراغش رفت و درپی سرفه‌ای بی اثر با «اوقور بخیری» که بر هیاهوی دهاتیان غلبه داشت، مرد را مجبور کرد سر از زانوی نکبت بردارد و در پاسخ این که «آبگوشت می‌خوری یا نیمرو؟» با صدائی که گوئی از ته چاه برمی‌آید بگوید «هیچی». و بار دیگر با شنیدن سؤال خشونت آمیز قهوه‌چی که «اگرنه چای می‌خواهی و نه غذا اینجا چرا نشسته ای؟» بنالد که غریب بی در کجایم، گرسنه ام، تشنه ام، دلم در هوای یک استکان چای لک زده، اما پول و پله ای ندارم».

عکس العمل قهوه‌چی معلوم است، شاگردش را صدا می‌زند تا دو نفری همت کنند و

*اینکه برای شما نقل می کنم البته به مضمون است و نه به عبارت، که نه دسترسی به اصل مجله دارم و نه در کتابخانه های عمومی به راحتی مطبوعات دوران طاغوت را می توان گرفت و خواند. این قصه را بیش از چهل سال پیش خوانده‌ام و اگر احتمالا ضمن بازگوئیش ذهن فضولِ مداخله گر در جزئیات داستان دخل و تصرفی کرده باشد، بنده مسئول آن نخواهم بود.

زیر بغل این موجود بی سود مزاحم را بگیرند و بگذارندش روی سکوی بیرون قهوه‌خانه، که آسید عبدالله ریش سفید ده به دخالت می‌پردازد. سید مهربان که شاهد گفتگوی قهوه‌چی و مرد غریبه بود، هیکل تنومند خود را بین آندو حایل می‌کند و رو به قهوه‌چی که «آسید زلفعلی چکارش داری، بگذار این گوشه بنشیند، هوای بیرون سرده»، و درپی این وساطت لحنش رنگ ترحّم می‌گیرد که «به حساب من بریزیک چای بگذار جلوش».

صدای دو رگهٔ آسید عبدالله توجّه روستائیان را بدین گوشهٔ قهوه‌خانه جلب می‌کند، و ریش سفیدِ دیگرِ ده ـ سید موسی ـ از سکوی قهوه‌خانه پائین می‌آید و به سراغ غریبهٔ فقیر می‌رود، تا پس از پرس‌وجوی دلسوزانه‌ای، پی بَرد که مسافر غریبه درویش دوره‌گردی است که با چنتهٔ گدائی و پای پیاده از این ده به آن می‌رود تا اگر خدا رحمی به دل روستائیان انداخته باشد لقمهٔ نانی، پیالهٔ گندمی، مشت جُوی، خوشهٔ انگوری، چیزی نصیبش شود، اما از بخت بد دو روز است هیچکس به حالش رحمی نکرده و حتی یک پیالهٔ آب داغ هم از گلویش پائین نرفته است.

اثر نفسِ سید موسی است یا سوز سرگذشت غریبه که بحث پایان‌ناپذیر اهل روستا دربارهٔ گرفتاریهای روزانه موقّتا متوقف می‌شود و یکباره هوس خیرات و مبرّات مثل مرضی مسری به جان همه می‌افتد و صدای آسید عباس دهقان لوطی مسلک ده خطاب به شاگرد قهوه‌چی در فضا می‌پیچد که «آسید محمود، برو یک دیزی حسابی برای این بندهٔ خدا بیار به حساب من».

هنوز آخرین لقمه از گلوی رهگذر فرو نرفته است که آسید ابوالقاسم هوس بازپرسی‌اش گل می‌کند و به برکت تحقیقات مفصل او و پاسخ‌های مقطّع غریبه همه حاضران قهوه‌خانه و به عبارتی کاملتر همهٔ رجال ده می‌فهمند که رهگذر بی‌پول اصلا اهل یکی از روستاهای آن طرف کوه است و در این دنیای ولنگ و واز خدا نه سرپناهی دارد و نه زن و بچه‌ای و نه جز گدائی سیّار حرفه‌ای. نمیدانم مشاهدهٔ این همه بدبختی است یا گریهٔ هایهای غریبه که باعث می‌شود سید اسدالله چپق تازه چاق کرده‌اش را به طرف او دراز کند که «بگیر و نفسی بزن، دود چپق هرچه باشد تلخی غم و غصه را از ذائقهٔ آدم می‌برد».

غریبه چپق را از دست سیّد می‌قاپد و با پکهای عمیق چشمان گریان و صورت آفتاب سوخته‌اش را در پردهٔ غلیظ دود می‌پوشاند دقایق بعد که آتش به زغال ته چپق می‌رسد، بار

دیگر روستائیان ساده‌دل چهرهٔ زمخت او را می‌بینند و دو رشتهٔ باریک اشکی که بر آب شیب گونه‌هایش سرازیر است.

بار دیگر سید عبدالله سینه‌ای صاف می‌کند که «مرد حسابی، چای و دیزیت را خوردی و شکمت تعمیر شد، چپق هم کشیدی و کیفت کوک شد، دیگر گریه‌ات برای چیست؟؟» غریبه هق‌هق کنان می‌نالد که «گرفتم امشب به دادم رسیدید و لقمه نانی فی سبیل الله پیشم گذاشتید تکلیف فردا شب و شبهای دیگرم چه خواهد شد؟». بار دیگر احساسات دسته جمعی روستائیان گل می‌کند و با ردّ و بدل کردن اشارات و عباراتی سید حسن را که وضع مالیش نسبت به دیگر اهل ده بهتر است وادار می‌کنند تا زیر بار تعهّدی سنگین رود و خرج یک سالهٔ مرد را به گردن گیرد.

نقش رضایتی بر چهرهٔ غریبه می‌نشیند، اما پیش از آنکه لب به شکر و دعائی بگشاید بار دیگر هجوم اشک راه بر سخنش می‌بندد که «گیرم خرج قوت و غذای یک ساله‌ام را دادید این هم شد زندگی که فقیر بدبختی مثل من سرپناهی نداشته باشد».

اکنون نوبت سید ابوالفضل است که مردانه قدم پیش گذارد و اطاقکی را که قبلا محلّ بیتوتهٔ چوپان جوانمرگش بوده به عنوان مسکن به رهگذر ببخشد. دریغا که باز هم سیل اشک ایستگاهی ندارد، مرد همچنان می‌گرید و هق‌هق کنان می‌نالد که «گرفتم قوت و غذا وجا و منزلم فراهم شد، تا کی من بدبخت خدا زده باید بی سر و همسر زندگی کنم». دیگر توقع مرد ناشناس رنگ ناموسی گرفته است و دهاتی های متعصب حاضر نیستند بسادگی دست دختر خود را در دست کسی بگذارند که نه خودش رامی‌شناسند و نه پدر و مادرش را. اما حضور سید عبدالکریم ملای مکتب خانهٔ ده با استدلال مفصلی که درشرح تناکحوا تناسلوا می‌کند و احادیثی که مبنی بر اکرام ابن سبیل می‌خواند، گره گشای مشکل است و عامل مؤثری تا سید گرگعلی قدم جلو گذارد و تنها دختر یازده ساله‌اش را در راه خداوند نذر ابن سبیل کند و از ملای ده بخواهد تا فی المجلس صیغهٔ عقد را جاری کند.

با تأمین وجه معاش و مسکن و زن نقش رضایتی بر پیشانی گره خوردهٔ ابن سبیل می‌نشیند و چشمهٔ آبدار چشمش از فیضان می افتد. روستائیان با هلهلهٔ شادی دامادِ ده را به منزلگاهش می رسانند و سرش را بر بالین همسر می نهند و فردای آن روز هم به عنوان هدیهٔ عروسی هر کس دیگی، تغاری، کاسه‌ای، چمچه‌ای برایش می برد و زندگی مرد سر و

سامانی پیدا می کند.

یکی دو هفته یا یکی دو ماه بعد (تردید از بنده است، نه نویسندهٔ اصلی داستان) سرجوخه ای از پاسگاه امنیّه وارد ده می شود تا در حضور او که مقام رسمی دولتی است مردم ده کدخدای خود را انتخاب کنند. روستائیان به دعوت ملاّی ده بار دیگر در قهوه خانه جمع می شوند تا دربارهٔ انتخاب کدخدا گفتگو کنند. ابن سبیل هم که دیگر نه غریبه است و نه فقیر و فلک زده در حلقهٔ اهل ده حاضر است. گفتگوها دربارهٔ انتخاب کدخدا شروع می شود. چند نفری از ریش سفیدان و محترمانِ ده که از لوازم منصب کدخدائی باخبرند و از قبول مظلمهٔ خلق الله گریزان کناره می کشند و حاضر نیستند به عنوان کدخدا وسیلهٔ ظلم ارباب و جور دولتیان شوند، و چند نفری هم که دلشان می خواهد و رویشان نمی شود منتظرند تا پای اصراری درمیان آید و ایجاد تکلیفی و حفظ ظاهری. سرجوخه هم شتابی دارد که هرچه زودتر قضیه را فیصله دهد و گزارش مأموریتش را تسلیم رئیس پاسگاه کند. فضای قهوه خانه لبریز از دود است و اصرارها و انکارها.

در این اثنا چشم سید معصومعلی به ابن سبیل می افتد که باز هم سرش را بر زانوی غم نهاده و قطرات اشکی در گوشهٔ چشمانش آمادهٔ فروچکیدن است. سیّد که بعد ازآنهمه محبتِ اهل ده توقع ندارد دامادِ ده را باز هم افسرده بنگرد، صدایش را بلند می‌کند که «دیگر چه مرگت است؟ خرج زندگی می‌خواستی که دادیمت، زن می‌خواستی که برایت گرفتیم، خانه و سر پناه و لوازم خانه را هم که خدا رساند، دیگر چرا ماتم گرفته ای؟» صدای بغض آلود ابن سبیل درفضا می‌پیچد که «اجر همه محبتهایتان با خدا، اگر فکر شغل و کاری هم برایم می‌کردید دیگر کم و کسری نداشتم، خدا ده دردنیا وصد درآخرت نصیبتان کند».

همهمه ای درفضای قهوه‌خانه موج می‌زد وسرانجام صدای سیّد ماشاء الله ازگوشه ای بلند می‌شود که «اگر دلت کار می‌خواهد بیا و بغل دست خودم بیل بزن و علف پرتار کن». دریغا که بنیهٔ جسمی ابن‌سبیل اجازهٔ کار سنگین بدو نمی‌دهد، نه می‌تواند همدوش سید ماشاءالله زمین شخم زند، و نه همراه سید قربانعلی چوپان گله را به کوه و صحرا برد، و نه زیردست سید حسن باغبان به آبیاری کشتزارپردازد، و نه حتی بغل دل سید زلفعلی قهوه‌چی بنشیند وچای دراستکان بریزد.

همه درجستجوی شغل مناسبی حیران مانده اند که ناگهای صدای آسید عبدالله با همان

طنین شوق آمیزی در فضای قهوه‌خانه می‌پیچد که نعرهٔ «یافتم» ارشمیدس در خزانهٔ حمام. سید عبدالله رو به جماعت می‌کند که «برادران، نکند این مرد را خدا برایمان فرستاده است تا به جر و بحثها و بلاتکلیفی هامان خاتمه دهد»، و با دیدن نقش استفهامی بر چهره‌های زجر کشیدهٔ اهل ده با لحنی آزرده از دیر انتقالی مردم به توضیح می‌پردازد که «مگر امشب اینجا جمع نشده‌ایم تا کدخدایمان را انتخاب کنیم، مگر همین یک ساعت پیش سرگردان نبودیم که میان این سه چهار نفر ریش سفید روستایمان کدام یک را انتخاب کنیم که دیگران نرنجند، مگر ندیدید چطور آسید پیرعلی و آسید نورمحمد و آسید ابوالحسن حاضر به قبول کدخدائی نشدند، خوب، چه عیبی دارد که بیائیم و همین بابای ابن‌سبیل خودمان را که در ده ما نه با هیچکس خرده حسابی دارد و نه بند و بستی به کدخدایی انتخاب کنیم. هم او به شغل و کاری می‌رسد و هم باری از دوش همهٔ ما برداشته می‌شود».

جرّ و بحثی میان حاضران در می‌گیرد، اما حرمت ریش سفید و نفوذ کلام سید عبدالله، سرانجام بر تردیدها غلبه می‌کند و مردم ده با نویساندن صورت مجلسی به قلم آسید عبدالکریم ملای ده و در حضور سرجوخهٔ امنیّه یکایک انگشت خود را روی استامپ می‌مالند و زیر کاغذ می‌گذارند و کار به مبارکی و میمنت پایان می‌گیرد و مرد غریبهٔ از گرد راه رسیده می‌شود کدخدای ده و صاحب امر و نهی و نمایندهٔ حکومت قانون. قهوه‌چی موقع شناس مشتی نقل از کیسهٔ به میخ آویخته‌اش بیرون می‌آورد و توی بشقابی می‌ریزد و به دست شاگردش می‌دهد تا به شگون حل معمای انتخاب کدخدا همه اهل ده کامی شیرین کنند و خود او با این شیرین خدمتی تلخی نخستین برخوردش را که احتمالا غبار کدورتی بر صفحهٔ ضمیر غریبهٔ به کدخدائی رسیده نشانده است جبران کند.

دهاتیان ابن‌سبیلِ به کدخدائی برگزیده را از صف نعال با سلام و صلوات بر صدرِ سکّوی قهوه‌خانه می‌برند و سید گرگعلی نمد چوپانیش را از دوش برمی‌گیرد و با عزت و احترام تا می‌زند و زیر پای جناب کدخدا می اندازد تا اسافل اعضایش را از تماس با حصیر پاره‌پورهٔ قهوه‌خانه رنجی نرسد.

مرد بر مسند کدخدائی می‌نشیند و بجای نطق جلوس و ابراز تشکر رو به اهالی روستا می‌کند که «هرچه فکر می‌کنم نمی‌شود». سکوت حیرت‌آمیزی فضای قهوه‌خانه را فرا می‌گیرد، و سرانجام سید عبدالله جرأتی به خود می‌دهد که «چی نمی‌شود؟»، و پاسخ

می‌شنود که «همین موضوع کدخدائی من، آخر شما اهل ده همگی از ساداتید». سید عبدالله با غروری غبطه انگیزبادی درغبغب می افکند که «البته، مردم این ده صغیر و کبیر و مرد و زن همه از سادات صحیح النسب بنی فاطمه اند»، اما غرورش جای خود را به حیرت می‌دهد وقتی که بار دیگر قطرات اشک را در گوشهٔ چشمان کدخدا آمادهٔ چکیدن می‌بیند که «خوب، تکلیف من ناسیّد میان این همه سیّد چیست، من عام چگونه می‌توانم به ذریه فاطمهٔ زهرا امر و نهی کنم؟، نه، کدخدائیتان را نمی‌خواهم». که یکباره همه سرها روی گردنها می‌چرخد و همه چشم ها متوجهٔ گوشه ای از قهوه‌خانه می‌شود که پیرمرد بالا بلند محاسن سفیدی از جایش برخاسته و درحالیکه شال سبز دور کمرش را می‌گشاید به طرف کدخدا می‌آید.

مرد به کدخدا نزدیک می‌شود، شال سبز از دور کمر گشوده اش را از پهنا به دو نصف می‌کند، نصفی را روی شانهٔ خود می اندازد و نیم دیگر را دور کمر کدخدا می‌پیچد و در حالیکه جماعت همصدا مشغول صلوات فرستادنند می‌گوید:

«این که مسأله ای نیست، اسم شریفتان؟. کدخدای حیرت‌زده زیر لب زمزمه می‌کند که «نوکر شما ابول». صدای پیرمرد بلند می‌شود که «شما هم از این ساعت اسم شریفتان آسید ابول است و مثل همهٔ اهل ده از سادات صحیح النسبید و از ذریهٔ فاطمهٔ زهرا». با محو شدن طنین صلواتهای درفضا پیچیده کدخدا سید ابول رو به جماعت می‌کند که «نکند سیادت شما هم از نوع سیدی من است» و با شنیدن صدای هماهنگ «البته» جماعت، بار دیگر می‌زند زیر گریه که «این بار برای خودم گریه نمی‌کنم، دیگر هیچ کم و کسری در زندگیم ندارم، گریهٔ این بارم به حال فاطمهٔ زهراست».

در اثنای خواندن قصه، آسید مصطفی سر تا پا گوش بود، بدون اینکه مطابق معمول در اجزای داستان دخالتی کند و بر نویسنده ایرادی بگیرد. و من سرخوش ازسکوت سیّد که آن را حمل بر قبول کرده بودم، وقتی قصه به پایان رسید به مصداق لَیَطمئِنَّ قَلْبی رو به سیّد کردم که «خوب، بفرمائید ببینم چطور بود؟». سید ابروان پرپشتش را بالا برد و چند ردیف چروک موازی بر پیشانی آفتاب سوخته اش نشاند و با جملهٔ «چه بی مزه» توی ذوقم زد. با حالتی رنجیده پرسیدم «کجایش بی مزه بود» و شنیدم که «همه جایش و از همه بدتر همین قسمت آخرش»، هر که این قصه را سر هم کرده است ظاهرا اهل جابلقا و جابلسا بوده است نه اهل ولایت

خودمان. من که به حکم سوابق دیرینه آشنائی با سید می‌دانستم کلمهٔ ولایت در دایره المعارف او مفهومی گسترده‌تر از شهر و استان و حتی کشور دارد، با لحن طعن آمیزی به جوابش آمدم که «چرا باید اهل جابلقا باشد، مگر ما ایرانیها خودمان نمی‌توانیم قصه بسازیم». سید کلامم را برید «البته می‌توانیم، گاهی سر تا پای زندگیمان قصه و افسانه است. اما این قصه را اگر کسی از اهل ولایت خودمان سر هم کرده باشد خیلی بی ذوق بوده است، ببین پسر جان، اگر آدم می‌خواهد قصهٔ خیالی بسازد باید برود به سراغ جن و پری و دختر شاه پریان و سقنقورجنی و الهاک دیو، اما اگر قصه‌ای دربارهٔ مردم می‌سازد باید ترکیب قصه‌اش طوری باشد که به دل بنشیند و هر کس می‌شنود باورش کند، قصه‌ای که الآن خواندی خیلی جاهایش عیب داشت، بخصوص همین تکهٔ آخرش، اولاً آدم لات لوت بی سروپائی که یک دفعه بختش زده و کدخدا شده، محال است در جواب کسی که می‌پرسد اسمت چیه، بگوید: نوکر شما ابول. این شکسته نفسی ها مخصوص آدمهای حسابی است، حقّش این است که همچو آدمی اگر نگوید جناب اجلّ کدخدا ابول خان دست کم بگوید کدخدا ابول، نه اینکه بعد از کدخدا شدن و بر صدر مجلس نشستن بگوید نوکر شما ابول. ثانیا کدام احمق باور می‌کند که غریبهٔ بی سروسامانی صاحب زن و خانه و زندگی و از همه بالا تر مقام و منصب بشود و باز هم به یاد خدا و ائمه و پیر و پیغمبرها باشد. مگر یارو دیوانه است بعد از اینکه زندگیش تأمین شد، همه اهل ده به کدخدائی قبولش کردند، از آن بالا تر تاج سیادتی به عنوان پیشوائی معنوی روی سر بی صاحب مانده‌اش گذاشتند، بجای آنکه هارت و هورتی راه بیندازد و جولانی بدهد و انا رجلنی بخواند، بیاید و بساط روضه‌ای راه بیندازد که دلم به حال فاطمهٔ زهرا می‌سوزد. و با این حرف بی جا اساس قدرت خودش را متزلزل کند. نه پسر جان، این طرز داستانسرائی نیست. تو که کوره سوادی داری بردار و کاغذی به این مدیر روزنامه بنویس که بابا جان اگر می‌خواهی قصه‌ات مورد قبول مردم قرار گیرد، قسمت آخرش را بکلی تغییر بده.

و در پاسخم که «مثلا چگونه تغییری بدهد؟» خنده‌ای چهره تلخ پر چروکش را پوشاند که «چه می‌دانم، منکه قصه‌ساز نیستم، من که روزنومه نویس نیستم، اما این قدر می‌دانم که اگر بجای این آ سید ابول هاروت و ماروت را هم می‌گذاشتند محال بود در همچون وضعی و حالی منکر سیادت خودش و اهل ده شود. جریان طبیعی قصه این است که غریبهٔ لات و لوت به کدخدائی رسیدهٔ سیّد شده، بجای ناله و زنجموره شروع کند به هارت و پورت و صدور

احکام بگیر و ببند. اول فرمان دهد که قهوه‌چی کج خلق را دراز کنند و چند تائی ترکهٔ انار بر کف پایش خرد کند، بعد هم آسید عبدالله را که بار اول به دادش رسیده و شاهد ذلت و مسکنتش بوده بنحوی سربه‌نیست کند، بعد هم دار و ندار اهل ده را صاحب شود و بجای دختر گرگعلی همه زنها و دخترهای بر و رو دار ده را صیغه کند، و هر کس خواست لب بترکاند و در کارش فضولی کند با یک اشاره حسابش را برسد، والا فایدهٔ هالهٔ سیادت و منصب کدخدائیش چیست؟

کلام سید را قطع کردم که «جناب آسید مصطفی، گرفتم اینها را نوشتم و برای مدیر مجله فرستادم. اگر در جوابم نوشت که آقا جان کدخدای فلان ده کوره غلط می‌کند که بخواهد همچو شلتاق راه بیندازد و به شیوهٔ شاهان جبّار عمل کند، مگر فراموش کردید که سرجوخهٔ امنیه هم در صحنه حضور داشت با تفنگ آماده و سبیل های تاب داده‌اش. گرفتیم روستائی ها به عواقب حماقت خود کرده تن در دادند. مأمور دولت که بدین سادگی تسلیم نمی‌شود و زیر بار نمی‌رود».

سید با خونسردی شانه ای تکاند که: «تو هم مثل مدیر مجله از مرحله پرتی. اولا سرجوخه سوروساتش را می‌خواهد، با چهار تا مرغ و یک بار گندم هم چشمانش از دیدن می افتد و هم گوشهایش از شنیدن. ثانیا گرفتم سرجوخه رام نشد، یک نفر در مقابل مردم یک ده چه غلطی می‌تواند بکند، فرض کن بجای تفنگ حسن موسی مسلسل هم داشته باشد.»

خندیدم که «سیّد! سرجوخه تنها نیست، مردم ده وقتی دیدند یارو باورش شده و هوا ورش داشته البته زیر بارش نمی‌روند، البته به کمک سرجوخه می‌آیند و دخلش را می‌آورند».

اما سید در حالی که برخاسته و مشغول تکاندن خاکهای عبایش بود نگاه تحقیر تمسخرآمیزی بر صورتم پاشید که «نکند، خودت هم اهل جابلقا و جابلسائی؟ تا امروز نمی‌دانستم که اینقدر خنگی. پسر جان، گرفتم چهار پنج نفری از اهل ده متوجه عمل غلط خودشان شدند و خواستند جلو یارو را بگیرند، خدا نگهدار انبوه فعله ها و خوش نشین هائی باشد که همیشه نوکر حاکم منصوبند نه ریش سفید معزول».

# اقدم نسخ

آشنائی من و شما آقای امیرانی، از طریق حروف چاپی و ستونهای مطبوعات است، نه مبتنی بر معاشرتها و سوابق الفت و منافع مادی مشترک و همکاری های اداری و دیگر وسائطِ معرفت انگیز. بنابراین اگر شما را یک نویسندهٔ اجتماعی و با تعبیری روشن‌تر یک روزنامه‌نویس ـ البته با معیارها و ضوابط فرنگی کلمه ـ می‌دانم و برای قلمتان حرمت قائلم، این عقیدت و احترام، در طول سالها و با خواندن نوشته های شما در شرایط و اوضاع گوناگون اجتماعی، حاصل شده است.

یک روزنامه‌نویس موفّق برای قلم خودش ارزش قائل است. ممکن است پول دوست باشد، ممکن است جاه‌طلب باشد، ممکن است با منابع قدرت برای رسیدن به مال و مقام بند و بست کند، اما در لحظه‌ای که قلم روی کاغذ می‌گذارد قیافهٔ خوانندگان نکته‌سنج و مریدانِ آگاه خویش را در نظر مجسم می‌کند و از نگاه ملامت‌بار آنان می هراسد و در نتیجه هرگز به درکاتِ ابتذال سقوط نمی‌کند.

و من شما را ـ آقای امیرانی ـ به شهادت صفحات خواندنیها ازین دسته نویسندگان می‌دانم و به همین دلیل می‌خواهم ازمقاله شما در مجلهٔ خودتان انتقاد کنم و یقین دارم نوشتهٔ مرا ـ اگرچه تلخ و نادلنشین ـ نه به حکم قانون مطبوعات، بلکه به حکم «قانون نویسندگی» منتشر خواهید کرد، مگر آنکه در حین نوشتن قلم طغیان کند و چیزی بنویسم که به زلف یار

* دومقاله است دریك موضوع خطاب به مدیر مجله "خواندنیها" که درسال ۱۳۵۳ منتشرشد.

و نازکی طبع لطیف متصدیان امور فرهنگی و هنری برخوردی داشته باشد، و درین صورت گناهی بر شما نیست.

اما اعتراض من در مورد مقاله‌ای است که زیر عنوان «شاهنامه و حرام‌زادگی» در شماره اخیر خواندنیها منتشر شد و در آن حمله‌ای بود جانانه و کوبنده ـ اما ناجوانمردانه ـ به استاد مینوی.

شاید در عرف روزنامه‌نویسی این حمله شاهکاری باشد. ازین بهتر نمی‌توان حریفی را کوبید و حسابش را رسید و ذهن خوانندگان و بخصوص جوانان را بر او شورانید. حمله از نظر خوانندگان مجله جانانه بود، اما در نظر اهل فن بی انصافانه.

استاد مینوی در جشنوارهٔ طوس گفته است «شاهنامه‌ای که اکنون در دست داریم حرام‌زاده است». سخن، تلخ و نادلنشین و حمله انگیز است بخصوص وقتی که در جشنوارهٔ طوس ادا شود، اما تا حدودی و در مورد بعض ابیات، حقّ است؛ و دریغا که به علت تندخوئی‌های مینوی و صراحت و شجاعتِ کمیاب و قابل تحسینش، در جمع قلم به دستانِ مصلحت‌اندیشِ روزگار ما کسی پیدا نشد که به دفاع از نظر او برخیزد، و گرچه همه اهل فن و آشنایان راهِ تحقیق با عقیدهٔ او موافقند.

نظیر این ماجرا دو سه سال پیش هم تکرار شد و در مورد تکیه بر «اقدم نسخ» جماعتی بر مینوی حمله‌هائی بردند و در آن واقعه نیز محققان روزگار ما «جنّت مکانی» کردند و از ترس حملهٔ قلم به دستانِ دشنام گو دم نزدند و مینوی را تنها گذاشتند و مردم بی‌خبر گمان بردند که حق با مخالفان است و آنچه مینوی می‌گوید نامربوط و باطل.

در بد روزگاری گرفتار شده‌ایم. جوانمردی و انصاف و حق‌طلبی از رونق افتاده و بکلی فراموش گشته است. همه عافیت طلب و «مزاج دان» شده‌ایم و در نتیجه...

بگذریم. مینوی گفته است «شاهنامه‌ای که اکنون در دست داریم حرام‌زاده است» حرام‌زاده یعنی چه؟ در عرف و در کتاب لغت «حرام‌زاده» به فرزندی اطلاق می‌شود که از پشتِ «پدر» رسمی و قانونی خود نباشد. فلان زنِ «دَدَری» شوهری رسمی و قانونی دارد، آبستن می‌شود و بچه‌ای می‌زاید، مردم از همه جا بی‌خبر نوزاد را از صُلبِ شوهر رسمی می‌دانند و بدو منسوبش می‌کنند؛ اما واقعیّت جز این است، علیا مخدّره در عین شوهرداری اهل «آزمایش» بوده و به اصطلاح معمول «دَدَر» می‌رفته است و شاخ شمشادِ جدید الولاده هم

محصول یکی از «ددر» رفتنهای بعد از پارتی های شبانه است. به این نور چشمی می‌گویند حرام‌زاده، یعنی فرزندی که از کاشتن و ساختنش روح معصوم پدر قانونیش بی خبر است.

این دست از پا خطا کردنها و «ددر» رفتنها بیشتر مربوط به زنان لوندِ زیباست. زیبائی خیره کننده مایهٔ جلب زیباپسندان می‌شود و ناچار هر که شیرینی فروشد مشتری بر وی بجوشد. مقاومت آدمیزادگان هم درمقابل وسوسهٔ گناه حدّی و مرزی دارد. بلای «حرام‌زاده زائی» کمتر به جان زنان زشت می افتد.

این حالت در مورد آثار ادبی هم صادق است، غزلیات حافظ و رباعیات خیام و شاهنامهٔ فردوسی به خاطر دلنشینی سخن و جاذبهٔ خاصی که دارند بیشتر در معرض تصرّف و تفنّن کاتب و راوی بی سواد و باسوادند، و این وضع نه منحصر و نه مخصوص به ایران و ایرانی است. در همه جای دنیا کاتبانِ متجاوز و متصرف بوده اند و هستند و هیچ ربطی به امانت‌داری ایرانی ندارد. این دخل و تصرف های بی ذوقان و با ذوقان روزگار در حکم باج زیبائی آثاری ازین قبیل است.

شاهنامه فردوسی به دلیل جذّابیت و دلنشینی خاصش مورد توجه و اقبال مردم قرار می‌گیرد، طالب و خریدار نسخه هایش می‌شوند، و بی آنکه حجم بزرگ و رقم سی چهل هزار بیتی، کاتبان حرفه ای را دلزده و بی رغبت کند به استنساخ آن می‌پردازند، و در نتیجه امروز بیش از هزار نسخهٔ خطی ازین کتاب عظیم در گوشهٔ کتابخانه های عمومی و خصوصی جهان موجود است، و حال آنکه از تاریخ وصّاف و درّهٔ نادره ـ با وجود قدرتی که ضامن ترویج آن بوده است ـ به علت زشتی و نا دلپسندی به زحمت می‌توان ده نسخه خطی در کران تا کران جهان پیدا کرد.

ماجرای تصرفها و «تصحیحات» کاتبان و نسخه برداران هم داستان تازه‌ای نیست. داستان آن کاتب خوش خط اما فضول قرآن را شنیده اید که توانگری اجیرش کرد تا قرآنی به خط خوش بنویسد و به قید قسم متعهدش ساخت که در استنساخ هیچ دخل و تصرفی از خود نکند. پس از چند سال که کار کتابت به پایان رسید، کاتب معصومانه اعتراف کرد که «همه آیات را مطابق نسخهٔ اصلی نوشتم، جز یک آیه را که چند غلط فاحش داشت». پرسیدند کدام آیه؟ فرمود: در نسخه اصلی آیه ای بود بدین صورت که «وَخَرّ موسٰی صَعِقا»، و البته غلط بود؛ زیرا پیغمبری که خرش مشهور است حضرت عیسی است نه حضرت موسی،

بنابراین من بجای موسی اسم عیسی را گذاشتم و کلمه «صعقا» را هم بکلی بی‌معنی بود اصلاح کردم و نوشتم «خرعیسی سقطا».

گروهی از کاتبان شاهنامه مردمی بوده‌اند ازین قماش، هر کلمه را نفهمیده‌اند عوض کرده‌اند، در هر موردی که خوششان آمده است ده، بیست و گاهی صد بیتی ساخته‌اند و بدان افزوده‌اند و در نتیجه مجموعه‌ای که امروز به نام شاهنامه در دست داریم و همه ابیات آن را زائیدهٔ طبع حکیم ابولقاسم فردوسی می‌پنداریم «داخلی» دارد. بیتهائی درآن هست که به نام فردوسی است اما از او نیست، درست مانند بچه‌ای که منسوب به پدرقانونیش هست، اما واقعا از او نیست. و این واقعیّت نه از ارزش ملّی و حماسی شاهنامه ذرّه‌ای می‌کاهد و نه از شأن و ارجمندیِ مقام والای فردوسی. حتی در میان همین انبوهِ ابیات الحاق بسیاری بیتهای درخشان و در حکمِ شاهکار وجود دارد که بعض آنها از ابیات سرودهٔ فردوسی هم ممکن است فخیم‌تر و دلنشینتر باشد. به همان دلیل که در میان بزرگان و نوابغ روزگار هم بسیارند کسانی که از پشت پدر شرعی و قانونی خویش نبوده‌اند و هوش و استعدادشان بمراتب از به اصطلاح «حلال زادگان» زمانه بیشتر بوده است، و هست.

این شرح سخن مینوی است. حرف باطل و نامربوطی نگفته است. مینوی محقق پُرمایهٔ ارجمندی است، هر که در اکناف جهان با سخن پارسی و معارف ایرانی سروکاری دارد به قول او استناد می‌کند. آدمی است که اگر رفت کسی را نداریم که جایش بگذاریم. فرهنگِ آفت‌رسیدهٔ ما از پروردن امثال او عاجز است. البته درشت‌گوی و تندخوست، اما این خصوصیّت اگر در نظر عده‌ای عیبی به شمار رود، به نظر من، این صراحت و شجاعت ـ گرچه درقالب تندی و درشتی جلوه کند ـ مغتنم است وقابل احترام.

مینوی گویا روزگاری، در نوشته‌ای به تعریض نامی از خواندنیها برده و طبع حسّاس امیرانی را رنجانده است. امیرانی هم موقع مساعدی جسته و تلافی کرده است که «کلوخ انداز را پاداش سنگ است». اما جانب دیگر قضیه را هم در نظر داشته باشیم. مگر چند تا مینوی داریم که می‌خواهیم این یکی را دِق‌مرگ کنیم؟ بالاتر از حبّ و بغض های خصوصی، انصاف و شرافت نویسندگی مطرح است، و به حکم همین نکته یقین دارم، امیرانی درعالم جوانمردی بعد ازین نه تنها حمله‌ای به مینوی نخواهد برد، بلکه به جبران گذشته ها نیزمردانه قدم پیش خواهد نهاد.

همه آشنایان می‌دانند که من رابطه خاصی با استاد مینوی ندارم. در هرملاقات هم‌اغلب رنجیده خاطر از هم جدا شده‌ایم که هر دو سرکشیم و تندخوی و ناسازگار. هیچ رابطه‌ای هم با بنیاد شاهنامه و دستگاه استاد ندارم. اما مدح مینوی را مدح فضلیت می‌دانم، در روزگاری که فضایل منحصر شده است به مناصبَ و مناصب هم درگروِ زبان چاپلوس است و گردنِ خم‌پذیر و کمرِ فنروار و احیاناً اسافلِ خدمتگزار، و گرچه در بالا ترین مقامات فرهنگی مملکت...

فضلایی که با استاد گرامی مجتبای مینوی حشر و نشری دارند می‌دانند که این محقق نسخه‌شناس، بحکم روح علمی معتقد به اقد م نسخ است و دشمنی مصالحه‌ناپذیری دارد با کاتبان بلفضول و متصرفان در آثار دیگران. لحن تند دشنام‌آمیزش هم در صدور حکم حرامزادگی شاهنامه‌های موجود برخاسته از همین زمینۀ فکری است. مینوی درین مقوله بحدی بی اختیار است که هر جا با دخل و تصرف کاتبی برمی‌خورد شروع می‌کند به مشت بر میز و پا بر زمین کوفتن و فحش دادن و بدوبیراه نثار روح کاتب بیچاره کردن. درین شدت و خشونت من هم سلیقۀ او نیستم و گمان می‌کنم بسیاری از این کاتبان اهل دخل و تصرف، مردم صاحب بصیرت موقع‌شناسی بوده‌اند و با زیرکی خویش حق بزرگی بر گردن زبان و ادبیات فارسی دارند.

در مملکت ما ــ مثل اغلب کشورهای این سوی دنیا ــ تحوّلات ناگهانی است و از مقولۀ کن‌فیکون شدن و عالیها سافلها کردن. در این قلمرو عجایب چه بسیار سران و سرکشان که سحرگه کوس لِمَن المُلکی میزدند و سر قتل و تاراجها داشتند و قبل از غروب آفتاب به یک گردش چرخ نیلوفری بساط جبّاریت و سلطۀ خشونت آمیزشان در هم پیچیده شد و تن بی سر و سر بی تاجشان طعمۀ وحوش بیابان و بازیچۀ کودکان کوی. و چه بسا بر مسند ستمکارۀ سرنگون شده جبّاری تازه تکیه زده است با راه و رسمی تازه و در غالب موارد بکلی مخالف همۀ رسوم و قوانینی که تا روزپیش متّبع و مقبول خلایق بوده است. و رعایای بینوایِ بی خبر از همه جا ــ به حکم لطیفه الناس علی دین ملوکهم ــ مجبور شده اند یک شبه با همه اصول و عقاید خویش وداع گویند و یکصد و هشتاد درجه در زمینۀ معتقداتشان چرخش کنند.

نمونه های این تحوّلات ناگهانی بحدی فراوان است که جوینده را از کندوکاو در ادوار کهن مستغنی می‌کند و از توجه به سرگذشت مزدکیان و سرنگون شدن بساط قدرت موبدان و کودتای ترکان خلافت پسند ماوراء النهری و سقوط نوح سامانی بی نیاز می‌دارد. وقتی که قیام قزلباشان صفوی را در گذشته ای نزدیک پیش چشم داریم چه حاجت است به سیر و سفرهای هزارساله و دو هزارسالهٔ تاریخی. مگر ورق گردانی صوفی زادهٔ چهارده سالهٔ صفوی با فدائیان قزلباش و تبرزین کذائیش برای عبرت‌پذیری صاحبنظران کافی نیست. نه این است که شاه اسمعیل با معدودی مریدان البته متعهد قهّارش در فاصلهٔ زمانی ده ساله‌ای ــ که در چشم جهاندیدهٔ تاریخ یک لحظه است ــ اساس معتقدات مردم ایران را زیر و رو کرد و از برکت تیغ بیدریغش سنّیان متعصّب را به تبرّا و تولاّ کشاند؟

در حال و هوائی چنان که جماعت قزلباشیه هزاران تن را در هرات گردن می‌زدند چون در انکار معتقدات خود تأملی کرده اند و از لعن علنی طفره رفته اند، در محیط انقلابی دیگرگون شده‌ای که ترکانِ تیغ بر کف آمادهٔ کندن و سوختن و درهم شکستن اند و نه برزندگان که بر مردگان و رفتگان هم ترحمی ندارند و وسایل شخم و گاوآهن فراهم کرده اند تا آثار بازمانده از قبور بلند آوازگان روزگار گذشته را بکلی محو و نابود کنند، در بلوای سنّی کشی بیدریغی که مجال مناسبی فراهم آورده است برای تسویه حسابهای خصوصی و گشودن عقده های دیرینهٔ کینه، تا هرکس با دیگری خصومتی دارد داغ ناصبی و بدمذهبی بر پیشانی بختش نهد و به دست تیغ جلاّدش سپارد، در لهیب قهر و غضبی که خشک و تر را به یکسان می‌سوزد و خاکستر می‌کند، چه حق عظیمی بر گردن ادبیات فارسی دارد آن رند نکته‌سنج موقع شناسی که می‌نشیند و خون دل می‌خورد و قریحهٔ شاعریش را بکار می اندازد و غزل «ای دل غلام شاه جهان باش و شاه باش» را می‌سازد و در صحایف دیوان نازنین حافظ می‌گنجاند، تا در مقابل چهارتکبیر زدنهای خواجهٔ شیراز سپرِ بلائی گردد و این شاهکار ذوق بشری از آسیب زمانه در امان ماند. چه بزرگمرد فداکاری است آن موزون طبع هنرشناسی که با قصیده «مقسّمی که ز آثار صنع کرد اظهار...» کپسول زمانه‌پسندی می‌آفرینند برای حفظ جانداروی عزیزالوجودی که در مذاق دیگرگون شدهٔ اهل زمانه تلخ آمده است، و چه طرفه کار است آن کاتب گمنام ظریف طبعی که جای وررا با گرد در مصراع «عشقت رسد به فریاد...» عوض می‌کند تا غزلی بدان دلنشینی را از تعرض خشکه مقدّسان بی ذوق نجات بخشد. جوانمردی که

با توجه به دورهٔ محمود غزنوی و انگشت در جهان کردنها و قرمطی جستن هایش شنیده است که بر معتزلیانِ خردگرا چه گذشته است و به جرم عقیدت مذهبی چه بر سر مردم ری آمده است و چه انبوه کتابی طعمهٔ آتش بیداد متعصّبان شده است، اگر با مشاهدهٔ شیعه کشی های بیرحمانه به فکر نجات قبر فردوسی و شاهکار فردوسی افتاده باشد، و برای کاستن از عواقبِ «بر این زادم و هم بر این بگذرم» بنشیند و چند بیتی سرهم کند و در شاهنامه بگنجاند[۱] مستحق این همه فحش و نفرین نیست که الاعمال بالنیّات.

علی الخصوص که اندکی بعد از فردوسی حکومت متعصب و قدرتمند سلجوقی بر سر کار آمده است با ایدئولوگ صاحب نفوذی مثل حجّة الاسلام محمد غزّالی با برنامه های یکسان سازی و شستشوی مغزی و تیُز ارتداد و الحادی که بی محابا بر فرق متفکران زمانه فرود می‌آرد؛ و توجه به تاریخ «گبران» و احیای مراسم بی آزاری ازقبیل سده و مهرگان و نوروز را مخالف اسلام ناب محمدی می‌داند، و با صدور حکم قاطعی ایرانیان را نه تنها از خرید و فروش ابزاری که در جشن های سده و نوروزی بکار است منع می‌کند که حتی افروختن شمع و چراغ را هم درشب عید نوروز مکروه می‌داند![۲]

من در «فهرست نسخه های خطی» تألیف ارزندهٔ دوست فداکارم احمد منزوی بدقت گشتم ببینم نسخه‌ای از شاهنامه‌ای که در عهد سلطهٔ سلجوقیان کتابت شده باشد در کتابخانه های سرتاسر جهان موجود است. متأسفانه نتیجه منفی بود و دریغ ازیک صفحه![۳]

البته نبودن نسخه های قدیم‌تر شاهنامه ممکن است علل گوناگونی داشته باشد از جمله غارتها و کتاب سوزیها و صدها درد بی درمانی که هرچند گاه یک بارفضای فرهنگی کشورما را در خود می‌پوشانده است، اما یک احتمال دیگر هم جای بحث و بررسی دارد و آن ممنوعیت شاهنامه است درعهد سلجوقی. و اگر چنین باشد، بر ترکان عرب مآبِ سلجوقی جای ملامتی نیست اگر کتابی را که لبریز از مفاخر ایرانیان است و مثالب ترکان جزو «اوراق

۱ ازجمله:

که خورشید بعد از رسولان مِه نتابید بر کس ز بوبکر به
عمر کرد اسلام را آشکار بیاراست گیتی چو باغ بهار..

۲ کیمیای سعادت ج ۱ ص ۵۲۲

۳ قدیم‌ترین نسخه های موجود یکی درفلورانس ایتالیاست به تاریخ ٦١٤ وبعدیش در موزهٔ بریتانیا و به تاریخ ٦٧۵ هجری قمری.

ضالّه» قلمداد کرده باشند.

دربارهٔ همین مثنوی معروف یوسف و زلیخا و انتسابش به حماسه‌سرای طوسی بحثها شده است و بررسیها. البته در اینکه ابیاتی بدان سستی و نارسائی هرگز نمی‌تواند محصول طبع فردوسی باشد آنهم در روزگار کمال و پختگی، جای تردید و بحثی نیست. این نکته را محقّقان برجستهٔ ادب فارسی ـ و در رأس همه همین استاد مینوی ـ روشن کرده‌اند؛ اما نکتهٔ ناگفته علت انتساب این مثنوی است به فردوسی. به خاطر داشته باشیم که هر سراینده‌ای محصول طبع خود را از غررِدُرر ادب می‌داند و اگر جز این بود دست به قلم نمی‌برد و شعری نمی‌سرود. خوب با توجه بدین امر کاملاً طبیعی، چه ضرورتی باعث شده است که مردِ موزون طبعی مدتی وقت صرف کند و زور بزند و چند هزار بیت بگوید و آن را به نام دیگری کند، آنهم دیگری که سالها پیش رخ در نقاب خاک کشیده است و منشأ نفع وضرّی برای او نمی‌تواند باشد.* نکند سرایندهٔ مثنوی یوسف و زلیخا با نوعی فداکاری رندانه به فکر نجات شاهنامه افتاده است× از آسیب هجوم متعصّبان مستعربی که بردن نام جمشید و فریدون و

*ورنه شاعرانی که زحمت‌ها کشیده‌اند و شاعره‌هائی را به نام و نوا رسانده‌اند بسیارند، خدا از تقصیراتشان بگذرد.

× آنچه مرا در این مورد به تردید انداخته است یکی اصراری است که سرایندهٔ منظومه در مورد سفرش به بغداد ـ یعنی پای تخت جهان اسلامی آن روزگار و مستقرّ خلافت ـ دارد، و دیگر وجود ابیاتی است که سراینده‌اش می‌خواهد با هر وسیله‌ای داغ رفض از پیشانی بخت فردوسی بزداید، نمونه‌اش:

صحابان او جمله اخیر بدند — همه هر یکی همچو اختر بدند
ولیکن از ایشان چهار آمدند — که در دین حق پایدار آمدند
ابوبکر صدّیق شیخ عتیق — که بد روز و شب مصطفی را رفیق

وسرانجام نوعی تبرّا و اظهارپشیمانی ازسوابق اعمال که جنبهٔ «توبه» دارد:

من از هر دری سفته دارم بسی — شنیدند گفتار من هر کسی...
اگر نیز از آن یافتی دل مزه — همی کاشتم تخم رنج و بزه
من از تخم کشتن پشیمان شدم — زبان را و لب را گره بر زدم
نگویم دگر نامه‌های دروغ — سخن را ز گفتار ندهم فروغ...
که آن داستانها دروغ است پاک — صد از آن نیرزد به یک مشت خاک

و چه شباهت عجیبی است میان این اشعار و توبه‌نامه‌هائی که در روزگار ما بر صفحات جراید کثیرالانتشار می‌نشیند. [و از آن بالاتر مصاحبه‌هائی که بعد از آن بر صفحهٔ تلویزیون دیدیم، اگر بگذارندمان و بمانیم از آن هم بیشتر و رنگین‌تر خواهیم دید].

(اصل یوسف وزلیخا دردسترسم نبود، این ابیات را ازتاریخ استاد صفا نقل کردم)

کیخسرو را معصیت می‌دانسته‌اند و توجه به مفاخر اجداد را سند الحادِ ملی گرائی و ایران دوستی. نکند سرایندهٔ یوسف و زلیخا خواسته باشد در مقابل سیئآتی بدان گرانی حسناتی هم داخل نامه اعمال فردوسی کند؟

همان کاری که سرایندهٔ دیگری با نظامی کرد و در مثنوی لیلی و مجنونش با الحاق فصولی هوسِ شوم و بیمار گونهٔ مجنون را تبدیل به عشق عرفانی.

سخنان مینوی عالمانه است و منطبق با اصولی که در جهان متمدن و بی‌تعصب امروز رواج دارد، اما بعید می‌دانم در جامعهٔ استر ذهبک و ذهابک و مذهبک هم با همان دقت منطقی و خشکی عالمانه مقبول افتد.

بسیاری از دخل و تصرفات کاتبان در متون اصیل و مقبول ادبی زاییدهٔ ضرورت‌هائی از این قبیل است و مصلحت اندیشیهائی خیرخواهانه، شنعت زنان بر ساحل آرمیده‌ای که نه از شبان تاریک جهل و اختناق خبری دارند و نه بیم موج حوادث لرزه بر ارکان وجودشان افکنده است و نه در گرداب هایل بلوای عوام گرفتار آمده‌اند، دستی از دور بر آتش دارند؛ که در واپسین سال‌های قرن بیستم به جان کاتبان و نسخه‌نویسان فداکار روزگاران گذشته افتاده‌اند.

این فداکاران گمنام گذشته چه می‌دانسته‌اند که صدها سال بعد جماعتی پیدا می‌شوند و با قاطعیت و بی انعطافی ماشین‌های کامپیوتری، نسخه‌های قدیمی را روی میز می‌چینند و اقد م نسخ را ملاک انتخاب خویش قرار می‌دهند بی آنکه توجهی به جوهرهٔ فکر شاعر و مؤلف داشته باشند و بی آنکه عنایتی به حال و هوای روزگار تحریر نسخه کرده باشند و بی آنکه سررشتهٔ نظم منطقی را در افکار و آثار صاحب کتاب به دست آورده باشند. کاتب گمنام نکته‌شناس تصور می‌کرده است بعد از او کسانی که به سراغ دیوان حافظ خواهند رفت، از دو مقوله بیرون نیستند، یا آشنا به زبان اهل حالند و اهل درک اشارت و محرم رموز نکته‌دانی، که درین صورت پیام گوینده را از لابلای سطور درهم ریخته بیرون خواهند کشید و به زلال گوارای حقیقت خواهند رسید، یا از جماعت فراوان عدد عوامند که چه بهتر نخوانند و اگر هم خواندند نفهمند که گوش نامحرم نباشد جای پیغام سروش.

٭دربارهٔ این بیت حافظ که:

گفت آن یار کزو گشت سرِ دار بلند      جرمش آن بود که اسرار هویدا می‌کرد

و عدم رابطه اش با ابیات قبل تا کنون بحث ها شده است و مقاله ها نوشته اند. بیت ظاهرا پاسخ سؤالی است که مفقود است و در سرتاسر غزل به چشم نمی‌خورد توجیهات اساتید معاصر هم ارزنده است و مغتنم، اما یادمان باشد که حافظ اهل معما تراشی و لغز گوئی نیست؛ اگر چنان بود حافظ نمی‌شد. احدی هم تا امروز آن مرحوم را به استعمال حشیش متهم نکرده است [حتی در این روزگاری که سیل افشا گریها سدّ همهٔ اخلاقیات را درهم شکسته]. بدون طرح سؤالی سر از گریبان جرُتِ برآوردن و کلمات قصار صادر کردن مختص فرقهٔ خاصی است که حافظ از آن قبیله نبوده است.

با وصف این مراتب آیا نمی‌توان این نظر را هم ــ البته در حد یک نظریه ــ به بحث گذاشت که قبل از این بیت، بیتی بوده است از آنهائی که بوی خون می‌دهد و چوبهٔ دار می‌طلبد، و کاتبی یا کاتبانی بحکم عقیده خود یا برای نجات دیوان خواجه، حذفش کرده اند.

اما همه دخل و تصرفها از این مقوله نیست، که غلط خوانی و غلط نویسی را هم درعالم کتابت و نسخه برداری جائی است. چه بسا غفلت از گذاشتن نقطه ای بیتی را مبهم و نارسا کرده است و چه بسا نقطهٔ بی جائی که سخن را از اوج فصاحت فرو افکنده.

# جوانمرد دشتستانی

آنچه می‌خوانید مطلبی است که من در رثای رسول پرویزی نوشته ام و در ص ۵۶۸ یغمای سال سی ام (آذر ۲۵۳۶ یعنی ۱۳۵۶) منتشر شده است و اینک بی هیچ تغییر و «تصحیحی» در اینجا نقل می‌شود.

در این مقاله دو کلمه با ظرافت های شیرینکارانهٔ یغمائی ملایم تر شده است. آنانکه در یغما چیزی می‌نوشتند و گاهی قلمشان از محدودهٔ مجاز روزگار تجاوز می‌کرد می‌دانند چه می‌گویم. حبیب نازنین اصراری داشت که نوشته های بی رمق و فرمایشی حتی المقدور چاپ نکند*، از طرفی مأموران وزارت اطلاعات را هم می‌شناخت و مته به خشخاش نهادنشان را. به مقتضای ما لا یُدرک کلّه لا یترک کلّه، گاهی با تبدیل کلمه ای مختصر از شدّت و حدّت مطلب می‌کاست، و در پاسخ اعتراض نویسنده یک سینه سخن تحویل می‌داد از ولنگاری حروفچین ها و سربهوائی غلط گیرانِ مطبعه. روانش شاد که او هم از رندان آزادهٔ روزگار بود.

رسول رفت، رسول پرویزی رفت، جوانمرد دشتستانی دیگر در میان ما نیست. امروز با شنیدن خبر مرگش چشمم گریست و اکنون که می‌خواهم در سوک او قلم بگریانم با خود به محاکمه نشسته ام. خبر مرگ او تکان سختی به من داد، منقلبم کرد، اشکم بی اختیار سرازیر شد، و این حالت یکی از هفت هشت موردی بود که در زندگی من پیش آمده بود. از خودم پرسیدم چرا؟ واقعاً چرا خبر مرگ پرویزی تا این مایه متأثرم کرد؟

آیا برای این بود که رسول نویسنده شیرین قلم و هنرمندی بود؟ نویسندهٔ خوب و چابک

*مگر از صاحب منصبِ منشأ خیر و شرّی!

قلم کم نداشته‌ایم و نداریم و نخواهیم داشت. درست است که بسیاری از قطعات و نوشته‌های رسول جائی در ادبیات فارسی دارد. درست است که «شلوارهای وصله‌دار» یکی از نمونه‌های جاندار و دلنشین طنز معاصر است، اما نظیر رسول یا حتی بهتر از رسول درین زمینه کم نیست، وانگهی اگر تأسف من برای مرگ رسول نویسنده و طنزنویس باشد، تأسفی کهنه است و مربوط به ده دوازده سال پیش، نه امروز.

از خودم پرسیدم آیا غم مرگ رسول ازاینرو بر دوش من سنگینی می‌کند که یکی از بهترین و صمیمی‌ترین و نزدیک‌ترین دوستان و همدمانم را از دست داده‌ام؟ جواب منفی بود. دنیا دنیای کون و فساد است، کاروانی است که می‌رود و دوقدم پیش وپس در این راه بی‌نهایت نه مایه بخش آرزوئی تواند بود و نه افزایندهٔ غمی. وانگهی درسالهای اخیر من و رسول بسیار کم همدیگر را می‌دیدیم و کمتر از گذشته‌ها مجال این داشتیم که به خلوت صفا پناه بریم و جهان گذران و بازی خلق جهان را ازپس پردهٔ دودی آفرینش تماشا کنیم.

خویشتن خویش را محاکمه کردم که آیا تأسفم از درگذشت رسول از این‌روست که دیگر آن دهان پرسخن و شیرین گوی رونق فزای مجالس دوستانهٔ ما نیست، دیگر آن نقالی‌های لطیف و پرطنز و جاندار در فضای محفل دوستان طنین‌افکن نخواهد بود؟ خالی از شائبه ریا اجازه فرمائید عرض کنم که این هم در حد خود غمی بود، اما نه بدان مایه که جانِ غم آشنای مرا بدین شدت تحت تأثیر ضربه‌های کوبندهٔ خود قرار دهد. یارمحفل آرای شیرین سخن کم نیست، وانگهی آلام اجتماعی و گرفتاریهای زندگی دیگر مجالی برای گرد هم نشستن و محفل کردن و گل گفتن و گل شنیدن باقی نگذاشته است. روزگار روزگارِ غم است و خشم و خون خوردن و خاموش نشستن.

پس، چرا مرگ رسول مرا بدین حد متأثر کرد؟ راستی چرا؟. و در جستجوی پاسخ این «چرا» به گذشته‌ها سفر کردم:

ارادت من به رسول از بیست و چند سال پیش شروع شد، و واسطه این آشنائی روزنامه «ایران ما» بود. در آن روزگاران جمعی از بهترین متفکران و نویسندگان زمان با ایران ما همکاری داشتند و این روزنامهٔ کم تیراژ و فروان تأثیر مطلوب طبع همه کسانی بود که از مطبوعات مطالبی بالا تر از گزارش حوادث و اعلان‌های ختم و ترحیم می‌خواستند.

در آن روزها بازار سالوس و ریا گرمی داشت و دکان عوام‌فریبی رواج و رونق. گویا دولت وقت لایحه‌ای به مجلس برده بود برای منع فروش و استعمال مشروبات الکلی. مرحوم ظهیرالاسلام به مقتضای عنوان و لقبش در محاسن لایحه داد سخن داده بود و مهدی فرخ با لایحه مخالفت کرده بود.

در این گیرودار مقاله‌ای بامضای «رسول» در ایران ما منتشر شد، با نثری گیرا و طنزی زنده و لحنی خودمانی و از همه بالاتر بی‌ریا و شهامت‌آمیز. هنوز مضمون این عبارتش چاشنی بخش مذاق جان من است که «امیدوارم دختر رز حجله‌نشین بزم عشرت فرخ باشد» در آن آشفته بازار ظاهرسازی و ریاکاری، شهامت رسول مرا مجذوب کرد و در ردیف خوانندگان و ستایندگان قلم نافذ و نثر جاندار و گزندهٔ خویش درآورد.

و به سائقهٔ همین ارادت دیرینه، چند سال بعد، در ایامی که از برکت دولت وقت، مجال قلم‌زدنی بود و من در مجلهٔ خوشه با جهانگیر تفضلی «نکته‌نویس» آن روزگار آشنا شده بودم، دعوت او را برای آشنائی با پرویزی استقبال کردم و ترتیب نخستین دیدارمان به همت «جهان» شبی در رستوران «سورن» داده شد، و آن شب دریافتم که انتخاب و نظر «جهان» صائب است و محضر «رسول» صد برابر نوشته‌هایش لطف و گرمی و گیرائی دارد.

این دوستی ادامه یافت و با گذشت زمان بیشتر و محکم‌تر شد و چه شب‌ها که شبگردیهایمان از رستوران لوکس باشگاه فرانسویان شروع می‌شد و به دخمه‌های جنوب شهر می‌انجامید.

پس از آن رسول در جریانهای سیاسی افتاد، نویسندهٔ شلوارهای وصله‌دار بر مسند معاونت نخست وزیر تکیه زد، حزب‌ساز و لژیون‌باز و وکیل و سناتور شد؛ اما در هر حال و هر منصبی همان رسول رندِ عالم سوزی بود که با «مصلحت‌بینی» سر و کاری نداشت.

مقام و منصب رسول را تغییر نداد. و این نکتهٔ بسیار نادر و بسیار مهمی است. لازمهٔ کسب و حفظ مقام و منصب در هر رژیم و هر حال و هوائی، مقداری ریا و سالوس است در لفافهٔ «حفظ ظاهر» و مبلغی انحراف مادی و حرص مال اندوزی است بعنوان «بیم آینده»؛ و رسول ما تاواپسین روزهای عمرش از این هر دو پرتگاه بر کنار ماند.

مردان سیاست در کشور ما ــ و شاید بسیاری از کشورهای نظیر ما ــ در عروج از نردبام مناصب، شیوهٔ یکسانی دارند، به هر پلهٔ بالاتری که پا نهادند، با همه تعلّقات گذشته وداع می‌گویند و یاران دورانِ تنگی و محرومیت را فراموش می‌کنند و منصب تازه را برای خود

تولدی دیگر می‌شمارند. اصول اخلاقی محکم و ضمیری استوار می‌خواهد تا در برابر این تمایل غریزی مقاومت کند و پله‌هایِ فرودین نردبام را درهم نشکند و رابطهٔ خود را با یاران گذشته که اغلب مزاحمان پرتوقع امروزند، قطع نکند. و رسول ما صاحب این قدرت روح بود. در آغوش گشودهٔ خانه‌اش از همه دوستان دیروز و امروز بیکسان استقبال میکرد، و با شیوهٔ عیّارانهٔ خاص خویش فلان پیله‌ورِ شندرپندریِ دشتستان را همدوش امیران و وزیران می‌نشانید و در محفلی که به دیگ جوش قلندر بی شباهت نبود میداندارى می‌کرد. و این شیوهٔ جوانمردان است.

در سالهای سیاه روزگار ما، مذهب مختارِ مردانِ مقام و منصب این است که اگر کسی از دوستان و نزدیکانشان در فراز و نشیب های سیاسی به تهمتی گرفتار آمد، یکباره از او ببرند و نه تنها بترک آشنائیها گویند، بلکه به حکم غریزهٔ حفظ جاه و مقام، خود بیرحمانه‌تر از هر جلاّدی شمشیر ناسزا بر گردنِ باریکتر از موی او فرود آرند؛ و گرچه متهم مظلوم فرزند یا برادرشان باشد، از او تبرا جویند و حتی نامهٔ استغاثه او را ناگشوده پاره کنند و فریاد امانخواه او را ناشنیده بگیرند.

در چنین روزگاری، جوانمردی بسیار می‌خواهد برای نجات یارِ گرفتار به هر دری زدن و هر دستی بوسیدن و به هر قیمتی او را رهاندن. و رسول از این مایه جوانمردیها بسیار داشت. به شیوهٔ عیّاران دل بدریا میزد و به یاری گرفتاران میشتافت و درین رهگذر دل شیر و همت جوانمردان داشت.

با خلق خدا بشوخی «صنعت» کردن و حافظِ مجلسی و دردی کشِ محفلی بودن، شیوهٔ مختارِ بزرگان عصر ماست. به مقتضای روز، به حاکم منصوبی سر می‌سپرند و مقام و موقعیت او را دستاویز ترقیات خود می‌کنند، و در عین حال از دو نکته غفلت ندارند: یکی آنکه دسترسی به قبلهٔ حاجات را بخود منحصر کنند و از نزدیک شدن دیگران به لطایف حیل جلوگیری نمایند و در این پرده‌داری غیرت ورزند. دیگر آنکه به حکم مصلحت‌بینی و مآل اندیشی از ورق گردانی لیل و نهار اندیشه کنند و با حاکم معزول نیز رابطهٔ مخفیانه ای دایر سازند و با او نیز در خفا لاسِ محبت زنند که اگر روزگاری دفترِ ایام ورق خورد بی‌سنگر و بی‌پناه نمانند.

این خصلت دوسره بار کردن و در دو قبله نماز خواندن و «دل سوی تو و دیده بجای

دگر ستم» اگر با موازین اخلاق منطبق نباشد، در عرف زمان ما عیبی ندارد که البلاءُ اِذا عَمّت طابت. اما در دوستی صفا کردن و بر نطع محبت پاکباز بودن، شیوهٔ جوانمردان است و رفیق از دست رفتهٔ ما چنین بود.

همه می‌دانند که او به درگاهی سرسپرده بود و در این سرسپردگی اخلاص تمام داشت و چندین برابرِ آنچه در این دوستی حاصل کرد، در طبق اخلاص نهاد و فدای قدم یارِ عزیز کرد. کسانی که در سالهای اخیر از پرتو دوستی بزرگان به جائی و نوائی رسیدند، کم نیستند، اما بسیار نادرند آنانکه در غیبت و حضور یکسان باشند، و بدین صراحت و شهامت سینهٔ خود را آماج طعن بجای گوشه‌نشینان و مخالفان کنند و در هر محفل و مجلسی «امیر، امیر» بزنند و صادقانه حق دوستی ادا کنند.

دوستان و همقدمان و همقلمانی که از رسول رنجیدند و اندک اندک ترکش گفتند، نکته گیران آزاده‌ای بودند که نمی‌توانستند با رسول درین مداحی ها همداستانی کنند. و اگر رسول اندکی درین راه کوتاه می‌آمد و بهر مناسبت و گاهی هم بی مناسبت به ستایش و دفاع از ممدوحش برنمی‌خاست، هم مایهٔ رنجش دوستان نمی‌شد و هم امکان این بود که خریدارانی دیگر به شکارش برخیزند و به قیمتی بیشتر خریدارش گردند.

اما در مذهب عیّاری و جوانمردی خطا باشد نمازی در دو محراب. و من درست برای همین خصیصه، همین فداکاری و صفای محضش در دوستی او را دوست میداشتم، و گرچه با محراب و منبرش رابطه ای نداشتم*.

رسول مظهر مجسم عیّاری و جوانمردی در روزگارِ ما بود. دربارهٔ عیّاران و فتیان در کتابها بسیار خوانده‌ایم، اما قرن بیستم دیگر قرن عیاربازی و جوانمردپروری نیست، بلای ماشین‌زدگی، تعلّقات روزافزون مادی، حرص بینهایتِ جاه‌طلبی دیگر میدان را برای عیارپیشگی تنگ کرده است. و در این دنیای و انفساه، رسول یک جوانمرد به تمام معنی بود. یکی از اصول عیاری صفای محض و وفای لایزال است نسبت به ولی نعمت، مردِ عیّار جان به خطر می‌افکند، از مهالک نمی‌هراسد، پروایِ خویش و کارِ خویش و آبروی خویش ندارد، همه امکانات و هوش و استعداد خود را در خدمت ولی نعمتش می‌گذارد و هرگز از پشت سر

*اصل نوشته: «گرچه از محراب و منبرش بیزارم»

بدو خنجر نمی‌زند. مرد عیارپروای این ندارد که فرماندهٔ محبوبش درنظر مردم خوب است یا بد، ظالم است یا عادل، پاک است یاناپاک. ملاک کار مرد عیار ضابطه و سلیقهٔ خودش است نه ردّ و قبول اجتماع. و اگر کسی را پسندید و قبول کرد و به خدمتش گردن نهاد با آن سرسپردگی همه امکانات و توانائی و ذوق و حتی وجودش و از آن بالا تر حیثیتش را فدا می‌کند و پروای طعن و دقّ دیگران ندارد. چنان فضای سینه اش از نقش دوست پر می‌شود که وجود خود را به فراموشی می‌کشد.

و رسول پرویزی چنین بود، در محبت و صفا یکدل و یکجهت و یکرو بود، از همه وجودش مایه می‌گذاشت و بر نطع محبت قماربازی پاکباز بود.

رسول رفت و از او بجز قصه های طنزآمیز و لوندش، خاطراتی در ذهن آشنایان باقی ماند. دوست و دشمن درباره او نظراتی دارند. کسانی که از او رنجیده و بریده بودند، اغلب ستایندگان پیشینِ طبع و قلمش بودند؛ اما چون با راهی که در سیاست گزیده بود موافقت نداشتند و از طرفی به اهمیت وجودش و قدرت قلمش آشنا بودند و او را وزنهٔ سنگینی در کفّهٔ حریف می‌پنداشتند بیرحمانه از او بریدند یا سرسختانه به جنگش آمدند.

کسانی که دوستی را تا آخر بسر بردند دو دسته بودند: گروهی که موقعیت سیاسی او را برای خویش غنیمتی می‌شمردند و به پنجهٔ گره گشای او نیاز داشتند؛ و معدودی که فداکاریها و ستایشهای بی پروای او را معرّف صفای باطنش می‌دانستند و درین قحط سالِ وفا این خصلت ممتاز را می‌پسندیدند و می‌گفتند، خوشا بسعادت او که در راه خویش ثابت‌قدم و وفادار بود.

## که به تلبیس و

داستان سلیمان و به سرقت رفتن انگشتریش را اغلب ارباب تفاسیر آورده‌اند با الفاظی مختلف و مضمونی واحد، اما روایت آسید مصطفای ما از مقولهٔ دیگری است. در تفسیرها آمده است که سلیمان پیغمبر هرگاه به آبخانه می‌رفت انگشتری خود را که نقش نگینش اسم اعظم بود و ضامن قدرت بلامنازع سلیمانی، به دست کنیزکی از محرمان حرمسرا می‌سپرد و چون بازمی‌گشت می‌گرفت و در انگشت می‌کرد. قضا را روزی چنین کرد و به آبخانه رفت، دیوی که در آن حوالی کمین کرده بود نزد کنیزک رفت و گفت انگشتری باز ده و کنیز کودن بدین گمان که سلیمان است انگشتری بدو داد*.

* این هم اصل روایت به نقل از تفسیر سورآبادی :

حشمت سلیمان در خاتم وی بود که مهین نام خدای بر آن نقش بود هرگاه که سلیمان آن را در انگشت کردی به لباس حشمت و هیبت پوشیده گشتی چنانکه هیچ دیو و پری و آدمی زهره نداشتی که در وی نگرستی که در ساعت صاعقه‌ای در وی افتادی و بسوختی. و چون آن خاتم با خویشتن نداشتی از دیگر مردمان وادید نبودی. و وی چون در متوضّا شدی آن خاتم را در آنجا نبردی تعظیم حرمت نام خدای را؛ وی را کنیزکی بود نام وی جراده، امینهٔ وی بود، آن را فرا وی دادی، چون بیرون آمدی آن را فراستدی و در انگشت کردی.

چون وقت زوال ملکت او آمد، در متوضّا شد؛ دیوی بر هیئت وی بیرون آمد، جراده را گفت «مُهر بیار». جراده پنداشت که وی سلیمان است، مُهر فرا وی داد. دیو آن را ببرد و بر تخت سلیمان بنشست. چون سلیمان بیرون آمد مُهر طلب کرد. جراده گفت «سبحان الله! نه فراستدی؟». گفت «نستدم». گفت «یا رسول الله، بر من ستم مکن، خاتم فراستدی». سلیمان نگه کرد، دیوی را دید بر جای او، بدانست که کار از دست بشد، بگریخت...

اما روایت سیّد ما بدین گل و گشادی نبود که جای هزاران چون و چرا داشته باشد، از آن جمله چه شد که کنیزک نتوانست دیو بدان منحوسی را از سلیمانِ بدان نازنینی تشخیص دهد، و از آن گذشته این دیو ملعون در حرمسرای سلیمان به چه کار آمده بود و از این قبیل سئوالهائی که طرحش آسان است و پاسخ گفتنش دشوار.

سیّد ما نخست مقدمهٔ مفصلی چید در معرفی دیو مفسده‌انگیزی که اسمش را گذاشته بود الهاک دیو. اسمی که برای همه مستمعان منبرش آشنا بود، چه در آن روزگاران در ولایت ما هم ـ مثل شهر و دیار شما ـ در هر خانه‌ای که کوره سوادی رخنه کرده بود، یک جلد «امیر ارسلان رومی» هم با خود آورده بود؛ و سیّد نازنین ما که از آفتِ نکبت‌زای خواندن و نوشتن مصون بود شرح هنرنمائی های الهاک دیو و مادر فولاد زره را از این و آن ـ و بیش از همه از معلّم و منبع الهامش عمّه کلثوم ـ شنیده بود.

باری، یک جلسه تمام وقت منبرش را صرف معرفی الهاک دیو کرد و جنایتهائی که در قرون گذشته مرتکب شده بود و خونهائی که ریخته و هزاران هزار خلق اللهی که فریب داده و به گمراهی برده، با چنان لحن دلنشینِ فراوان‌تأثیری که غالب مستمعان منبرش نادیده و نشناخته از هر چه دیو و دیوبچه است متنفر شدند و با دندانهای از غضب بر هم فشرده در فضای دودآلود مجلس منتظر دیوی و بچه دیوی بودند که تنوره کشان فرود آید تا با چنگ و دندان حسابش را برسند. الهاک دیو آسید مصطفی قرنها و قرنها فهم و شعور خلق الله را دزدیده و از گردهٔ ناتوانشان سواری گرفته بود. مردم گمراهِ از همه‌جا بی‌خبر به او و بچه‌هایش حرمت می‌گذاشتند و بی آنکه از بدنهای پشم‌آلود و شاخهای بر فرق سررُسته و دُم‌های شلال و سم‌های گردشان نفرتی داشته باشند، چشم بر حکم و گوش بر فرمانشان بودند، تا روزی که سلیمان نبی بر تخت شاهنشاهی جهان نشست و به فیض فرّهٔ ایزدی از مرغ هوا گرفته تا ماهی دریا مطیع حکمش گشتند؛ از برکت دوران فرخندهٔ حکمرانی آن حضرت مردم فهم و شعوری پیدا کردند و از برکت این فهمِ بازجسته متوجه قبح اعمالِ دیوان شدند و شکایت به حضرتش بردند که: یا رسول الله تا کی الهاک دیو و دیوزاده‌های بی حدّ و شمارش بر ما حکومت کنند و بر جان و مال و ناموس ما مسلّط باشند و از حاصل دسترنج ما کامرانی کنند و ما جرأت نفس کشیدن نداشته باشیم؟ سلیمان نبی ـ بخلاف بسیاری از حکام روزگار که گوش تظلم شنیدن ندارند و

یک بچه دیو بدردخورِ بندوبست‌چی را بر صدها آدمیزادهٔ بی خاصیت ترجیح می‌نهند- نالهٔ متظلمان را شنید و خیل پریان را مأمور دستگیری دیوان کرد و آصف بن برخیا را مسئول حسن اجرای فرمانش.

بگذریم از شرح و بسطی که سیّد در زمینه دستگیری دیوان می‌داد که اگر قرار باشد به نقل جزئیات مجلسش مشغول شوم باید ده صفحه کاغذ کمیاب و گرانقیمت امروزین و یک ساعت وقتِ البته بی ارزش خوانندگان را تلف کنم تا بدانید چگونه یکایک دیوزادگان گرفتار شدند و چگونه آصف بن برخیا شخصاً الهاک دیو را دستگیر کرد و طناب محکمی از پشم بزهای کوهی بهم بافت و در پره‌های بینی اش کشید و با ساطور قصابی شاخهای مخوفش را شکست و دست و پای پشم آلودش را به زنجیری فولادین بست و کشان کشانش به اعماق سیاه‌چالی افکند که به همین منظور در گوشهٔ جنوبی قصر سلیمانی تعبیه کرده بودند.

***

بله، اگر خودِ سیّد زنده می‌بود و با لحن گرم و گیرایش بار دیگر به توصیف جزئیات صحنهٔ دستگیری دیوان می‌پرداخت قطعا من هم جزئیات را می‌نوشتم، تا خوانندنش با لحن شیرین و تعبیرات دلنشین سیّد حلاوتی داشته باشد. اما از آن تاریخ سال ها گذشته است و حافظهٔ تنبل من اگر در نقل اصول داستان خطا نکند، خود معجزه‌ای است؛ دیگر بازآفرینی صحنه ها و بازسازی جزئیات آنهم با این قلم بی رمق و نثر دلازارِ ملال انگیز جز دردسر خواننده چه حاصلی می‌تواند داشته باشد؟

سیّدِ خدا بیامرز، پس از شرح دستگیری دیوان، الهاک دیو را در سیاهچال سرد و تاریک و نمور قصر سلیمان باقی گذاشت- تا به کیفر جنایات و مفاسدش، سالها در ظلمات فراموشی فرو رود و با جرعهٔ آبی و پس ماندهٔ غذائی بسازد- و خود در مجلس دوم در مقام راهنمای کارکشتهٔ پرحوصله‌ای، تورِ مسافرتی خیال انگیزی ترتیب داد و مستمعان مجذوبش را از فضای مجلس روضه‌خوانی با طی الارض دل انگیزی از بندرعباس و دریای عمّان و خلیج فارس و بحر احمر گذر داد و به سرزمین کوهستانی پرناز و نعمتی برد به نام سبا. و در آنجا بی هیچ دریغ و مضایقه‌ای دروازهٔ باغ لبریز از گل و گیاهی را گشود و خیل همسفران را در اعماق این جنگل لبریز از زیبائی ها و

نعمت ها گردشی داد و سرانجام به قصر مرمرینِ سر به فلک سائیده ای دعوتشان کرد تا در آن فضای لبریز از جمال و جلال با چشم خیال تماشاگر دربار باشکوهی باشند که از حاجب و دربانش گرفته تا سپه سالار و وزیرانش همه و همه از جنس لطیفند، و آنهم چه اجناسی؛ و بر تخت مرصّعی در صدر تالار با دیدن جمال دلربای بلقیس چشم دلی روشن کنند، و هنوز کام دلی از اینهمه زیبائی و جلال بر نگرفته با لبان از حسرت بازمانده و آبِ از گوشهٔ دهان راه افتاده، درین بهشت لبریز از حور عین، به اشارت سیّد نگاه تشنهٔ خود را از صحنه هائی بدان زیبائی بر گیرند تا بر لبهٔ یکی ازدریچه های نیمه باز سقفِ ــ البته مقرنس ــ بارگاه متوجه جثهٔ بی مقدار پرنده ای شوند با تاجی بر فرق و برگی در منقار؛ و با توضیحات مفصّل اما دلپذیر سیّد دریابند که پرندهٔ موصوف همان شانه بسرِ خودمانی سیرجانیهاست که مردم ولایات دیگر در اوج بی سلیقگی اسمش را گذاشته اند هُدهُد.

دریغم می آید تصویر زیبائی را که سالهاست از آن قصر و بارگاه به مدد لحن خیال آفرین سیّد در نهانخانهٔ ذهنم نهفته ام با کلمات بی رمق و تعبیرات نارسا درهم ریزم، و گر چه شما خوانندگان برنجید و خودخواه و راحت طلبم تصوّر کنید.

باری سیّد جماعت مشتاق را در آن فضای قدسی طوافی داد، و از آنجا کشان کشان و به اکراهشان بیرون کشید تا خطّ سیرِ هدهد خبرچین را دنبال کنند و آزاده تر از نسیم و مهتاب، هم پروازِ بال هدهد شوند، و او را تا لانهٔ محقّر اما با صفایش در جنگلی دوردست تعقیب کنند؛ و زیر درختی کهنسال در آن جنگل انبوه به انتظار بمانند تا هدهدِ از سفر بازآمده سری به اهل و عیالش بزند، و قبل از هر معانقه و مصافحه ای با خشم و خروش علیا مخدّره مواجه گردد و منقارهای تیزتر و درازتر از پاشنه های کفش بعضی دختران حوّا؛ و با قبول القاب و عناوینی از قبیل حیزی و ولگردی و سر به هوائی، این خبر رعشه انگیز را بشنود که سلیمان به سراغش فرستاده است و او در لانه نبوده است؛ و با شنیدن خبری بدین اهمیّت، گرد سفر از بال و پر نتکانده، از لانه بیرون آید و با بالهای ظریف خود سینهٔ لطیف هوا را بشکافد و جماعت مستمعان منبر سیّد را همراه خود به بارگاهی دیگر بَرد بمراتب عظیم تر و باشکوه تر از آنچه لحظه ای پیش در عالم خیال دیده بودند: بارگاه سلیمانی.

سیّد مرحوم بقیه وقت مجلس را وقف توصیف شکوه سلیمان کرد و بارگاهی به وسعتِ خیال که در آن نمایندگانی از همه جانداران روی زمین صف زده‌اند و به خدمت ایستاده، از زعفر جنی و هزاران جن کوتاه و بلند همراهش گرفته تا شاه‌پریان و ایضاً هزاران پری رنگارنگِ ملازمش، از فیلانِ درازخرطوم جنگلهای هند تا شتران دوکوهانه صحاری افریقا، از تمساح‌های اعماق نیل و مارهای زهری سرندیب تا قناری‌ها خوشخوان و طوطیکان سخنگوی و طاووسان رنگین پر و بال دکن.

از گور سرد و خاموشت دری به سرابُستانهای رضوان گشوده گردد، سیّد نازنین که چه مجلس باحالی داشتی و چه خیال بلندپروازِ صحنه‌سازی، توصیفات دلنشینت با ما مستمعانِ دلدادهٔ مشتاق، با ما جماعت محروم از همه نعمات زندگی در عزلت کویر همان معامله‌ای می‌کرد که حسن صباح با مریدان در هپروت رفته‌اش در آن درّه‌های سرسبز کوهسار الموت. اگر اغلب مستمعانِ آنروزی مجالس تو امروزه در گوشهٔ کلبه‌های درهم‌شکستهٔ خود غروری دارند که نه قصر شاهان فریبشان می‌دهد و نه رفاهِ نودولتان به تسلیمشان می‌کشاند، اینهمه از برکت آن توصیفهای جانداری است که ذهنشان را از شکوه قصر سلیمانی انباشته است و به کمتر از آن قانع نیستند.

در اینجا هم کوتاه می‌آیم و تجسّم قصر سلیمانی را در موسم بارِعام بر عهدهٔ خیال شما خوانندگان می‌گذارم تا خود به صحنه‌سازی پردازید و جای فیلها و زرّافه‌ها و پلنگها و شیرها را در اطراف مجلس مشخص کنید. و با نگاهی به میمنه صف رنگارنگ پریان را شاهد باشید، و با توجهی به میسره انبوه غولان قوی‌پیکر را، و با سر بالا کردنی صف فرشتگان پر در پر گشوده را، و در مرکز این عرصهٔ بی کران مشایخ عظام و سران حضرت را دست تعظیم بر سینه نهاده، و در پیشاپیش صف آصف بن برخیا وزیر اعظم را. و پس از سیر و سیاحتی که در صفوف مختلف جانداران کردید به قالیچهٔ زرتاری نزدیک شوید که میان زمین و آسمان معلق است و بر فرازش مردی با قیافهٔ نورانی به سبک بودا مربّع نشسته؛ و تلألؤ جواهراتِ تاج مرصّع و جبّهٔ مرواریددوز و شمشیرِ زمردنگار و جقّهٔ الماس نشانش مثل نور خورشید چشمان جماعت را خیره کرده است. و درین جلوه‌گاه جبروتی که از هزاران هزار موجودات صف‌زدهٔ به خدمت ایستاده صدای نفس کشیدنی هم به گوش نمی‌رسد، با گوش دل صدای بهم خوردن بالهای ضعیف هدهد را بشنوید

که سراسیمه از اوج آسمان فرو می‌آید و پس از طوافی در گرداگرد بارگاه، به قالیچهٔ در فضا گسترده نزدیک می‌شود و در پیشگاه حضرت ــ یعنی بر لبهٔ قالیچه ــ با فرود آوردن منقار تعظیمی می‌کند، و در برابر پرخاش شاهانه که «کدام گوری بوده‌ای؟»، با حرکتی چاپلوسانه نزدیکتر می‌رود و روی شانهٔ حضرت می‌نشیند و منقارش را به گوش مبارک نزدیک می‌کند و با قیافهٔ پیروزمندِ طلب کارانه چیزی در گوش حضرت می‌گوید که اثری معجزآسا دارد و یکباره چین‌های غضب را از پیشانی مبارک برمی‌گیرد و بجایش خطوط متّحدالمرکزی بر گوشهٔ لبان آب افتاده‌اش می‌نشاند، به نحوی که موضوع غیبت غیرمجاز یکباره به دست فراموشی سپرده می‌شود، و خود هدهد از مقام خبرچینی ترقی می‌کند و به منصب برکت‌خیز دلاّلگی محبت می‌رسد، و سرانجام با مأموریتی لذت‌بخش نامه‌ای را که آصفِ برخیا با مشک و زعفران نوشته است لای منقارش می‌گیرد و پرپرزنان رهسپار کوی دوست می‌شود.

در بقیه قضایا، روایت آسید مصطفای ما منطبق است با آنچه ارباب تفسیرها نوشته‌اند از خواستاری سلیمان و آمدن بلقیس و جشن شاهانهٔ ازدواج این دو بزرگوار، با مختصر اختلافی در نحوهٔ بیان و آب و رنگ دادنهائی که خاص سیّد بود و تقلیدش ناممکن، و دست کم برای من ناممکن.

سر و ته مراسم عروسی را سید در همین جلسه بهم آورد تا هر چه زودتر بلقیس و سلیمان را تبدیل به شاه و ملکه کند و به عبارتی رساتر به زن و شوهر. و بلقیس کدبانویِ حرمسرای البته باشکوه سلیمانی شود، و روزی برای سرکشی به دولتسرای تازه‌اش یعنی قصر سلیمان، باتفاق ندیمکان و ملازمان و خدم و حشم بعد از گشت و گذاری در اطاقها و رواقها و تالارهای قصر، سری هم به زندان‌سرای سلیمانی بزند و ضمن ملاقاتِ زندانیان چشمش به دهنهٔ تاریک سیاهچالی افتد و ازاعماق آن ناله‌ای به گوشش رسد و رو به زندانبان کند که «این صدای چیست؟»، و از زبان زندانبان پیر بشنود که «الهاک دیو است»؛ و با شنیدن شرح فجایعی که مرتکب شده است و مجازات سنگینی که به حکم سلیمان نصیبش گشته به حکم کنجکاوی زنانه‌ای ــ که جوهرهٔ ذاتی همهٔ دختران حوّاست ــ هوس دیدار الهاک دیو به سرش بزند و در مقابل عذر زندانبان که ورود به سیاه‌چال جز با اجازهٔ سلیمان میسّر نیست پایش را توی یک کفش

کند که اِلاّ و بلاّ؛ و برآشفته از انکار وظیفه شناسانهٔ زندانبان، اشکریزان به سراغ شوهر رود و با این حربهٔ کاری پادشاه قدرتمند ذی‌شوکتی چون سلیمان را به تسلیم وادارد تا زندانبان را بخواند و فرمان دهد که علیاحضرت ملکه فرمانروای این قصراند و هر حکمی که صادر کنند عین فرمان من است؛ و پیرمرد زندانبان آه‌کشان و غرغرکنان کلید سیاهچال را از پرِ شالش بیرون کشد و درِ متروک زندان را به روی بلقیس خانم بگشاید، بی آنکه سرش را بالا گیرد و متوجه نگاه لبریز از تمسخر و پیروزی علیامخدّره شود.

در اینجا سیّد نازنین پای آصف بن برخیا را به میان کشید که بمحض شنیدن خبر، آسیمه‌سر به بارگاه شتافته و با عمامهٔ در گردن افکنده زیر قالیچهٔ حضرتی زانوزده و با صدای لرزان ورد گرفته که «اعلی حضرتا، دستم به دامنت، بلقیس جوان است و از خوی تجاوزگر دیوان بی‌خبر، او چه می‌داند که در سالها و قرنهای گذشته از ستم الهاک و ایل و تبارش چه کشیده‌ایم، قیافهٔ مظلوم‌نمای او را می‌بیند و دلش به رحم می‌آید؛ می‌ترسم که این مارِ سرمازده بلای جانش گردد و بلای جان خلق خدا»؛ و به دنبال نقل تضرّعات آصفی، چشمه‌ای از غصب سلیمانی به نمایش گذاشت که «آصف، بس کن! بلقیس سوگلی حرمسرای من است و ملکهٔ قدرتمند جهان، کمال ناجوانمردی است خواهش بدین مختصریش را نپذیریم، وانگهی دیوِ دست و پا بستهٔ چنگ و شاخ شکستهٔ در سیاهچال افتاده را چه خطر، چه غلطی می‌تواند بکند؟».

***

جایتان خالی که منظرهٔ ملاقات بلقیس و الهاک دیو را از دهن گرم سیّد بشنوید، و ببینید با وصفی که از دیوِ سالها در سیاه‌چال ماندهٔ پشم و پُت ریخته کرد چه نقش ترحّمی بر چهرهٔ مستمعان نشاند. یقین دارم وقتی که سیّد ناله‌های احتضار دیو را مجسّم می‌کرد و گردن کج و دست و پای در کُند و زنجیرش را، اگر فی‌المجلس نظرخواهی می‌کردند و از ما مستمعان در مورد سرنوشت الهاک دیو حکمی می‌خواستند، همه با هم رأی بر خلاص او می‌دادیم که: دیو بینوا کفّارهٔ جنایات و گناهانش را داده است و بیش از این در بند و زنجیر داشتنش خلاف انصاف و عدالت است.

خوب، وقتی ما مستمعانی که نصفمان ـ بلا نسبت ـ مرد بودیم با وصف عجز و افتادگی الهاک دیو حکم بر آزادیش می‌کردیم چه جای ملامت است بر عمل بلقیسی

که هرچه باشد زن است، وانگهی بجای شنیدن شرح بیچارگی دیوِ محکوم، بمعاینه منظره را می‌بیند، و شنیدن کی بود مانند دیدن: اندامی نحیف با چشمانی گود افتاده و شاخهائی از نیمه شکسته و گردن کجی در پالهنگ نهفته و دست و پائی به زنجیر بسته و نالهٔ مظلومانه‌ای در فضای زندان رها کرده.

در اینجا سیّد نازنین با چنان مقدمه‌چینیِ ماهرانه‌ای مظلوم‌نمائی دیو شیّاد را مجسم کرد و به نقل مکالمهٔ بلقیس و الهاک پرداخت که گوئی خود در صحنه حاضر بوده است، و از آن بالا تر گوئی هنر پیشه‌ای است بر صحنهٔ تآتر نه روضه‌خوانی بر عرشهٔ منبر. ابتدا غروری شاهانه همراه ظرافتی زنانه با صدایش آمیخت که «هان، بدبخت چه کرده‌ای که بدین روز افتاده‌ای»، و بلافاصله لحنش را به ناله نومیدانهٔ محکوم محتضری مبدّل ساخت که «قربان خاکپای مبارکت شوم، بیگناهم، بی گناه». باز صدایش را آمرانه کرد که «یعنی چه؟ سلیمان نبی، شوهر من، پادشاه جنّ و انس موجود بی گناهی را در همچو سیاهچالی می اندازد؟»، و باز رنگ ناله‌ای به صدایش زد که «تصدّق وجود نازنینت شوم، من و دیو بچه هایم قربانی توطئه شده‌ایم، جنایتها را پریان کرده‌اند و به حساب ما وارونه‌بختان گذاشته‌اند، ما فلک زده‌ها لشکرِ دعائیم».

این مکالمات را سیّد چنان ماهرانه بیان کرد و چنان حاضران را تحت تأثیر گرفت که سرانجام وقتی به تقلید صدای بلقیس لحنش را آمرانه کرد که« زندانبان، بیا، زنجیر از دست و پای این بیچاره بردار»، نفسهای در سینه حبش شدهٔ مستمعان به عنوان ابراز رضایتی شکرآمیز در فضای مجلس رها شد؛ و وقتی که از زبان زندانبان پیر به التماس افتاد که «علیاحضرتا، گول زبان چرب و نرم این دیو خوش‌خط و خال را نخورید، این بی انصافِ مردم‌آزار مارِ سرما زده است، اگر آزاد شود روزگار خلق الله را سیاه می‌کند»، نقش نفرتی بر چهرهٔ مستمعان نشست و زمزمهٔ نفرینی نثار زندانبان سختگیر ضعیف‌آزار کردند؛ و باز با شنیدن این نهیب که «پیرمرد احمق، مگر خود اعلیحضرت همین الساعه نفرمودند حکم ملکه حکم من است»، طنین «هوم» هماهنگی به علامت پیروزیِ مظلومان فضای مجلس را پر کرد.

در مقوله گشودن قفل و باز کردن زنجیر از دست و پای الهاک دیو هوس مستمع آزاریِ سیّد گُل کرد و با چنان آب و تابی به جزئیات پرداخت ازقبیل التماسهای

زندانبان و لجبازی بلقیس و آه و نالهٔ الهاک دیو، و دست و پای در کند و زنجیر از رمق رفتهٔ زندانی، و زخمهائی که بر اثر فشار دانه های زنجیر در بدن پشم آلودش پدید آمده بود و دُمی که بعلامت التماس بر زمین می‌زد و ناله های سوزناکی که می‌کشید و سیل اشکی که به عنوان حقشناسی از چشمانش سرازیر بود و قطرات اشک ترحّمی که ازمژگان سیاه و بلند بلقیس آویخته بود و زمزمهٔ شکایتی که از قساوتِ سلیمان زیر لب داشت و مقولاتی از این دست، که نه من همه را به خاطر سپرده‌ام و نه اگر به خاطر داشتم اهل بازگفتنش بودم که نقل خاطره چیزکی است و داستانسرائی چیزی.

باری، سیّد با توصیف جاندارش پس از گشودن دست و پای دیو، به شرح احساسات ظریف بلقیس خاتون پرداخت و دلِ نازکی که بر حال زار الهاک دیو و بی کس و کاری و بی پشت و پناهیش رقّت آورده است، تا آنجا که در پاسخ استرحام الهاک رو به زندانبان کند که «این بیچارهٔ ستم‌رسیده پس از سالها تحمّل سیاه‌چال نه کس و کاری برایش مانده است و نه قوّت و بنیه‌ای، بفرستش آن گوشهٔ باغ برای خودش آلونکی بسازد و باقیماندهٔ عمرش را به دعا و عبادت بگذارند»، و با شنیدن التماس زندانبان که «قربان آستان ملک پاسبانت گرم، نگاه به نحیفی و نزاریش نکنید، اگر رهایش کنید یک شبه جان می‌گیرد و با قوّت دیوانه‌اش بلای جان خلایق می‌شود»، لبی به انکار و تمسخر برچیند که «چه می‌گوئی پیرمرد احمق، این موجود فلک‌زده در حال احتضار است چه خطری برای کسی می‌تواند داشته باشد؟»، و در مقابل التماس زندانبان که «قربان خاک پایت گردم، این جانور ملعون از جنس آدمیزادگان نیست که بعد از تبِ یک شبه‌ای گرفتار نقاهتِ ده روز شود، نگاه به وضع حالش نکنید، در یک چشم بهم زدن جان می‌گیرد و دُم علم می‌کند و عالمی را به خاک و خون می‌کشد»، ابروان وسمه‌کشیده‌اش را درهم کشد و با اشاره‌ای به هیکل نحیف دیو بغرّد که «این بیچارهٔ فلک‌زده به حال و روزی افتاده که صد سال دیگر هم امیدی نیست بتواند روی پایش بایستد، چه رسد به اینکه...» و این دفعه با چهره‌ای برافروخته از خیره‌سری زندانبان که «علیاحضرتا، دیو به زندان افتاده در حکم مار سرمازده است»... کلامش را با نهیبی ببرد که «فضولی موقوف» و با چرخش عتاب‌آمیزی که به اندام متناسب خود می‌دهد التماسِ هشداردهندهٔ زندانبان پیر را ناشنیده بگیرد که «علیاحضرتا، فریب موش مردگی

او را نخورید، چندان هم بی کس و کار نیست، علاوه بر صدها دیو بچه‌ای که در زندانهای حضرتند، هزاران رأس هم قیافه عوض کرده‌اند و در گوشه و کنار مملکت سلیمانی آمادهٔ خشم و خروش و انتقامند، علیاحضرتا شما تازه قدم به سرزمین سلیمانی گذاشته‌اید و یکّه‌تازی دیوان را ندیده‌اید، ندیمان و خدمهٔ شما هم غالباً از نسل جوانند، و بی خبر از سوابق دیوان. می‌خواهید بدانید الهاک دیو و بچه هایش اگر آزاد شوند چه بروزگار مردم خواهند آورد تشریف ببرید از پیر و پاتالها بپرسید، دور و بری ها و ندیمه های جوان شما از روزی چشم به جهان گشوده‌اند که دیوان اسیر و زندانی بوده‌اند، چه می‌دانند چه جانوران خطرناکی هستند».

سرانجام سیّد با آب و تابی بلقیسِ پیروزمند را به حرمسرا برگرداند و به انتظار بازآمدن سلیمان نشاند، و مستمعان را بار دیگر به تماشای مظلوم‌نمائیها و موش مردگیهای الهاک دیو برد تا ببینند چگونه نفس زنان و ناله کنان هر پلّهٔ سیاهچال را با کمک عملهٔ محبس بالا می‌آید و روی هر پله‌ای خودش را بر زمین می‌اندازد که نفسی تازه کند و جلب ترحمی از مأموران زندان، تا آنجا که زندانبان پیرِ کارافتاده هم خارخار شکی در دلش پدید آید که «عجبا، این بیچاره دیگر نای نفس کشیدن ندارد تا چه رسد به مردم‌آزاری».

سیّد با همین طول و تفصیل دیو را به آلونک دورافتاده‌ای در انتهای باغ رساند و به حال خود گذاشت و مستمعان مشتاق را بار دیگر به دربار سلیمانی کشاند تا شاهد ختم مراسم بارعام باشند، و در التزام موکب شاهانه روانهٔ کاخ اختصاصی شوند و در آستانهٔ حرمسرا کنجکاوانه شبی را به انتظار بگذرانند تا در تاریک و روشن سحرگاهی سلیمان به عادت معهود از حرمسرا بیرون آید و برای تطهیری به طرف آبریزگاه قصر روانه شود، و در رواقِ سرپوشیدهٔ آبریزگاه انگشتری مقدّس را از انگشت خود برآورَد و به عادت همیشگی آن را به خاتمدار سلطنتی بسپارد؛ و کنیزک خاتمدار که وظیفه‌اش منحصر بدین است که در دالان آبریزگاه خاتم را نگه‌داری کند و چون سلیمان از بیت‌الخلوة خارج شود با تعظیم غرّائی آن را در سینی نقره به حضور آرد ـ آری کنیزک وظیفه‌شناس را با سینی سیمین و خاتم مقدّس به انتظار بازگشت قبلهٔ عالم بر پا بایستاند؛ و دیگر باره با گریزی کوتاه مستمعان را به انتهای باغ بکشاند و آلونکِ معهود، تا در اوج حیرت

ببینند که جا تر است و بچه نیست. آلونک نیمه ویران و تشک پوشالش بر جای است و الهاک دیو ناپیدا. و در اینجا با سؤالی مستمعان را مخاطب کند که:

ـ حدس می‌زنید الهاک دیو کجا رفته است؟

و در میان جملات نامفهومی که از گوشه و کنار مجلس به گوش می‌رسد با حرکتی ساده‌لوحانه با دستش به دالان خانه اشاره کند و صدایش را بلندتر کند که:

ـ آنجاست، بله همانجاست.

و مردم با گردش هماهنگ سرها رو به جهتی کنند که سید با دستش نشان داده است و با دیدن قیافه اعیان و سرشناسان ولایت که به علامت عرض اخلاصی فروتنانه در مجلس عزای حسینی در صف فعال نشسته‌اند، شلیک خنده را بشدتی در مجلس رها کنند که سیّد حیرت‌زده و بی خبر از همه جا نگاه ماتش را بر سطح مجلس بپاشد و پس از لحظه‌ای سکوت چون پی به علت خندهٔ مردم نبرده است، دنبالهٔ کلامش را بگیرد که:

ـ بله، آنجاست، منظورم آبریزگاه قصر سلطنتی است، همانجائی که هر روزه پیش از طلوع آفتاب سلیمان یکّه و تنها برای تطهیر و تجدید وضو می‌رود. بله، الهاک دیو که چشم نگهبانان را دور دیده همراه سایه‌های سحرگاهی از آلونک بیرون خزیده است و چون کسی ناظر اعمالش نیست با چابکی و سرعتِ بوزینه از دیوار بیت‌الخلوة بالا رفته و از آن طرف فرو آمده و به انتظار آمدن سلیمان در گوشهٔ دهلیز کمین کرده است.

در اینجا سیّد به حاشیه رفت و معلومات دیوشناسی خود را ـ که ظاهراً به روزگار کودکی، در شبهای سرد و سیاه زمستان، زیر لحاف هزار وصلهٔ یخ‌زده از لای لبان چروکیدهٔ عمّه‌اش کلثوم بیرون کشیده و به خاطر سپرده بود ـ به چشم و گوش مستمعان کشید که:

ـ بله، دیو غیر از آدمیزاده است، آدمیزادهٔ بیچاره یک جان دارد و سگ هفت جان و دیو هفتصد هزار جان، مادام که شیشهٔ عمرش را پیدا نکنید و بر سنگ نزنید نمی‌میرد و گرچه همهٔ تیرها و شمشیرها و خنجرهای عالم هستی را در قلبش بنشانید. با هر ضربه‌ای که بر تن منحوسش فرو آید قوّتش بیشتر می‌شود و شرارتش هم بیشتر.

و پس از شرح مستوفائی در باب شیشهٔ عمر دیوان و طرق جستن و یافتن آن، جماعت حیرتزده را به دهلیز آبریزگاه کشاند تا شاهد حرکت دیو باشند که با یک جَست درِ

آبریزگاه را از بیرون بسته است و خود مقارن لحظه‌ای که قرار است سلیمان برطبق معمول همه شب از بیت‌الخلوه بیرون آید و به دهلیز قدم نهد، قدم در دهلیز تاریک نهاده است و با استفاده از تاریکی شب دربرابر کنیزک خاتم‌دار ایستاده و دست پشم‌آلود خودش را به طرف سینی نقره دراز کرده است و خاتم مقدّس را برداشته و با خونسردی هرچه تمامتر در انگشت کرده و به طرف حرمسرای سلیمانی به راه افتاده است.

***

سید نازنین با توصیفی خیال‌آفرین دیوِ سلیمان شده را به حرمسرای سلطنتی رساند و با اختصاری تعجب‌انگیز مستمعان را بار دیگر به دهلیز آبخانه برگردانید تا شاهد فریادهای غضب‌آلود سلیمان باشند از پشت درِ بستهٔ آبریزگاه و مشت بر در کوفتنها، و شاهد وحشت کنیزکِ خاتم‌دار باشند که با شنیدن صداهای نامعهود به سراغ نگهبانان قصر رفته است و جمعی را با خود به محوّطه آبریزگاه کشانده تا چفتِ از بیرون بستهٔ در را بگشایند، و مرد زندانی شده را که جز سلیمانِ بی‌نگین ــ و البته بی‌قدرت ــ کسی نبود نزد رئیس خود برند که «این مرد غریبه جسارت کرده و به قصد سوئی قدم به آبریزگاه حضرتی گذاشته» و مقام ریاست با شنیدن شهادت کنیزک خاتمدار که «سلیمان لحظه‌ای پیش بیرون آمد و خاتم در انگشت کرد و به حرمسرا رفت»، فریادهای غضب‌آلود «من سلیمانم، کنیزک دیوانه! چه می‌گوئی» را ناشنیده گیرد، و با حکم قاطعی به ماجرا خاتمه دهد که «بزنید این دیوانه را از قصر بیرون کنید». و به قصد تسویه حسابی با رئیس کلّ قراولان فریادش را رساتر کند که «قضیه‌ای بدین مهمّی همین الآن باید به عرض ملک برسد، مگر قصر سلیمانی کاروانسرای بلخ است که هر کس و ناکسی سرزده وارد شود».

سیّد، با توصیف مفصل این صحنه‌های پرهیجان مستمعان را به بیرونی حرمسرای ملک برد و در تالار دیوان خاص به تماشای منظره بدیعی واداشت از جلسه‌ای اضطراری با حضور آصف‌بن‌برخیایی که دستها را به علامت حرمت زیر بغل گذاشته و گردن چروکیده‌اش را به نشان عذرخواهی کج گرفته است و محاسن سفید انبوهی که از بیم غضب سلیمانی به ارتعاش افتاده است؛ و رئیس کل قراولانی که با سر برهنه و دستان از پشت بسته بر کف مرمرین بارگاه زانو زده است؛ و جلاّد سرخ‌پوش سبیل از بناگوش

گذشته‌ای که نوک خنجرِ درخشانش را بر حلقوم او نهاده و چشمان خون گرفته‌اش را بر دهان ملک دوخته؛ و دیو سلیمان شده‌ای که پشت پردهٔ گلریز ظریفی بر مسند فرمانروائی جهان تکیه زده است و با انگشتان دست راستش حلقهٔ خاتم را در انگشت دست چپ می‌چرخاند و کف ریزان و عربده کشان مشغول اشتلم است؛ و بلقیس وحشت‌زدهٔ اشکریزانی که لای چادرش را زیر دندان گرفته و با دو دست دامن ردای او را چسبیده و هق‌هق زنان می‌نالد که «ملک رحم کن، ترا به تربت پاک پدرت داود عفوش کن، چه معلوم که آن قراول بی‌شعور و آن کنیزک ابله خیالاتی شده باشند، رئیس قراولان مرد وظیفه‌شناسی است، اگر بیگانه‌ای به قصر آمده است پس کجاست، آب شده به زمین رفته یا دود شده و به هوا؟ الامان، الامان».

در پرداختن این صحنه، سیّدِ شیرین‌سخن چنان چاشنی ذوق و ظرافتی بکار برد که مزّهٔ پُردوامش را من و غالب مستمعان آن جلسه هنوز در کام جان داریم. با توصیف جانداری حالات متناقض الهاک دیو را بنحوی بیان کرد که گوئی مردِ به مکتب نرفتهٔ از دروازهٔ سیرجان قدم بیرون ننهاده سالها مشاور تولستوی و داستایوفسکی بوده است و در مجهّزترین آزمایشگاهای آن سوی جهان حالات روانی آدمهای دو شخصیتی را به مشاهده و تجربه آزموده است.

از یک سو کف ریختن‌ها و عربده کشیدنهای الهاک سلیمان شده را وصف می‌کرد و از دیگر سو خطوط اضطرابِ بر چهره نشسته‌اش را که نکند صاحب اصلی تاج و تخت در چهارچوبهٔ درگاه تالار ظاهر شود و فریاد زند که: بگیرید این دزد ملعون را، بگیرید این دیو افسونگری را که طلسم قدرت را ربوده است و خودش را بجای من قالب زده.

مستمعان همراه صحنه‌سازیهای سیّد به معاینه می‌دیدند که چگونه آثار تردید و وحشت بتدریج بر اثر تعظیم‌های متوالی درباریان از چهره سلیمان دروغین محو می‌شود و بجایش علائم قدرت و اعتمادِ به نفس می‌نشیند که هر فرمانی می‌دهد بلافاصله اجرا می‌شود و از آن جمله دستور بزن! که هنوز کلمه در فضا طنین افکن است که سر رئیس قراولان مثل گوی بر سنگ فرش کف تالار می‌غلطد، و هنوز فرمان بیا! لبانش را ترک نگفته است که رئیس گربه‌های روی زمین از دودکش بخاری فرو می‌آید و با یک لیس خونهای بر زمین ریخته را چنان پاک می‌کند که گوئی فرامرز هرگز نبود.

سید آن شب دیو مست قدرت را به حرمسرای سلیمانی فرستاد تا از بوی گندِ بدنش نازنینان حرمخانهٔ سلطنتی چهره درهم‌شکند و در رأس همه بلقیس نازپرورده با آن شامهٔ تیزش از بوی نامطبوع بی سابقه‌ای که به دماغش رسیده است به حال تهوّع افتد و حیرت‌زده از اینکه چرا سلیمان بدان خوشبوئی و مطبوعی چنین نامطبوع و بوگندو شده است، به بهانه‌ای زنانه از خوابگاه بگریزد و به اطاق اختصاصی خود پناه برد و همه نفرینهای عالم را نثار هدهدی کند که او را بدین روزگار انداخت. سید پس از شرح مفصّلی از برخورد دیو با اهل حرم حرمت، به سبک پاورقی نویسان جراید یومیه با این سؤال جلسه را ختم کرد و عطش کنجکاوی را در ضمیر مستمعان دامن زد که: ایها‌الناس امشب به خانه هایتان بروید و بجای خوابیدن بنشینند و مجسم کنید که دیو لعنتی از فردای به قدرت رسیدن چه دسته گلهائی به آب خواهد داد وچه به روزخلایق از همه‌جا بی خبر خواهد آورد، بروید و فکر کنید این ملعون ازل و ابد چه اراذلی را به جان مردم بیچارهٔ بی پناه خواهد انداخت.

ظاهراً همین عبارت آخری بود که مردم را به هیجان آورد و در لحظه‌ای که سید از منبر فرود می‌آمد ــ و به عادت دیرینه بمحض به زمین رسیدن پایش عمامهٔ ژولیدهٔ سیاهش را از سر برمی‌داشت و آن را در عبای وصله‌دارش می‌پیچید ــ زمزمه‌ای در مجلس پیچید و مردم بعضی با در گوشی و بعضی با ایما به رد و بدل کردن اشاراتی پرداختند که در آن سن و سال بکلّی برای من بی سابقه و نامفهوم بود. و اگر شامگاه همان روز در خانهٔ ما هم مثل بسیاری از خانه های شهر صحبت منبر سیّد به میان نمی‌آمد و اهمیت اشاره‌ای که به سلطهٔ اراذل و اوباش کرده بود، این معما در ذهن سادهٔ کودکانهٔ من همچنان لاینحل می‌ماند.

آن شب عده‌ای از خویشان و همسایگان در خانهٔ ما مهمان بودند، و بحث مجلسشان تعبیر و تفسیر اشارات سیّد بود و مناقشه بر سر این مسئله که سیّد آیا دانسته و سنجیده نیش خودش را زده است، یا این نظر جدّش بوده که همچو کلمه‌ای بر زبانش جاری گردد و بی آنکه خود متوجه اهمیت موضوع باشد چنان مورد توجه خلایق گردد که در فاصله از منبر تا درگاه خانه مردم در مسیر عبورش راه باز کنند و همصدا برایش صلوات

بفرستند. آنشب دنبالهٔ بحث موافقان و مخالفان کشید به زیاده‌رویهای قارداش‌قلی خانی که همین چهار روز پیش بی هیچ مقدمه و اطلاعی به عنوان فرماندار تازه با دو نفر تفنگچی وارد شهر شده است و یکراست به محل فرمانداری رفته و فرمان عزل فرماندار سابق را به دستش داده و طبق دستورالعملی که از مرکز داشته است او را توقیف کرده، و بعد هم دار و دستهٔ چاقوکشان «احمدو» را به عنوان مشاوران و مأموران حکومتی برگزیده و به جان مردم انداخته است تا بگیرند و بزنند و غارت کنند.

بی بی فاطمه که دو روز پیش قدّاره‌بندان حکومت تنها پسرش را به جرم مطالبهٔ پولِ گوشت گرفته و از دکان قصابی اش با ضرب چماق و سرنیزه به زندان برده بودند، دل پرخونی داشت که:

ـ عجب دنیای بی حساب و کتابی شده، مردکه تا دیروز یاغی دولت بود و سر گردنه بگیر، حالا شده فرماندار شهر و صاحب اختیار جان و مال مردم. یک نفر هم پیدا نمی‌شود که جلوش دربیاید و بپرسد قارداش‌قلی خان تو فرمانداری یا عزرائیل؟

و میرزا ابوالحسن کلاهدوز به تأیید حرف بی بی آمد که:

ـ از این بدتر رفتاری است که با حاکم بی آزاری مثل حاجی کرده، به دو تا تفنگچی همراهش دستور داده همانجا توی دفتر فرمانداری در حضور کارمندان دولت و چند نفر از اعیان و محترمین شهر دستهای پیرمرد را از پشت با طناب ببندند و او را کشان‌کشان ببرند و گلاب به روی همه‌تان توی مستراح زندانی کنند.

و با عبارت تردیدآمیز ملا عبدالخالق که:

ـ اینها دیگر از آن صفحه‌هائی است که مردم می‌گذارند و یک کلاغ چهل کلاغ می‌کنند، مگر می‌شود به همین سهل و سادگیها مردی را که تا دیروز فرماندار شهر و نمایندهٔ شخص شاه بوده است به این صورت بگیرند و ببرند توی مستراح زندانی کنند.

حاجی علی خان پیشخدمت فرمانداری که تا آن لحظه ساکت و صامت نشسته بود لبهای سیاهش را غنچه کرد و هوای در سینه انباشته را با سوت ممتدّی بیرون داد و سخن ملاّ را برید که:

ـ کردند و شد، خود من حاضر بودم و با همین جفت چشم های باباقوری گرفته‌ام دیدم که قارداش‌قلی خان با چه رذالتی زد تخت سینهٔ قاسم آقا رئیس دفتر، و وارد اطاق

شد و رو کرد به فرمـاندار که «بلنـد شو از آنجا»، و دست کرد توی جیب بغلش و پاکتی بیرون آورد و داد به دست فـرماندار؛ و هنوز فـرماندار بدبخت خواندن ابلاغ را تمام نکرده بود که رو کرد به دو تا تفنگچی همراهش که «بگیرید این پدرسوخته را ببرید زندان».

عمویم رو به حاجی علی خان کرد که:

ـ چطور از میـان چنـد نفر اعـیان و ریش سـفیدانی که تـوی دفتر حاضر بـودند کسی شفاعتی و وساطتی نکرد.

و حاجی لبخند تلخی بر لب آورد که:

ـ چرا قـبـل از همه حاجی اعـتـماد دستهایش را از آسـتـیـن عبا بیرون آورد و روی سینه‌اش ضـربدر کرد و بـعد از تعظیـم غرّائی کـه تحویل قارداش‌قلی خـان داد جلوچشم همه افتاد روی زمـین و سجدهٔ شکـری کرد که «الحمـدللّه، جان مردم سیرجان از دست ستم این جانـور خلاص شد»، و دنبال سرش هم آنهایی کـه تا دقیقهٔ پیش مجیز فرماندار را می‌گفتند و هی درمـقابلش دولاّ و راست می‌شدند دسـتهاشان را رو به آسمان گرفتند و شروع کردند به دعای عمر و عزّت تحویل دادن به حاکم جدید.

عبدالخالـق که می‌دید درمقابل نص روایت جای شبهه‌ای باقی نمانده است، شروع کرد به غرغر که

ـ آخر این هم شد مـملکت، این هـم شد دولت، بی هیـچ مقدمه‌ای قارداش‌قلی خان از راه برسد، پیرمردی را که سالها حکومت کرده بگیرد و بیندازدش توی مستراح. خوب، دولت مرکزی از نـحوه عمل فرمـانـداری ناراضی است احضارش کـند ببردش تهران هر بلائی می‌خواهـد به سرش بیاورد، نه اینکه جلوعده‌ای سر و همسر آبروی سید محترمی را ببرد.

ملا عبدالجواد ضمن سر تکاندن فیلسوفانه‌ای با لحن غرورآمیزی گفت:

ـ مگـر یـادتان رفتـه شش مـاه پیش کـه شـاه با آن قدرت را آوردنـد و از هـمین شـهر خودتان بردنـد به بنـدرعباس و گذاشـتندش تـوی کشتی و بردندش آنجائـی که عرب نی انداخت، مـن گفـتم بعـد از این خـدا بسازد به حالمـان، برای من از روز روشنتر بود که دیگر سنگ روی سنگ بـند نمی‌شود، مرکزیها که دلشان در بند ملت و مملکت نیست، هرچه پول بدهـی آش می‌خوری، قارداش‌قلـی خان هم که ماشاء الله در این پنج شش ماه

دست کم صد تا قافله را زده و حسابی بارش را بسته می‌تواند هرچه بخواهند بدهد و حکومت سیرجان که سهل است حکومت کلّ ایران را هم بخواهد بگیرد.

عباسقلی خان تلگرافچی حرفش را برید که:

ـ مثل اینکه قارداش قلی خان حسابی سر کیسه را شل کرده والاّ محال بود همچو حکمی با آنهمه اختیار بگیر و ببند بدهند به دستش و روانه‌اش کنند تا مثل اجل معلّق به جان مردم بیفتد.

و در پاسخ فاطمه خانم که می‌گفت «تا چشم این مردم بی غیرت چهار تا بشود، چرا نمی‌ریزند توی تلگرافخانه و شکایت نمی‌زنند به تهران که ای شاه ای دولت ای رئیس الوزراء این تحفه‌ای که به اسم فرماندار برای ما فرستادی از سرمان زیاد است مال بد بیخ ریش صاحبش» خندهٔ تلخی سر داد که:

ـ بی بی، صدایت از جای گرمی می‌آید، این سیم تخته‌سرشدهٔ تلگراف الآن چهار روز است که قطع است، درست ازشب همان روزی که قارداش‌خان با حکم فرمانداری وارد شد سیم تلگراف هم قطع شده بود و جناب رئیس هنوز دارد دنبال آدم و وسیله می‌گردد که برود و ببیند از کجا پاره شده است.

و عبدالخالق بار دیگر آه نومیدانه‌ای کشید که:

ـ غیر از سیم تلگراف هم که هیچ وسیله‌ای نیست تا مردم بتوانند صدایشان را به گوش دولت برسانند، راه هم که بسته است، همین سه روز پیش توی گدارِخانه‌سرخ جلو کامیون را سنگچین کردند و سر راننده و شاگرد و هفت تا مسافرش را مثلِ دستهٔ گل بریدند و هرچه توی ماشین بود غارت کردند.

و در جواب فاطمه خانم که با تعرضی حرفش را بریده بود که «گیرم راه کرمان را دزد بسته است، راه نیریز را چه می‌فرمائید؟» آهی کشید که:

ـ عجب از عقل شما، بی بی، با این باران مفصلی که آمده جن و پری هم نمی‌تواند از روی کفّهٔ نمکی عبور کند تا چه رسد به اسب و ماشین.

اما بی بی فاطمه که هنوز بر بی همتی مردم اصرار داشت گفت:

ـ خدا نگهدارد جادهٔ بندرعباس را. آنجا که دیگر نه کفّه نمکی هست و نه قافله‌ای را زده‌اند. اگر مردم شهر غیرت داشتند پولی روی هم می‌گذاشتند و چند نفر را اجیر

می‌کردند و راه می‌انداختند تا بروند به بندرعباس و از آنجا عرض حالشان را تلگراف بزنند به مرکز. این که نشد زندگی، مردکه چهار روز است فرماندار شهر شده یک دفعه همهٔ شهر را کن فیکون کرده، رئیس نظمیه را برداشته و جایش احمدو را گذاشته، رئیس دادگاه را هم داده است زندان کرده‌اند و در محکمه را تخته کرده است، آجانها را هم انداخته توی هلفدونی و هرچی دزد و چاقوکش توی زندان نظمیه بوده درآورده و اختیار جان و مال مردم را داده به دستشان، آنها هم کارشان از صبح تا غروب چاپیدن مردم است و به زور فحش و کتک پول گرفتن.

بار دیگر حاجی علی خان لبخند تلخ حکیمانه‌ای بر گوشهٔ لب نشاند که:

ـ واللّه ازقراری که می‌گویند سمبهٔ یارو پرزوراست، پارتیهایش در تهران از آن دم کلفتها هستند، قنسول انگلیسها هم در کرمان سفت و حسابی پشت سرش واستاده، به این سادگیها نمی‌شود تکانش داد؛ اگر پشتش حسابی گرم نبود با این هارت و هورت به میدان نمی‌آمد و به جان خلایق نمی‌افتاد.

و عبدالرزاق به تأییدش آمد که

ـ مشکل همین جاست، اگر دُمش به دم تهرانیها بند نبود که مردم چلاق نبودند، می‌ریختند و یک ساعته حسابش را می‌رسیدند. اما مردم که نمی‌توانند با دولت طرف بشوند، با شاه مملکت بجنگند، به نظر من باید تحمّل کرد و دم نزد، مگر ندیدید همین دیروز چطوری توی فلکهٔ دم بازار سید صحیح النسبی مثل آقا سیدمحمدرضا را خواباند و به فراشها دستور داد با شلاق به جانش بیفتند. بیچاره سیّد الان با پشت و کفل ورم کردهٔ زخم و زیلی توی رختخواب افتاده و دارد جان می‌دهد.

و سپس در حالیکه به شیوهٔ معهودش بشکن می‌زد با آهنگ مخصوصی شروع کرد به خواندن که: جائی که شتر بود به یک غاز...

اما نهیب بی بی ماه‌جان به تصنیف خوانیش پایان داد که:

ـ دست بردار آعبدالرزاق. این حرفها چیه، تهرانی ها چه داخل آدمند، هرچه می‌کشیم از بی غیرتی و بی رگی مردهای خودمان است. اگر توی شهرمان ده تا مرد داشتیم هرگز قارداش قلی خان جرأت هفت پشتش هم نبود که این جور ترکتازی بکند. بخدا قسم اگر پول و پله‌ای داشتم برای همهٔ شما باصطلاح مردها از پستانفری یک کلوته

می‌خریدم و به سرتان می‌کردم. مگر خودت تعریف نکردی قارداش قلی خان روزی که وارد شد فقط دو نفر تفنگچی همراهش بود، چطور شد که هزارها نفر مردم شهر همه ماستها را کیسه کردند و مثل گربه‌های کوکی شروع کردند به سرتکان دادن و مثل عنتر حاجی خان لوطی بازی کور عاجزم باللّه درآوردن. دیروز تا رضا شاه بود شعبان خان آجان و میرزا حسین مفتش توی سرتان می‌زدند، و امروز هم قارداش قلی خان بچاقلوی دزد به جانتان افتاده است. چرا یکی تان راه نمی‌افتد برود خودش را به کرمان برساند و به استاندار بگوید این فرماندار تازه چه به روزگار مردم آورده است. گیرم تفنگ و پنج تیر ندارید، قمه و ساطور و چاقو و چماق را که ازتان نگرفته‌اند، چرا حرکت نمی‌کنید بریزید توی فرمانداری و قارداش خان و این چند تا اراذل نانجیبی را که دور خودش جمع کرده تکه‌تکه نمی‌کنید.

بار دیگر حاجی علی خان در لباس وکیل مدافع ظاهر شد که:

ـ بی بی صحبت یکی دو نفر نیست، قارداش خان الآن دست کم صد نفر از ولگردهای شهر و دزدهای سابقه‌دار و عشایر سر گردنه بگیر زیر حکمش دارد، دست کم بیست و سه نفرشان زندانیهای نظمیه هستند، از دزد بخو بریده گرفته تا قاتلی که پنج شش تا خون کرده. تفنگ های آجانها را گرفته و داده تحویل اینها. از اینها بدتر ایل و عشیره‌اش هستند که پریروز وارد شهر شده‌اند و رسماً و علناً افتاده‌اند توی کاروانسراها و هرچه مال التجاره هست بار می‌زنند و می‌برند، به کجا؟ خدا می‌داند.

و همین جا بود که میرزاعلی آقا، از خویشاوندان دور ما که مقیم کرمان بود و هفتهٔ پیش برای خریدن کُرک و پشم به سیرجان آمده بود، وارد بحث شد که:

ـ خوب، با این وضعی که تعریف می‌کنید هنوز هم عقیده دارید که آسید مصطفی بی‌هیچ قصد و منظوری شروع به قصه گفتن کرده و این حرفها را روی منبر می‌زند؟ عجب از عقل شما. او هم هرچه باشد توی همین شهر خراب شدهٔ قارداش زده زندگی می‌کند و می‌بیند این جماعت اوباش خدانشناس چه به روز مردم آورده‌اند. او هم دل خونی از زورگوئیها دارد، او هم کاسهٔ صبرش لبریز شده است، تنها تفاوتش با شما سیرجانیهای ترسوی بی‌غیرت این است که از جانش گذشته است و بیش از این نمی‌خواهد تحمل خواری کند، می‌رود روی منبر و هرچه دلش می‌خواهد می‌گوید. من

دو سه مجلس قبلی را ندیده بودم، اما منبر امروزش را که دیدم محال است باور کنم که ندانسته به جان حضرات افتاده باشد. همه حرفهائی که درباره دیوها و بچه دیوها می‌زد مربوط به قارداش قلی خان بود و دار و دسته اش. حتما می‌فهمد چه می‌گوید و خیلی هم خوب می‌فهمد.

اما صدای اعتراضی که از چهار گوشهٔ مجلس برخاست جمله مرد غریبه را ناتمام گذاشت. و عمویم تندتر از همه به انکار برخاست که:

ـ شما اهل این ولایت نیستید، آسیدمصطفی را از نزدیک نمی‌شناسید، نمی‌دانید چه سیّد سادهٔ عوام بی سوادی است. هِر را از بِر تشخیص نمی‌دهد. شغل اصلیش خاک کشی است با دو رأس خر مردنی و دو خورجینِ صد وصله و بیل و کلنگی از کار افتاده. سر و کاری با مردم شهر ندارد، صبح سحر راه می افتد میرود به سراغ گودالهای نزدیک شهر، خاکِ رُس بار خرهایش می‌کند و برای بام اندود خانه های شهر می‌آورد. روزی دو راه خاک می‌آورد و چهار قران می‌گیرد، دو قران خرج علوفه خرهایش می‌کند و با دو قران دیگر زندگی خودش و زنش را می‌چرخاند. اصلا روحش خبر ندارد که چه در شهر می‌گذرد، نه دکانی دارد که اجناسش را دارودسته «قلو» غارت کرده باشند، نه باغی دارد که درختهایش را بریده باشند، و نه پیله‌ور است که تنخواهش را وسط کوچه از دستش گرفته باشند، و نه مالکی است که جو و گندمش را چرانده باشند. برای آسیدمصطفی اوضاع بهیچ وجه فرقی نکرده است. همان خر سیاه و همان راه آسیا.

و پدرم به کمک برادرش آمد که:

وانگهی اگر دو ساعت با سیّد بنشینید ملاحظه خواهید فرمود که از سادگی گذشته خِنگ است، دو کلمه حرف روزمره اش را نمی‌تواند بزند

و در پاسخ سئوال تعجب آمیز مهمان کرمانی که «عجب؟ مردی که با این فصاحت روی منبر صحبت می‌کند و هزارها آدم با شور و اشتیاق مستمع منبرش هستند نمی‌تواند حرف یومیه اش را بزند؟» با لبخندی افزود که

ـ بله، مشاهده همین اختلاف وضع است که همهٔ ما را حیران کرده است، همهٔ اهل شهر حیرانند که چگونه مردی بدین سادگی و بی سوادی و بی استعدادی بمحض اینکه پایش روی پلّهٔ منبر می‌رسد با آن فصاحت و گرم و گیرائی صحبت می‌کند آنهم نه

ده دقیقه و بیست دقیقه که یک ساعت و گاهی دو ساعت تمام. همین امر باعث شده که خیلی ها معتقد شوند که مرد نظر کرده است و هرچه بر زبانش می‌گذرد الهام غیبی.

***

صبح روز بعد پدرم آمادهٔ خروج بود که صدای «یا الله» گل میرزا از دالان خانه در فضا پیچید، و بعد از صلای «بفرمائید» پدر وارد شد و بی هیچ مقدمه‌ای شروع کرد که:

ـ آمیرزا، دستم به دامنت، فراش حکومتی آمده درِ خانه و خبر داده که قارداش قلی خان خیال دارند تشریف بیاورند به مجلس روضه‌خوانی، ترا به جدهٔ مادرم فاطمه‌زهرا بیا و به دادم برس.

و با مشاهدهٔ نقش استفهامی بر چهرهٔ پدر به توضیح پرداخت که:

ـ منظورم آسید مصطفی است. دیروز دیدی چه حرفهای بوداری می‌زد، قبول دارم که خودش عقلش به این چیزها نمی‌رسد اما کلیدخورش خوب است، بچه‌ها حسابی کلیدش داده‌اند و کوکش کرده‌اند. اگر امروز که قرار است خان حاکم به روضه بیاید سیّد باز هم روی منبر شروع به پرت و پلا گفتن بکند تکلیف من چیست، چه خاکی باید بر سرم بریزم؟ خودت بهتر از من خبر داری که هر که توی این شهر دستش به دهنش می‌رسیده الآن توی زندان است، پنج شش نفری هم که آزاد شده‌اند آنهائی هستند که بعد از یکی دو روز حبس و شکنجه حاضر شده‌اند دار و ندارشان را بدهند وسرشان را بخرند. منِ بدبختِ فلک‌زده را هم اگر تا حالا نگرفته‌اند علتش این است که خودم شب اول با پای خودم رفتم به حضور خان و دو هزار تومان پول نقد و سینه‌ریزِ طلای زنم را تقدیم کردم و قول دادم هر امری بفرمایند اطاعت کنم. امروز هم که قرار است تشریف بیاورند برای کسب ثواب و شرکت در عزاداری نیست، منظورشان پیشکش و حق‌القدم است، نرخش را هم فراشی که همین امروز صبح آمده بود و خبر آورده بود تعیین کرده است، باید صددانه اشرفی تقدیم کنم باضافهٔ چهار هزار تومان وجه نقد. حالا اگر این سیّدِ جد بر کمرزده باز برود سر منبر و شروع کند به گوشه کنایه‌زدن هیچ بعید نیست که خان فی‌المجلس حکم غارت صادر کند و مرا هم بفرستد کنار دست فرماندار بدبخت.

پدرم خندید که:

ـ خوب، چه کاری از دست من ساخته است. خودت می‌دانی که آسید مصطفی چه سیّد یکدندهٔ لجبازی است. بمحض اینکه بگویند امروز منبر نرو، می‌رود سر کوچه روی چارپایه و شروع می‌کند به دری وری گفتن.

ـ هرچه باشد سید با شما همسایه است، رفیق قدیم و ندیم است، اگر حدس می‌زنید گوش به حرف نمی‌کند می‌توانید برای ناهار دعوتش کنید و مهمانی را آنقدر طول بدهید که خان حاکم بسلامتی بیاید و برود، بعدش هم من همین امروز به ملاّها می‌گویم اعلان کنند که روز ختم مجلس است و پنج روز باقیمانده را می‌گذاریم برای ایام فاطمیه. تا آن وقت خدا کریم است و از این ستون تا آن ستون فرج. به هر حال با این زبان بی صاحب ماندهٔ سیّد، آنهم در این اوضاع و احوال که فراشهای حکومت دنبال بهانه می‌گردند اصلاً صلاح نیست روضه‌خوانی ما ادامه پیدا کند.

ـ پدرم خندید که:

ـ حاج آقا، خودت بهتر از من می‌دانی که سید بخلاف انتظار اهل ضیافت و مهمانی نیست. خانهٔ ما هم بیاید سر ساعت دو بعد از ظهر برمی‌خیزد که باید بروم. ایل بهارلو هم نمی‌توانند جلوش را بگیرند. مجلس روضهٔ شما از دو ساعت بعد از ظهر شروع می‌شود تا نماز مغرب. قارداش‌قلی خان هم اگر بیاید خیلی که بنشیند نیم ساعت است، هرقدر هم زود بیاید زودتر از دو ساعت به غروب نمی‌آید، باید ترتیبی بدهی که منبر رفتن سیّد یا پیش از آمدن خان باشد یا بعد از رفتنش.

ـ گرفتم همچو ترتیبی دادیم تکلیف من با زبان صاحب مرده و دهان بی چاک و بستش چیه؟

ـ آنهم علاجش ساده است، سیّد اشتیاق زیادی به خواندن حدیث کسا دارد و ختم أمَّن یُجیب. بهتر است وقتی که می‌خواهد به منبر برود خود شما به بهانهٔ اینکه مریضی دارید و نذر کرده‌اید از او بخواهید که بعد از خواندن حدیث کسا ختم بردارد.

ـ فکر بدی نیست، اما می‌ترسم توی حدیث کسا هم دخل و تصرف کند و باز گوشه و کنایه‌ای بزند و مایهٔ دردسری بشود. کار خان و اعوان و انصارش در همین سه چهار روز حکومت بجائی رسیده که اگر عطسه‌ای هم بکنی می‌گویند منظورت مسخره کردن ما بوده است، مگر نشنیده‌ای چه به روزگار اکبرو آوردند؟

ـ کدام اکبرو، اکبرو ملافاطمه؟ چی شده؟

ـ هیچی، دیروز غروبی طفلکی اکبرو زیر ساباطِ خانه‌شان داشته آواز می‌خوانده که من از عقرب نمی‌ترسم ولی از مار می‌ترسم، یکی از تفنگچی های خان از آنجا رد می‌شده، می‌شنود می‌رود جلو گزلکش را می‌کشد و جفت گوشهای طفل معصومی را می‌برد و می‌گذارد کف دستش که حالا که از مار می‌ترسی زهرش را هم بچش. آمیرزا، گرفتار بد دوره‌ای شده‌ایم، از چپ و راست شکم پاره می‌کنند، گوش می‌برند، زبان از حلق بیرون می‌کشند، خدا عاقبتمان را بخیر کند.

***

ظهرِ آن روز پدرم زودتر از معمول به خانه آمد و بعد از مختصر غذائی نماز ظهر و عصرش را با عجله خواند و دست مرا گرفت و راه افتادیم به طرف مجلس روضه‌خوانیِ کَل میزا. با اینکه بیش از دو ساعت از ظهر نمی‌گذشت همهٔ اطاقها و صحن حیاط لبریزِ جمعیت بود و «سید روتی» بر عرشهٔ منبر داد دلی می‌داد که ملاّی «پیش خوان» بود و هرگز تعداد مستمعان روضه اش از بالا ترین عدد یک رقمی تجاوز نمی‌کرد. اکنون که مجلسی بدین انبوهی می‌دید زده بود زیر آواز و مثنوی پیچ مخصوص به خودش را می‌خواند و کیفی می‌کرد، بی توجه بدین که احدی اعتنائی به هنرنمائیهایش ندارد، و حاضران در گروههای چند نفری گرم گفتگویند و تعبیر و تفسیر مقالات سیّد.

آنروز از برکت ازدحام خلایق توفیقی اجباری نصیب ما شد که عبارت بود از تکیه بر جای بزرگان زدن و در مجلس عزای سید الشهدا در دالان خانه همردیف اعیان و اشراف شهر نشستن. روضه‌خوان پنجم روی منبر بود که دیدم رنگ کل میرزا ـ که به عنوان صاحب مجلس دم درِ خانه ایستاده و یک چشمش به کوچه بود و یک چشمش به مجلس ـ مثل گچ سفید شد و به طرف کوچه حرکت کرد و دقیقه‌ای بعد در التزام آسید مصطفی ـ که مشغول تکاندن گرد و خاک سر و ریشش بود ـ ظاهر شد، در حالیکه سرش را بیخ گوش سیّد برده بود و با قیافهٔ استرحام آمیزی چیزی می‌گفت وسیّد هم سری تکان می‌داد. در دالان خانه، سیّد و صاحب مجلس از یکدیگر جدا شدند. مردم با دیدن آسید مصطفی بی اعتنا به روضه‌خوانی که سرِ منبر ذکر مصیبت می‌کرد شروع کردند به صلوات فرستادن و سیّد بی اعتنا به سلام و صلوات خلایق به پیشروی ادامه داد تا رسید

کنار منبر و بیخ دست یکی از چاووشان نشست؛ و دقایقی بعد که ملا عبدالله روضه‌خوان فرود آمد، مقارنِ برآمدنِ آواز چاووشان از جایش بلند شد، کلاهِ لبه‌دار چرکینش را از سر برداشت، بسته‌ای را که زیر بغل داشت گشود، پارچهٔ مشکی را با بی مبالاتی نمایانی دور سرش پیچید و عبای پاره‌پورهٔ پروصله را بر دوش انداخت و در میان صلواتهای هماهنگ مردم قدم بر نخستین پلّهٔ منبر نهاد و بمحض جلوس بر پلهٔ دوم مطابق رسم معمولش صلواتی طلبید. و بی هیچ خطبه‌ای و مقدمه‌ای به معذرت‌خواهی پرداخت که علت دیر آمدنش جرّو بحثی با حسین‌خان آجان بوده است که «اصلاً زبان حالیش نمی‌شود، جلوِ دو تا خر زبان بستهٔ مرا گرفته و پایش را توی یک کفش کرده که توی کوچه جای نگهداری الاغ نیست، خرها را ببر به خانه‌ات برسان و برگرد و بیا روضه‌ات را بخوان، و من هرچه التماس کردم که آمیرزا حسین‌خان، همه کوچه‌های ولایت لبریز خر است و هیچکس حرفی نمی‌زند، چه شده که دو تا الاغ زبان بسته منِ سیّدِ اولاد پیغمبر حق ندارند سر کوچه بایستند، به خرجش نرفت که نرفت؛ و من پیرمرد خسته و مانده که از صبحِ سحر تا سه ساعت به غروب توی کلندونهای بدرآباد بیل می‌زدم و خاک بار می‌کردم مجبور شدم برگردم و خرهایم را ببرم به طویله برسانم و بیایم که هم شما را به فیضی رسانده باشم و هم خودم را. اما الآن که وارد مجلس می‌شدم صاحب مجلس محترم التماس دعائی داشتند، ظاهراً مریضه‌ای دارند و می‌خواهند حدیث کسانی خوانده شود و ختم أمَّن یُجیبی برداریم...

جملهٔ سیّد تمام نشده بود که ناگهان از گوشه و کنار مجلس عده‌ای فریاد زدند «الهاک دیو، الهاک دیو»، و در پی آن همه مجلس یکصدا شدند، گویی سالها تمرین ذکر دسته‌جمعی «الهاک دیو» کرده بودند.

سیّد که میان خواهش صاحب مجلس و اصرار مستمعان حیران مانده بود، دستش را به عنوان فرمان سکوت بالا برد و پس از آنکه سکوتی یک پارچه بر فضا سایه افکند، مشکل را بدینسان حل کرد که در این جلسه به دنبالهٔ داستان بپردازد «بشرط آنکه همهٔ حاضران، زن و مرد، صغیر و کبیر قول بدهند که امشب بعد از نماز مغرب و عشاء هر نفر ده بار ختم أمَّن یُجیب بردارد و برای بهبود حال مریضهٔ منظور دعا کند».

و در همین اثنا بر اثر حرکت سرِ پدرم بار دیگر متوجه کل میرزا شدم که روی سکّوی

دم خانه چمباتمه زده بود و شقیقه هایش را میان دو انگشت شصت و سبابه گرفته و با کف دست دیگر روی کاسهٔ زانویش می‌کوبید.

آنگاه سید رو به مستمعان کرد که «نمیدانم دیروز تا کجای سرگذشت دیوِ سلیمان شده رسیده بودیم» چند نفری از مستمعان پای منبر همصدا به پاسخ گوئی آمدند که چون صداها درهم و برهم بود نه ما که در دالان خانه نشسته بودیم شنیدیم و نه سیّد متوجه شد، اما صدای قربانعلی گلکار که می‌گفت «الهاک دیو را در حرمسرا ول کردی که هرچه دلش می‌خواهد بخورد» در فضا پیچید، و سیّد همین جمله را دستمایهٔ سخن کرد که:

«ای کاش دیو خونخوارِ سلیمان شده به همین اکتفا کرده بود که در حرمسرای پرناز و نعمت سلیمانی هر غذائی که می‌خواهد کوفت کاری کند و هر شرابی که می‌خواهد زهرمار و هر خاکی که می‌خواهد به سرش بریزد. اگر این دیو لعنتی خودش بود و بس، رعایای حضرت سلیمان چه غمی داشتند. هرچه بود یک نفر بود، و یک نفر و گرچه دیو ملعونی مثل الهاک باشد چه غلطی می‌تواند بکند. خیلی بخورد به اندازهٔ صد نفر می‌خورد، به اندازهٔ هزار نفر می‌خورد. خیلی ستم و تجاوز کند به صد نفر و دست بالایش به هزار نفر می‌کند. اگر الهاک خودش تنها بود که نقلی نداشت تا پس از هزارها سال من و شما اینجا بنشینیم و به حال ملت و مملکت سلیمان تأسف بخوریم. خیر، بلای وجود الهاک دیو منحصر به این مختصرها نبود. دیو نابکار در نخستین روز حکمرانیش، با اِهِن و تُلُپ آمد و روی تخت سلیمانی نشست و نگاه تحقیرآمیزی بر ملازمان و حاضران بارگاه انداخت و با اشارهٔ دست آصف بن برخیا را به حضور طلبید و رو به او کرد که «آصف، همین الساعة فرمان دادیم هر جا بچه دیوی در زندان است فوری آزاد شود و خلعت بپوشد و در میدانگاه جلو قصر به حضور ما شرفیاب شود». آصف پیر به تصور اینکه فرمان را عوضی شنیده و محال است سلیمانی که تا همین دیروز با دیوها و دیو بچه ها بدان خشونت رفتار می‌کرد یک شبه بدینسان تغییر عقیده دهد با صدای لرزانش پرسید «سر و جانم به فدای قبله عالم، فرمودید بچه دیوها را آزاد کنیم؟ حضرتتان بهتر از من می‌دانید چه فسادی...»، اما بقیهٔ کلامش با نهیب الهاک بر لب خشکید، و فرمان «جلاد بیاید!» در فضای تالار پیچید، حاضران از دیدن این منظره ماستها را کیسه کردند. نفسها چنان در سینه ها زندانی شد که اگر فخرالشعرا، شاعر رسمی دربار

سینه‌ای صاف نمی‌کرد و همراه تعظیم غرّائی قدمی پیش نمی‌گذاشت بعید بود دَم‌های فرو رفته برآید و مفرّحِ ذاتِ درباریان شود.

سیّد در اینجا قصیدهٔ مفصلی خواند از قول فخرالشعرا که بنده به عنوان راوی هنوز هم نمی‌دانم از آثار کدامین شاعر است. خود سیّد تا آنجا که خبر داشتیم اهل شعر و بیت و این حرفها نبود خیلی کم بر منبر شعری می‌خواند و بندرت درست می‌خواند. یا کلمه‌ها را جابجا می‌کرد و وزن را درهم می‌پاشید یا مصراع اول را در بحر رمل می‌خواند و مصراع بعدی در بحر متقارب. اما این قصیدهٔ ده پانزده بیتی را هم بی‌غلط خواند و هم به آهنگی شمری، تمام ابیات قصیده به خاطرم نمانده است، اما دو سه بیتی را که ببرکت حافظهٔ عهد کودکی به خاطر سپرده‌ام اکنون باز می‌گویم تا اگر گوینده را شناختید برای آنکه حقی از کسی ضایع نشده باشد با ذکر نامش به من مدد رسانید، قصیدهٔ فخرالشعرا خطاب به الهاکِ سلیمان‌شده چنین شروع می‌شد:

ای شهنشاه جهان ای پیشوای انس وجان — ای زعدالت ماروموروديووجن اندرامان

سایهٔ فرّ همائی بر یمین و بر یسار — مایهٔ لطف خدائی در زمین و آسمان

تو امام دهر و ما افتادگان ره‌نشین — تو ولیّ امر و ما فرمانبران جانفشان

تو شبان خلق و خلقان گوسفندان مطیع — تو امیر وحش و مردم جمله گاوان و خران

تابع حکم رفیعت جنّ و انس و وحش وطیر — بندهٔ طبع منیعت مهر و ماه و بحر و کان

پس از خواندن قصیده، سیّد صحنهٔ حیرت‌انگیزی ساخت از بچه‌دیوانِ از قید و بند جستهٔ خلعت پوشیدهٔ حنا بسته‌ای که با هلهله و خروش سوار بر گردن آدمیزادگان وارد بارگاه می‌شدند، و کبوتران زیبائی که بال در بال گسترده بر سرشان سایه می‌کردند، و پریان نازک اندامی که با شانه‌های عاج مشغول آراستن پشم‌های انبوهشان بودند، و جماعت بوزینگانی که پیشاپیش این موکب باشکوه رقاصی می‌کردند، و فیل‌های کوه‌پیکری که با خرطوم‌های پرآب وظیفهٔ آب زدن راه را بر عهده گرفته بودند.

در اینجا لحن سید عوض شد و به عنوان جمله‌ای معترضه به توضیح این مطلب پرداخت که دیوها و دیوبچه‌ها با اینکه دست و پایشان صحیح و سالم است عادت به پیاده‌روی ندارند، اگر آزادشان بگذارند اهل سواری گرفتنند و آنهم تا از نسل آدم دیّاری

بر عرصهٔ زمین باشد محال است بر گردهٔ اسب و الاغ و قاطر سوار شوند، که از آدم سواری لذّتی می‌برند. و در تعقیب این توضیح رو به مستمعان آورد که:

مردم، وصف ورود دیوبچه‌ها از عهدهٔ من ساخته نیست، شما هر کدامتان تصوری از شکل و شمایل دیو دارید، با همان تصویر که در ذهنتان نشسته است صحنه را مجسّم کنید، منتها یادتان باشد که هر دیو و بچه‌دیوی مثل آدمی‌زاده‌ها روی دو پا راه می‌رود، و هیکلش دو برابر آدم معمولی است، تفاوت عمده‌ای که با آدم‌ها دارند یکی بدن پشمالود است و دیگری دم بلندی که اگر رهایش کنند پشت سرشان روی زمین کشاله می‌شود و گرد و خاکی به هوا می‌کند که نگوئید و نپرسید، و علاوه بر اینها یک جفت شاخ تیزی که از شاخهای گاو ملاعباس تیزتر و خطرناکتر است، و غالب دیوها از آن دم بلند پشمالود برای پوشاندن این شاخهایِ آدم‌رمان استفاده می‌کنند، دم را بالا می‌آورند و از پشت گردن می‌گذرانند و دور شاخهایشان می‌پیچند و گلمپک سر دم را مثل چتری رو به بالا نگه می‌دارند، شبیه جقّه‌ای که بر تاج قبلهٔ عالم است، تا هم تیزی شاخها را بپوشاند و هم جلوه‌ای به جمالشان دهد.

دیو بچه‌ها وارد شدند، هلهلهٔ جمعیت در فضای بارگاه پیچید، قاضی القضاةمُلک سلیمان، پیرمردی سفید موی و خمیده قامت، مشغول مالیدن چشمهایش بود و زمزمهٔ این که می‌بینم به بیداری است یا رب یا به خواب، که یکی از بچه دیوها پرید و ریش سفید بلندش را گرفت و روی گردنش سوار شد، مرد سالخورده عاجز از تحمّل جثّهٔ سنگین بچه دیو نقش زمین گشت و بچه دیو از پشت گردنش فروغلطید و با سر به زمین آمد و فریادش به آسمان رفت. الهاک دیو با دیدن این منظره برآشفت و به علامت صدور فرمان دستی را که خاتم سلیمانی در انگشتش بود بالا برد، و اثر خاتم آشکار شد، ناگهان سکوت سنگینی فضای بارگاه را فرا گرفت. الهاک جارچی دربار را به حضور خواند و چیزی در گوشش زمزمه کرد و جارچی صدایش را بلند کرد که: ای معشر جنّ و انس، آمادهٔ شنیدن فرمان سلیمان باشید. با شنیدن این جمله همهٔ موجودات حاضر در بارگاه به خاک افتادند؛ و بار دیگر صدای جارچی در فضا پیچید که: فرمان سلیمان است که از این ساعت همهٔ آدمی‌زادگان چهار دست و پا رویِ زمین راه روند تا بچه‌دیوان مظلوم بتوانند براحتی بر پشتشان سوار شوند. سپس به علامت خاتمه ابلاغ فرمان در بوقی که بر

کمرش آویخته بود دمید و با صدای بوق موجوداتِ بر خاک افتاده تکانی خوردند و همه آدمی زادگان روی چهار دست و پا مثل اسب و الاغ و فیل و زرّافه شروع به حرکت کردند.

الهاک دیو با مشاهده نفوذ فرمانش نگاه رضایتی بر نگین خاتم افکند و بار دیگر دستش را در هوا بلند کرد و بار دیگر حاضران به علامت اصغای فرمان بر خاک افتادند و بار دیگر صدای جارچی بلند شد که: ایها الناس از این ساعت فرمان سلیمان چنین است که گاوها و گوسفندان منحصراً استخوان بجوند و سگها و گرگها و شغالها فقط به خوردن علف اکتفا کنند. و در حالیکه با گوشهٔ چشم نگاه غروری به کران تا کران بارگاه افکند و با تمسخر تلخی برخاسته از کینه‌ای دیرینه قیافه‌های درهم‌شکسته و چهره‌های عرق‌ریز آدمیزادگان را دید که قامتشان زیر هیکل درشت بچه دیوهائی که بر پشت گرفته بودند خرد و منحنی شده بود، به صدور احکامش ادامه داد که: این موجودات از خود راضیِ تنعم‌طلب هم باید باد هوا بخورند و مرکب رهوار دیوزادگان باشند.

سید سپس به شرح مفصلی پرداخت در مقولهٔ اشتهای دیوان که به حکم طبیعتِ سیری ناپذیرِ خویش هرچه بخورند گرسنه‌ترند و توصیف جانگدازی کرد از مملکت پرناز و نعمت سلیمانی که بر اثر تسلّط الهاک دیو و دیوبچگانش گرفتار کمبود و قحطی شده است و کسی جرأت ندارد لب به اعتراض بگشاید.

و بعد از توصیفی کامل از آشفتگی اوضاع و نابکاری دیوان، توجه خلایق را به زاویه‌ای در حرمسرای سلیمانی کشاند که آصف هراسان و وحشت‌زده بر اثر پیغام استمداد بلقیس بدانجا آمده است تا از زبان به تپق افتادهٔ بلقیس بشنود «بگمانم شیطان سلیمان را سر به نیست کرده و خود در قالب او رفته»، و در مقابل تعجب انکارآمیز آصف بر قاطعیت لحن بلقیس بیفزاید که «آصف، آنچه می‌گویم عین حقیقت است، ما زنها بهتر از هر حکیم و طبیبی نبض طبیعت مردانمان را در دست داریم. سلیمانی که من می‌شناختم و سالها همسر و همبسترش بودم مظهر مهر و عطوفت بود. از صدور فرمان کشتن وحشت داشت، حتی راضی به کشتن الهاک دیو هم نشده بود، با جن و انس

رفتاری پدرانه داشت. این جانور خونخواری که بر تخت سلیمان نشسته است در این چند روز یک لحظه زبانش از فرمان قتل آرام ندارد، حتی در خواب هم متصل می‌غرّد و بجای خرویف کلمهٔ «بکشید» را تکرار می‌کند. آصف، دستم به دامنت، اگر این وضع ادامه یابد تا سال دیگر جز دیوبچگانی که به فرمان منحوس او بر امور جهان مسلّط شده‌اند در سرتاسر عالم دیّاری باقی نخواهد ماند».

و بعد از شرح مفصّلی از مذاکرات محرمانهٔ بلقیس و سلیمان، سیّد با طلب صلواتی صحنه‌ای دیگر آفرید از بارگاه سلیمانی و بارعامی برای رفع مظالم، و آصف بن برخیائی که بعد از یک شب تفکر، با بلقیس هم عقیده شده است که این جانور محال است سلیمان باشد، و در اوج فداکاری تصمیم گرفته است به قیمت جان عزیزش هم باشد قدم در مرکز بارگاه نهد و...

در این اثنا همهمه‌ای که از دالان خانه برخاسته بود باعث قطع کلام سیّد شد و سرهای مستمعان با حرکتی یکنواخت به طرف درِ خانه چرخید تا شاهد ورود قارداش‌قلی خان خاکم باشند که قدم از آستانهٔ در بدرون گذاشته است و می‌رود تا بر مسندی که روی کرسی در دالان خانه برایش ترتیب داده‌اند جلوس کند.

سیّد، بعد از مکث کوتاهی با صدای غرائی که می‌کوشید بر همهمهٔ برخاسته از دالان خانه غلبه کند، دنبالهٔ سخنش را گرفت که:

بله، قدم جلو گذارَد و فریاد زند ای مردم، ایهاالناس، این جانوری که بر شما حکومت می‌کند، این دزد خونخواری که بر جان و مال شما مسلّط شده است حکومتش قلابی است، مردم همت کنید، برخیزید و بگیرید این شیطان دغلباز متقلّب را...

که ناگاه خان حاکمِ در حال جلوس بر کرسی مثل فنر از جایش پرید و با گفتن «ای ناسیّد جد به کمر زده» پا به فرار گذاشت. تا مردم از این حرکت غیرمنتظرهٔ خان بخود آیند و به دنبالش بدوند، او بسرعت برق و باد بر پشت اسبش جسته و سر به فرار گذاشته بود.

***

فردای آن روز، نجات فرماندار واقعی از محبس و رسیدن فوج امنیه‌ای که از کرمان

برای دستگیری قارداش قلی خان یاغی اعزام شده بودند و راه افتادن دستگاه تلگراف و پاسخ استاندار کرمان که خان بچاقلوبه جعل فرمان پرداخته است، به شایعات و حدسیات گوناگون خاتمه داد.

# عرصهٔ سیمرغ

سردبیران محترم کیهان فرهنگی! گرفتار روزگار عجیبی شده‌ایم؛ روزگار چرخشهای یکصد و هشتاد درجه‌ای و مقابل هم ایستادنِ اسمها و مسمّیٰ‌ها، و تناقض میان ادعاها و عملکردها. در همچو حال و هوائی است که فلان نظریه‌پردازِ مکتب مادی، پس از چهل سال پافشاریِ عنادآمیز در مسیرِ الحاد، ناگهان تغییر سلیقه می‌دهد و چنان دو اسبه در تبلیغ دین مبین می‌تازد که انگشت حیرت بر دهانِ تماشاچی می‌نشاند. و در همین حال عجب است که مدّعیان دو آتشهٔ وطن‌پرستی نعرهٔ وا وطنایشان از فرستنده‌های عراق در آفاق جهان می‌پیچد، آنهم در لحظاتی که نوادگانِ سنان و حرمله بر زن و بچهٔ خوزستانیها و تهرانیها رحم نمی‌کنند.

بله، در همین حال و هواست که جناب پروفسور رشید خلیفهٔ اصلاً مصری و بعداً امریکائی که متخصص رشتهٔ مکانیک و کامپیوتر است یکباره درد اسلامش می‌گیرد و دست از کار و

* ظاهراً مسؤلان کیهان فرهنگی در چاپ این نامه مشکلاتی داشته‌اند که پس از تأخیر دو ماهه‌ای دست و پا شکسته چاپش کردند منتها با حذف نسبت لعنتی «سیرجانی» از دنبال اسم بنده.
و من چون نه پیش‌نویسی از نوشته‌ام دارم و نه نسخهٔ مکرّری، بعد از زیارت کیهان فرهنگی مطالبی را که حدس می‌زدم حذف کرده باشند از حافظه بدان افزودم.

کاسبی اش می کشد و به فکر کامپیوتریزه کردن قرآن می افتد و کشف اسرار ناشناختهٔ عدد ۱۹ درین کتاب مقدس؛ و حاصل کشفیات خود را در دانشگاه لوس آنجلس به سمع حضاری می رساند که اولاً عربی نمی دانند و ثانیاً در حال و هوائی دیگرند. و آن سخنرانی را مهندس نازنین دیگری از هموطنان می خواند و می پسندد و ترجمه می کند و برای کیهان ماهانه می فرستد[1]. تا اینجای قضیه نه غرابتی دارد و نه جای بحثی است، اما چاپ مطلب در کیهان اسلامی شدهٔ ماهانه آنهم با تأییدی بدین مضمون که: «در تحقیقات اجمالی این نشریه، بنظر می رسد حاوی نکات جدی و قابل تأملی باشد»[2] آدمیزاده را دچار حیرت می کند که این چه بُلعجبی است؟

گرفتم مدیران کیهان فرهنگی ـ که حتماً از حَفَظهٔ قرآن کریم اند و مسلّط بر خط و زبان عرب ـ درین روزها از بیم تُبُز الحاد و گرز اباحه ای که استاد علاّمه پروفسور رضا داوری گرد سر می چرخاند و بی محابا بر فرق این و آن فرو می آرد[3] چنان دست و پای خود را گم کرده باشند که نتوانند در مطالب رسیده تعمّق کنند، باری این قَدر می توانستند که یکی از

۱ ـ چه می توان کرد وقتی حفظه قرآنمان همه توجهشان بدین باشد که ستانند و دهند افسر شاهنشاهی و همه وقت گرانبهایشان مصروف کوپن ارزاق و تجارت خارجی و داخلی، ناگزیر مهندسان بزرگوارمان رو به تحقیق در نکات قرآنی می آورند آنهم با استمداد از کامپیوتر، و فن جدید را به خدمت کتاب قدیم می کشانند و حاصلش همین می شود که می بینیم.

۲ ـ ترکیب فارسی عبارت هم ـ مثل اغلب شعارها و سخنرانیها و کلمات قصار روزگارمان ـ جالب توجه است. و از نمونه های دلنشین فصاحت و از مقولهٔ بیله دیگ بیله چغندر. معنی «تحقیقات» اگر چه اجمالی را در سطور بعدی بروشنی ملاحظه خواهید فرمود: امّا اگر مثل ملانقطی ها حیران مانده اید که چگونه «این نشریه» مرتکب تحقیقات اجمالی شده و به «نکات جدی و قابل تأملی» رسیده است، نه گناه مدیران و نویسندگان نشریه، که گناه وضع پریشان و فکر کوته ماست.

۳ـ استاد اجل جناب آقای پروفسور داوری که از معاریف معارف گویان زمانه اند و استاد بلامنازع فلسفه در دانشگاه تهران (اگر وجود نازنین استاد فردید را، به برکت عظمتی فوق تصور، نادیده بگیریم) در شماره های قبلی همین مجله مقالاتی نوشتند در رد بر کتاب «جامعه باز و دشمنانش» اثر پوپر ـ که به حکم قاطع ایشان ـ «در تبلیغات ید طولائی دارد و از اعاظم تبلیغاتچیان عصر حاضر است... و مثل بعضی دلالان چرب زبان بنگاههای معالات ملکی است... و با اینکه داعیه نقّادی دارد بیشتر فحاشی کرده است». استاد اجل و فیلسوف آزادهٔ عالیمقدار که به برکت مطالعات عمیق فلسفی شمّ حساسی دارند برای کشف توطئه لیبرالهای علیهم ما علیهم در آن مقالات با چنان برهان قاطعی به جنگ مترجمان و ناشران رفته بودند که باید دید و خواند و لذت برد، و هنگام نوشتن هر مطلب و نشر هر کتابی متوجه این واقعیت بود که محتسب خدا در بازار فکر و فلسفه است و هنوز **کوبندگان** هستند اندر عراق...

حروفچین های مطبعه یا تصحیح گران مجله را به یاری خوانند و از او بخواهند تا چند مورد از معجزتراشیهای آقای رشید خلیفه را به محک تجربه زند، آنگاه مقاله را منتشر کنند.

خوب، حالا که مدیران کیهان فرهنگی ــ با همه تحقیقات اجمالی ــ فرصت چونین کاری نیافته اند، چه عیبی دارد خود ما چنین کنیم؟ بفرمایید. از همان اول شروع می کنیم، و به قول میوه فروشها از پستا:

کاشف محترم بعد از مقدمه ای دربارهٔ خاصیت عدد ۹ و مضربهایش [مثلا ۱۸ و ۲۷ و ۵٤ و...] که هرعددی با آن جمع شود، ارقام حاصل جمع مساوی همان عدد نخستین است، بی هیچ رابطهٔ معقولی این بازی شیرین و معروف ریاضی را به عدد ۱۹ می چسباند که:

**«در قرآن کریم به واحد بودن خداوند تأکید مکرّر شده و کلمهٔ واحد بر مبنای حروف ابجد معادل ۱۹ می باشد، آیه ۳۰ سوره المدّثر عَلَیها تِسعَةَ عَشَر می باشد که این عدد ۱۹ بصورت کُد بکرّات در قرآن کریم تکرار شده است و بر اساس استدلال [؟] بالا: ۱=۱۰=۹+۱ و ۱+۹×۲=۱۹»**

و با این کشف برجستهٔ تاریخی و نقب زدنِ معنوی میان عدد مبارک ۱۹ و عدد جادویی ۹ جناب پروفسورِ کامپیوترچی شروع می کند به استنتاج که:

**«عدد ۱۹ دال بر وحدانیّت خداوند متعال یا اشاره به آن می باشد».**

ــ مبادا با زمزمهٔ «وَ فِی کلِّ شیءٍ لَهُ آیةٌ» متوسّل به «تَدُلّ علیٰ اَنّهُ واحِدٌ» شوید، و از اهمیت عدد جادوئی ۱۹ بکاهید که داغ ارتدادی بر صفحهٔ جبینتان خواهد نشست. بنابراین لوح دل از غبار شک بشویید و به بقیّهٔ کشفیّات توجه کنید:

**«هر سورهٔ قرآن کریم با بِسم الله الرّحمٰن الرّحیم شروع می شود که دارای ۱۹ حرف است».**

ــ به قول قدیمی ها سیستان اگر دور است میدانش نزدیک است. بفرمائید حروف بسم الله... را بشماریم:

اگر تشدیدها و الف حذف شدهٔ در «بسم» را حساب کنید، می شود ۲٤ حرف؛ اگر الف را بردارید، می شود ۲۳ حرف؛ اگر تشدیدها را هم بردارید، می شود ۲۰ حرف؛ اگر بخواهید کلمهٔ «الرّحمٰن» را بدون الف حساب کنید ناچارید «الله» را هم بدون الف حساب کنید، در این صورت می شود ۱۸ حرف. بنابراین اگر مقدار حروف بسمله با هیچ حسابی نوزده تا نشد، عیبی ندارد، بقیه کشفیات را بخوانید:

**«اولین آیه از اولین سوره‌ای که نازل شد «اِقرَءِ بِاسمِ ربّكَ الّذی خَلَقَ» می باشد که با توجه به تشدید حرف «ب» در «ربّك» ۱۹ حرف است».**

ـــ جلّ الخالق، اولاً به فرض اینکه بسم الله ۱۹ حرف باشد و آیهٔ اول سوره علق هم نوزده حرف و صد تا آیه ۱۹ حرفی دیگر هم در قرآن پیدا کنید، این چه ربطی به معجزه دارد؟ ثانیاً چند ثانیه صرف وقت فرمائید و همین آیه را حروف شماری کنید و ببینید که ۲۰ حرف است نه ۱۹ حرف، مگر آنکه تشدید ربّكَ را حساب کنید و تشدید اَلّذِی را بگذارید گوشهٔ طاقچه تا به نتیجهٔ مورد نظر آقا برسید. وله ایضاً:

**«۱۹ آیهٔ سورهٔ علق ۷۶ کلمه است و ۱۹×٤=۷۶».**

ـــ این را هم لطفا خودتان بشمارید، و در نظر داشته باشید که «کلمه» در دستور زبان عربی و فارسی مشتمل است بر حرف و فعل و اسم تا ببینید که از ۷۶ کلمه متجاوز است.

فضیلت عدد ۱۹ منحصر بدین ها نیست[4]، این ضریب مبارک در لابلای همهٔ حروف و کلمات و آیات قرآن کریم به چشم دقایق شکاف استاد مصری دانشگاه آمریکائی رسیده است، و از آن جمله:

**«به استثنای بسم الله شروع سوره‌ها که جزء آیات سوره‌ها نیست و در بقیهٔ سوره‌ها... کلمهٔ اسم ۱۹ مرتبه تکرار شده است [و از آن مهمتر] دومین کلمهٔ بسم الله الرحمن الرحیم (الله) ۱٤۲×۱۹=۲۶۹۸ مرتبه ذکر شده است».**

ـــ حالا اگر از کشف اللغات قرآنِ خطی مصطفی نظیف و معجم المفهرس تدوین محمد فوأد عبدالباقی که پیش چشم بنده گسترده است بجای عدد ۲۶۹۸ عدد ۲۶۹۷ به دست آید البته عیب در کار بنده و آقای رامیار و فوأد عبدالباقی تنظیم کنندگان فهرست است نه در کامپیوترهای کامپیوترچی عالی‌قدر. وانگهی کاشف محترم از خیلی نکات دیگر غفلت کرده اند؛ از آنجمله **احد** ۳۳ بار آمده است و **خبیر** هم ۳۳ بار و **جمیل** هم ۳ بار و **بصیر** هم ۳۶ بار و **سبحان** هم ۱۸ بار و همه اینها و بسیاری از کلمات دیگر مضربی از ۳ هستند. اگر قرار است

٤ ـ بقیه کشف و کرامات را در مقاله نیاوردم و حلاجی نکردم که جز وقت خود و خواننده تلف کردن حاصلی نداشت. اصل مقاله را در آخر کتاب منعکس خواهم کرد تا اگر وقتی ضایع کردنی در بساطتان باقیست صرف این بازی بی حاصل کنید و فی المثل کلمات سورهٔ نصر را بشمارید تا ببینید خیلی بیش از ۱۹ کلمه است و همین کار را در مورد سوره علق کنید تا ببینید مرکب از چند حرف است؛ و امثال این کشفیاتی که بفرض صحت مدّعا باز هم چیزی را ثابت نمی کرد.

عدد ۱۹ جزو مقدّسات درآید، چرا ۳ بی گناه را محروم بگذاریم و دل پیروان تثلیثِ آب و ابن و روح القدس را برنجانیم؟

از همهٔ اینها بالا تر معجزگشائی پروفسور مصری است در کشف رمز حروف مقطّعهٔ اول سوره ها که می فرماید:

**«هر چند که معانی این حروف رمز کاملا مشخص نشده است معهذا مشاهده می شود که هریک از این حروف در سورهٔ مربوطه مبیّن تعداد همان حروف در سوره می باشد که مضربی از عدد ۱۹ مذکور است. مثلا ق در دو سورهٔ ٤۲ و ۵۰، ۵۷ مرتبه که عبارت از ۳×۱۹ می باشد تکرار شده...»**

ــ سورهٔ کوچکتر را من شمردم بیش از ۵۵ ق نداشت، آن دیگری را خودتان بشمارید.

خوب، می فرمائید کلید این کشفیات محیّرالعقول چه بوده است؟ بشنوید:

**«بعد از ذکر عدد ۱۹ در آیه ۳۰ سورهٔ المدّثّر، در آیهٔ ۳۱ پنج اثر بر عدد ۱۹ ذکر گردیده است: الف ـ ناراحت می کند کافران را. ب ـ مطمئن می کند اهل کتاب را. ج ـ محکم می کند اعتقاد معتقدان قرآن را. د ـ پاک می کند هر شکی را از دل اهل کتاب. هـ ـ مشت می زند به دهان منافقان بی تفاوت در مقابل این معجزه قرآن (عدد ۱۹) ـ در آیه ۳۵ این سوره می فرماید که این عدد ۱۹ یکی از بزرگترین معجزات است».**

کسانی که در همین ایران خودمان و پیش از سالیان اخیر، با کلام مجید ربّانی سر و کاری داشته اند و در کُنجِ فقر و خلوتِ شبهای تار مونس دلشان تلاوت آیات آسمانی بوده است با معنی و شأن نزول سی امین آیهٔ سوره مدّثر و آیات بعد از آن آشنایند و نیازی به تفصیل بنده ندارند. کسانی هم که در این چند ساله به علت کثرت مشاغل و ترک تلاوت، غبار غفلتی بر ذهنشان نشسته باشد می توانند یکی از این دهها تفسیر معتبر قرآن را بگشایند در شرح آیات تهدیدآمیز «سَاُصلیهِ سَقَر، وَما اَدریٰكَ ما سَقَر، لا تُبقِي وَلا تَذَر، لَوّاحَةٌ لِلْبَشَر، عَلَيها تِسعَةَ عَشَر» فی المثل در تفسیر کمبریج بخوانند که «بر آن دوزخ نوزده فریشته گماشتست و ایشان بزرگان زبانیهٔ دوزخ اند». یا از ترجمهٔ تفسیر طبری در وصف آتش جهنم بشنود که «... گدازنده است مردمان را، بر وی نوزده فریشته یعنی نگاهبانان». یا از قول نسفی بشنود که «زبانیه گماشته بر وی نوزده تن»، و اگر این مراجعات از شأن نزول آیه با خبرشان نکرد، یا به سراغ تفسیرهای گوناگون قرنها و سالهای اخیر روند، یا منتظر باشند تا اگر چند صد بندی کاغذ از مصارف البته ضروری و البته لازم زیاد آمد و با قیمت رسمی به دست مان رسید و تفسیر سه چهار هزار صفحه ای سورابادی منتشر شد، در آنجا بخوانند

لَوّاحَةٌ لِلْبَشَر: سوزنده است پوست و گوشت را، سیه کننده است روی را، حرّاقةٌ للّحم هضّامةٌ للعظم نزّاعةٌ للاعضاء مسودّةٌ لِلوجه. عَلَیها تِسْعَةَ عَشَر: بر آن دوزخ بود نوزده فریشته و موکّل دربان. سؤال: چه معنی بوَد این حساب را نوزده، بعد ما که فریشتگان عذاب صد هزاران بیش باشند؟ جواب: گفته اند آن نوزده از ایشان فریشتگان عذاب باشند، زیر دست هر فریشته از آن چندان فریشتگان بود که خدای داند و بس؛ چنانکه گفت وَما یَعلَم جُنودَ ربّكَ اِلاّ هُو. محمدِ هیصم گفتی رحمهُ الله: معنی این عدد آن است که دوزخ هفت دَرَکت است، اول درکت عاصیانِ مؤمنان را است، چون مدّت عذاب ایشان به آخر رسد ایشان [را] بیرون آرند، به بهشت آرند؛ و آن درکت را طبَق گردانند، بر دیگر درکات دوزخ افکنند. آنگه شش درکت بماند، در هر یکی سه گروه باشند: بترین و میانگین و کمترین، و بر هر گروهی فریشته ای موکّل بوَد، جمله آن هژده بود، مالک با ایشان نوزده. زیرا گفت: عَلَیها تِسْعَةَ عَشَر. چون این آیت بیامد بوجهلِ هشام در میان قریش برخاست گفت «یا قوم، سَهَل الامر، دوزخ را نوزده نگاهبان بیش نیست. ما با ایشان برآئیم». مردی برپا خاست نام وی کلدة بن أُسید ـ و او مردی بود دعوی زور کردی ـ گفت «یا اباالحکم! هفده بر من که کفایت کنم، پنج را بدین دست فرو گیرم و پنج بدین دست و پنج در زیر پای آرم و دو را به سر بیفکنم، آنجا دو بماند، دانم که شما با دو برآیید؛ همه را مقهور کنیم و از دوزخ بجهیم». این آیت بیامد: وَما جَعَلنا اَصْحابَ النّارِ اِلاّ مَلائِکَة: نکردیم ما دوزخ بانان را مگر فریشتگانی؛ جای دیگر گفت غِلاظٌ شِدادٌ: هر فریشته ای را چندان قوّت بود که اگر او را فرمایند هفت آسمان و هفت زمین را به دهن افکند بر وی آسانتر آید از آنکه یکی از ما عدسی به دهن افکند. وَما جَعَلْنا عِدَّتَهُم اِلاّ فِتْنَةً لِلَّذینَ کَفَرُوا: و نکردیم ما شمارِ ایشان را به لفظ نوزده مگر آزمونی مر آن کسها را که کافراند و شبهتی تا به غلط اوفتند. چنانکه اوفتادند[۶]. لِیَسْتَیقِنَ الَّذینَ اُوتُوا الْکِتابَ: تا بی گمان شوند آن کسها که دادند ایشان را نامه؛ چون جهودان و ترسایان، تا بدانید که قرآن موافق تورات است و انجیل که در تورات و انجیل همچنین یاد کرده است خدای تعالی عدد فریشتگان دوزخ را. وَیَزْدادَ الَّذینَ آمَنُوا ایماناً: و تا بیفزاید آن کسها را که گرویده اند به خدای امنی به قول خدای. سؤال: چرا گویند که زیادت و نقصان در ایمان روا نبوَد بعد ما که خدای گفت و یزداد الذین آمنوا ایمانا؟ جواب گوئیم این ایمان امن است و گفته اند یقین است و گفته اند حجّت است. وَلایَرْتابَ الَّذیَ اُوتُوا الْکِتابَ وَالْمُؤمِنُون: تا به شک نشوند آن کسها که داده بودند ایشان را نامه چون جهودان و ترسایان که مگر تورات و انجیل مخالف است قرآن را. وَلِیَقُولَ الَّذینَ فِی قُلُوبِهِمْ مَرَضٌ وَالْکافِرُونَ ماذا اَرادَ اللّهُ بِهٰذا مَثَلاً: تا گویند آن کسها که در دلهای ایشان است بیماری شک و نفاق و نکرت و دیگر کافران که چه خواست خدای بدین مَثَل و بدین عددِ

۶ـ صدق الله العلی العظیم و صدق رسوله النبیّ الکریم.

فریشتگانِ دوزخ که یاد کرد».

***

و اما آخرین سخن، گیرم همهٔ این کشفیات جناب پروفسور درست، و نه در ده مورد که در صدها مورد حاصل جمع و ضرب حروف و کلمات و نقطه ها و آیه ها با عدد نوزده یا مضربی از آن منطبق آید، تازه فایده‌اش چه و چه شأنی به قرآن می دهد. مگر قرآنِ مبین مجموعهٔ طلسمات و جدول‌هاست که در لابلای حروف و کلماتش به جستجوی رمز اعداد برخاسته اید؟ نکند رندِ آمریکائی شدهٔ مصری تبار، قصدش اثبات تقدّس عدد ۱۹ است، نه افزودن بر شأن و معجزات قرآن. اگر چنین باشد عجب نعل وارونه ای زده است او، و عجب آلت فعلی شده‌اید شما. قرآن مجید به عقیدهٔ ما مسلمانان کلام الهی است و کتاب شریعت؛ دستورالعملی است برای تأمین صلاح دنیا و آخرتِ مؤمنان و گرویدگانش. این چه عقده‌ای است که بر جان بعض مسلمانان افتاده تا بجای عمل به فرامین الهی در لای کلمات قرآن به جستجوی فرمولهای پیچیده و تغییر پذیر فیزیک و شیمی برخیزند. صاحب قرآن ما را از آفات جهل مرکّب و ملحدان را از غرض ورزیهای مفسدانه دور دارد.

از شما مدیران کیهان ماهانه استدعا دارم محض رضای خدا سطح کارتان را فرو نیاورید. شریعت مقدّس اسلام و کلام مجید ربّانی نیازی بدین تبلیغها ندارد و وصف خورشید به شب پرّهٔ اعمی نرسد. این کشف معجزات و کرامت تراشیها را به کسانی واگذارید که با شعار «زیان کسان از پی سود خویش» گرم کارند و با سپر «مَکَرُوا وَ مَکَرَ الله» به میدان آمده اند و نه باکی از لبخند تمسخر دشمنان دارند و نه اعتنائی به تذکر ملامت آمیز دوستان.

و اما چاپ چونان مقاله ای آنهم در معتبرترین نشریه جمهوری اسلامی مبشّرِ صبح دولتی است که نتایج سحرش ظاهر شده است: کیهان فرهنگی که زیر نظر اجلّهٔ متفکران حکومت فعلی در تیراژی معادل کیهان روزانه چاپ و برایگان منتشر می شود نه از مقولهٔ فلان هفته‌نامه ای است که فلان سرهنگ بازنشستهٔ نومسلمان منتشر کند با چند مقالهٔ بی سر و ته از مدعیان وطن پرستی در تیراژ دویست نسخه تا نموداری باشد از آزادی افکار و مطبوعات.

کیهان فرهنگی ماهنامهٔ حکومتی است که مذاهب مستحدثه را نه تنها برسمیّت نمی شناسد که معتقدانش را خصمِ خونی خود می داند و در راه طرد و محوشان همه ملامتهای مدّعیان حقوق بشر را بجان می خرد، و فرزندان خردسالشان را از بدیهی ترین حق هر انسانی ـ

یعنی سوادآموزی ـ محروم می کند. خوب در همچو حال و هوائی اگر ارگان فکری و ایده‌ئولوژی حکومت بدین سادگی نارو خورد و چنان مقاله‌ای منتشر کرد، یعنی در عمل دقیقاً مخالف راهی رفت که در سخن مدعی آن است، آیا جای نگرانی نیست که مبادا در شؤن دیگر هم میان گفتارها و کردارها فاصله‌ای به همین وحشتناکی پیش آید؟

توفیق آشنائی و شناسائی مدیران محترم این ماهنامه نصیب بنده نگشته است، اما از بعض دوستان شنیده‌ام که غالباً مردمی صافی اعتقادند و از مسلمانان قبل از انقلاب وقطعا مخالف فلان مذهب نو آمده. خوب، از همچو مقدماتی چرا چونان نتیجه‌ای زاییده است؟ ظاهراً جواب این سؤال یا این است که سر دبیران نشریه از سواد معمولی و معلومات دینی تا آن حد بی‌بهره‌اند که متوجه انحرافی بدین آشکاری نشده‌اند. با این احتمالِ ـ البته بعید ـ عجبا از حکومتی که مبشّر احیای اسلام و گسترش فرهنگ اسلامی است و درمیان این همه ملاّیان و متفکران و دانشمندان مملکت نتوانسته است چند نفری همدل و همرای پیدا کند.

یا این جماعت اهل اصطلاح و اطلاعند، اما کثرت مشاغل مجالی برایشان نگذاشته است تا وقتی صرف خواندن مقالات کنند و به مسائلی از این قبیل پردازند. درین صورت بدا به حال مردمی که مهام امورشان در دست کسانی است که گرفتار حرص مقام و عنوانند و گسترش قلمرو قدرت. اهل علم و تخصص را داغ الحاد و ارتداد و عدم تعهّدی بر جبین نهاده و خانه‌نشین کرده‌اند تا خلوت بی مدعی و سفرهٔ بی انتظاری نصیبشان گردد.

یا هیأت مدیرهٔ کیهان فرهنگی هم چون مدیران بعض سازمانها هنوز در تب و تاب انقلابند و دلبستهٔ هر نوشته‌ای که نام اسلام و قرآن در آن آمده باشد و گرچه به قلم گلدامایر باشد، و مجذوب هر که ریشی بر گونه و سفنه‌ای بر پیشانی و تسبیحی در دست دارد و گرچه لورنس عربستان باشد.

و درین هر سه حال جای نگرانی باقیست که مبادا با شیوه‌ای که پیش گرفته‌ایم همه کارهایمان مخالف شعارهایمان شود و فی المثل در حکومتی که فریاد وا مستضعفانش در چهار سوی جهان پیچیده است کار سلطهٔ غارتگرانهٔ بازاریان به جائی رسد که فلان فروشندهٔ آهن را هفتصد میلیون تومان جریمه کنند و خمی بر ابروی نازنینش ننشیند. مبادا با تفاوت فاحش درآمدها در آینده‌ای نه چندان دور عبارت لااله الاّ الله بر بیرق حکومت اسلامی تبدیل به داس و چکش گردد و بر فرق مؤمنان فرود آید. مبادا تاج کَرَّمنائی که فرمان مبارک الهی بر

فرق آدمیزادگان نهاده است تبدیل به حلقهٔ خاری شود که جهودانِ کینه‌جو بر فرق عیسای مصلوب نهادند؛ و فی المثل کار کرامت انسانی در فرودگاه مهرآباد و مرز بازرگان بدانجا کشد که در پی اشیاء قیمتی خشتکِ مردان و زیر پستانِ زنان را جستجو کنند. مبادا وارداتی که قرار بود در انحصار دولت باشد منحصر به گروه خاصی شود از قبیلهٔ خوبان که وارداتشان با ارز دولتی بمراتب گرانتر از اجناسی به فروش رسد که با ارز آزاد و تحمل حق و حسابها به وسیله مسافران وارد شده است.

مبادا حکومتی که لبهٔ تیز مبارزه‌اش متوجه انگلهای جامعه بود و دلاّلانی که به صِرف شیّادی و زبان بازی بی هیچ کار و کوششی به آلاف و الوف می رسیدند، و هدفش کندن ریشه فسادی بود که سلامت جامعه را تهدید می کرد، تبدیل به رژیمی شود که نان و پنیر خلایق هم به دست دلاّلان افتد و حتی یک بسته از سیگاری هم که در انحصار دولت است به قیمت اعلام شده نصیب مردم نشود.

مبادا ندای‌الله اکبری‌که در سپیده‌دم انقلاب مبشّر آبادی و آزادی و نعمت بود و دلنوازترین نغمه در گوش ملتهای دور و برمان، بر اثر افراطها و خفقانهای مصیبت‌زا، مایهٔ وحشت همسایگان شود و مظهر آشوبگریهای مردم کُشانه به شمار آید. مباد کشوری که قرار بود مأمن آزادگان و حق طلبان جهان باشد، کارش بدانجا رسد که هر که مالی دارد و پائی عزم فرار کند و گرفتاری در پنجهٔ ترکان کینه‌توز و آوارگی در برهوت بلوچستان را بر اقامت در اینجا ترجیح دهد.

نگرانی من و امثال من از این روزهائی است که امیدوارم نصیب گرگ بیابان نشود تا چه رسد به خلق مسلمان.

خدای بزرگ همهٔ ما را عاقبت بخیر گرداند.

( کیهان فرهنگی سال ۱۳۶۴ )

# تراکه خانه

در جوش سالهائی که ایران از یکسو گرفتار مسائل بعد از انقلاب بود و از سوئی دیگر درگیر جنگ با عراق، کتابی در تهران منتشر شد به نام «سیری در زبان و لهجه های ترکی» به قلم آقای دکتر جواد هیئت.

دربارهٔ این کتاب و نیّت ــ البته خیر ــ نویسنده اش بحثی در گرفت در مجله نشر دانش. این هم نامهٔ بنده به مسئولان آن مجله:

هم کتابِ آقای دکتر هیئت دیدنی بود و هم مقالهٔ «ایرانِ مظلوم» خواندنی، و من ــ با اینکه دیگر رغبت دیدن و خواندنم نمانده ــ این هر دو کار را کردم. اثر جناب هیئت شاهکاری بود در زمینهٔ لعابِ شیرین تحقیق بر زهر جانگزای سیاست کشیدن و مقاصد خاص سیاسی را در قالب کار تحقیق عرضه داشتن. و مقالهٔ آقای پورجوادی مایه بخشِ شوق و حرارتی بود در دلهای رنجیدهٔ خوشی گزیدگانی که تظاهرات ضدّ ایرانیِ معدودی غیر مسؤول را به حساب حکومت می گذاشتند و می پنداشتند که همهٔ صاحب منصبانِ عصر حاضر از تاریخ و فرهنگ و زبان خود نفرت دارند، و بر اساس همین تصوّر ــ با آنکه نه از بستگان رژیم گذشته اند و نه مغضوب ملت انقلابی ــ با همه دلبستگیهای اخلاقی و مذهبی، در سایهٔ دیوار فراموشی خزیده اند.

بی آنکه منکر شیرینی لهجهٔ آذربایجانی باشم و دربارهٔ قدمت زبان ترکی که ــ به قول جناب هیئت ــ به قرنها قبل از میلاد بر می گردد (ص ۳۲) و عظمت ادبیاتش که صدها

شاعر و متفکرِ سعدی‌شکنِ حافظ کوبِ فردوسی گداز در آستین دارد، با آقای هیئت وارد مناقشهٔ قلمی شوم و به شیوهٔ جناب ایشان ـ که می کوشند به اقتضای روزگار ترویج فارسی را از بدعتهای رژیم پهلوی قلمداد فرمایند ـ مدّعی شوم که این بحثهای تحقیق و سیاسی ریشه در خارج از مرزهای ایران دارد و محصول تلاش کسانی است که چند سالی تحصیلات خود را در کشور همسایه بانجام رسانده‌اند؛ و بخواهم ازین رهگذر هشداری دهم به مقامات فرهنگی مملکت که هم اکنون هزاران جوان آذربایجانی در مدارس ترکیه به آموختن الفبای پان‌تورکیسم مشغولند. که کار از این حرفها و هشدارها گذشته است.

و بی‌آنکه بخواهم به عظمت گنجینهٔ فرهنگی کم‌نظیری که آبا و اجداد ما در طول این هزار و دویست ـ سیصدسال در قالب زبان فارسی برایمان باقی گذاشته‌اند اشاره‌ای کنم، و در پاسخ مدعیانی که معتقدند حضرت آدم هم در بهشتِ خُلد با همسر نازنینش حوّا به زبان ترکی راز و نیاز می کرده است، به واقعیات حیّ و حاضر تاریخی استناد جویم که اگر وفور لغات ترکی در لهجهٔ آذری از عوارض مستحدث زمانه نیست، ممکن است لطفاً اعلام فرمایید که گزیده گویانی از قبیل قطران و خاقانی و نظامی و دهها قفقازی و ارّانی و آذربایجانی دیگر، این همه اشعار لطیف پارسی را برای دختر شاه‌پریان سروده‌اند یا زعفر جنی؟.

و بی‌آنکه بخواهم با نقل این حکم قاطع جناب دکتر هیئت که «زبان ترکی زبان اکثریت نسبی مردم ایران است» (ص ۳۸۹) از حضرتشان بپرسم که آیا این سخن با روضه‌های اشک انگیزی که در شرح مظالم اکثریتِ فارسی زبانِ «شوونیسمِ» فلان فلان شده و مظلومی اقلیّتِ ترک زبان خوانده‌اید و می خوانید تناقضی ندارد؟

همچنین بی‌آنکه بخواهم با نقل این عبارت که:

«مهاجرت اقوام ترک همزمان با دوران بحرانی تاریخ ایران بود و ورود آنان به صحنهٔ تاریخ این سامان بحران را تشدید کرد... وقرنها گذشت و همزیستی این دوقوم برومند [ترکها و فارسها] به صورت یک واقعیت تاریخ درآمد... ملت ایران می‌رفت که اختلافات بیهودهٔ خانوادگی را بالمرّه به دست فراموشی سپارد. لکن ظهور افکار افراطی نژادپرستی... در برخی مزاجهای مستعد اندیشه برتری‌طلبی و استیلاجویی فرهنگی را بار دیگر برانگیخت... و به غلط صفت ایرانی با فارس وفارسی زبان بودن

**مترادف انگاشته شد... و عده‌ای از خدا بی خبر باز نیمی از مردم کشور را در حلقه وفاق و اخوّت راه ندادند.» (ص شش)**

از جناب نطق مقدمه نویس کتاب سؤال کنم که خودشان واعظ نامتعظ نشده اند؟

و نیز بی آنکه بخواهم با نقل این عبارت که:

**«در زمان سلاجقه زبان فارسی زبان رسمی ایران و آسیای صغیر شد و ترک زبانان اکثر آثار خود را به فارسی نوشتند و درین زبان آثاری مانند مثنوی مولوی و دیوان غزلیات شمس... و امثال آنها را آفریدند» (ص ۵)**

ضمن تنظیم ادعانامه ای علیه مولانا که: مرد محترمِ ترک نژادِ ترک زبان، چرا خودت را به کوچهٔ علی چپ زده‌ای و با اعلام «دانم من اینقدر که به ترکی است آب سو» از افشای زبان مادریت طفره رفته ای؟ و عاجزانه از حضرت دکتر سؤال کنم که ممکن است بفرمایند ایرانیها قبل از تشریف فرمایی سلاجقه به چه زبانی حرف می زده اند، و اصلاً زبانی داشته اند یا نه؟

بی آنکه با نقل این عبارات که:

**«نظری به مقدمه لیلی و مجنون... نشان می دهد که... نظامی می خواسته اشعار خود را به ترکی بسراید، زیرا درین مقدمه نظامی از زبان شروانشاه چنین می گوید:**

**در زیور پارسی و تازی — این تازه عروس را طرازی**
**ترکی صفت وفای ما نیست — ترکانه صفت[1] سزای ما نیست**
**آن کز نسب بلند زاید — او را سخن بلند باید**

**با قدری تعمّق معلوم می شود که چون نظامی می خواسته اشعار خود را به ترکی یعنی به زبان مردم بگوید شروانشاه دادن این تذکر را لازم دیده و از او خواسته است که داستان لیلی و مجنون را به فارسی ـ یعنی زبان مورد پسند شروانشاهان بسراید[2]. شروانشاه ترکی را که زبان عوام الناس بود لایق نسب بلند شاهانه ندانسته و اشعار ترکی را در شأن خود ندیده. نظامی هم ازین تذکر تحقیرآمیز دل آزرده شده و اندوه و آزردگی خود را چنین بیان داشته**

**چون حلقه شاه یافت گوشم — از دل به دماغ رفت جوشم**
**نه زهره که سر ز خط بتابم — نه دیده که ره به گنج یابم**
**سرگشته شدم در آن خجالت — از سستی امر و ضعف حالت»**

**(ص ۱۷۵)**

۱) گویا نظامی گفته باشد «ترکانه سخن»...

۲) مواظب پرونده‌سازی برای زبان مظلوم فارسی باشید.

بخواهم ازجناب مؤلف محترم ـ ضمن تذکر این نکته که شأن دانشمند محقّق مثل ایشان پرونده‌سازی و به قول امروزیها «افشاگری» نیست ـ بپرسم که واقعاً مطمئن است که نظامی از این تذکر تحقیرآمیز دل آزرده شده و اندوه و آزردگی خود را چنین بیان داشته؟ و اگر واقعاً چنین است چرا مردِ محترمِ گنجوی در آثاری که نه به سفارش شاهان سروده است باز رو به فارسی آورده و متوسل به زبان ترکی نشده است؟ دریغ از یک غزل و حتی یک بیت. و با ترس و لرز از داغ ارتجاعی که بلافاصله بر پیشانیم خواهد نشست خدمتشان متواضعانه عرض کنم که مبادا درین کار تحقیق شیوهٔ استدلالشان شباهتکی ـ البته غیر عمدی ـ پیدا کرده باشد با آثار محققانی که در کتابهای حکیم فرموده‌شان می خواهند رودکی را شاعر خلقهایِ محروم و فردوسی را زبانِ گویای توده‌های رنجبر معرفی کنند و حتی همین نظامی را چیزی از مقولهٔ شعرای مسؤول و متعهد عصر حاضر بشناسانند.[۳]

و برای خوانندگان جوانی که احتمالاً مثل بنده تسلّطی در ادبیات فارسی ندارند، این چند بیت دنبالهٔ مطلب را نقل کنم تا بدانند چرا نظامی با اکراه به سرودن لیلی و مجنون پرداخته است:

۳) و از عجایب اتفاقات اینکه هنگام نقل این مطلب از کتاب جناب هیئت بوی خاصی، شامّهٔ به کندی گراییده‌ام را تیز کرد که طرز مونتاژ مطلب و استخراج نتیجه شباهتی به شیوه‌های از ما بهتران داشت، بسراغ شاهدی برای مسؤولیت و تعهد ـ البته حزبی و خلقی ـ نظامی می گشتم در کتاب زندگی و اندیشهٔ نظامی مأخوذ از تاریخ ادبیات آذربایجان چاپ باکو، به قلم «ع. مبارز، م. آ. قلی‌زاده، م. سلطانف، ترجمهٔ ح.م. صدیق» که در صفحهٔ ۷۱ چشمم به عین مطلبی افتاد که از صفحهٔ ۱۷۵ کتاب آقای هیئت نقل کرده‌ام. نمی دانم فضل تقدّم در این کشف بی‌سابقه با جناب هیئت است یا آن سه نویسنده شوروی، یا: ز بس کردم خیال تو تو گشتم پای تا سر من، و: تو بودی من آواز را می‌شناسم

و برای اینکه با شیوهٔ تحقیق «آن وریها» آشنا شوید، بشنوید که:

«ظن قوی می رود غزلهای او [نظامی] که در هر دو زبان آذری و فارسی موجود بوده سالها در مجالس سرور مردم با ساز عاشیق ها دهان به دهان می گذشته» (زندگی و اندیشه نظامی، ص ۲۷)

و ظاهراً اشعار ترکی مرحوم نظامی را هم این فارسهای علیهم ما علیهم گم و گور کرده‌اند، همانطور که غزلیات و قصاید ترکی مولانا را [کتاب هیئت، ص ۱۲۰] و از اینها بدتر، نام نظامی را که «در زمان خود فرسودگی نظام اجتماعی فئودالی و نیاز جامعه به دگرگونیهای بنیادی را حس می کرد» (ص ۳۹) «در نتیجهٔ رعایت یک سنت غلط و ناروا، در ردیف شاعران پارس می آورند» (ص ۲۲) جل الخالق از شباهت شیوه‌ها!

فرزند محمد نظامی / آن بر دل من چو جان گرامی
داد از سر مهر پای من بوس / کای آنکه زدی بر آسمان کوس
خسروشیرین چو یاد کردی / چندین دل خلق شاد کردی
لیلی مجنون بباید گفت.. / گفتم سخن تو هست بر جای...
لیکن چه کنم هوا دورنگست / اندیشه فراخ و سینه تنگ است
دهلیز فسانه چون بود تنگ / گردد سخن از شد آمدن لنگ

و خلاصه اینکه داستان لیلی و مجنون داستان زنِ توسری خوردهٔ تحقیر شده‌ای است با مرد دیوانهٔ شوریده سری آنهم در سیاه چادرهای بیابان خشک عربستان، دقیقاً بر خلاف داستان خسرو وشیرین که لبریز تجمل است و شکوه و ناز و نیازهای قابل توصیف:

نه باغ و نه بزم شهریاری / نه رود و نه می نه کامکاری
بر خشکی ریگ و سختی کوه / تا چند سخن رود در اندوه

و باز هم بی آنکه هوس داشته باشم با نقل این عبارت:

**«فرقهٔ دموکرات برآوردن خواستهای دیرینهٔ فرهنگی مردم آذربایجان را سرلوحهٔ برنامه‌های خود کرد و به دنبال آن زبان ترکی بموازات زبان فارسی درآذربایجان رسمیّت یافت وتدریس به زبان مادری درمدارس شد» (ص ۲٦٤)**

با جناب دکتر سر مناقشه ای بگشایم که: این سه کلمهٔ «بموازات زبان فارسی» را برای خالی نبودن عریضه اضافه نفرموده‌اید؟ الحمدلله که هنوز شاهدان آن دورهٔ طلایی فراوانند و از همه بالا تر خود حضرتعالی که بلافاصله مرقوم می فرمایید «ضمناً برای تدریس در مدارس ابتدایی شش جلد کتاب بنام آنادیلی به زبان مادری چاپ و منتشر شد» (ص ۲٦٤) و به کتابهای فراوانی که اخیراً به عنوان خاطرات تنی چند از افسران فراریِ بویِ کباب شنیده نوشته اند حوالتشان کنم.

خیر. نمی خواهم به مباحث خسته کننده و احتمالاً ملال انگیزی ازین دست متوسل شوم. فقط می خواهم صمیمانه نکته ای را با جناب دکتر درمیان بگذارم و آن اینکه مگر خودتان نمی فرمایید صغیر و کبیر آذربایجان با یکدیگر به زبان ترکی صحبت می کنند؟ و «رژیم گذشته در مدت پنجاه سال با آنهمه دبستان و دبیرستان و دانشگاه بهمراه سختگیری و اختناق سازمان یافته» حتی نتوانست یک قصبه یا دهکده را «فارس کند»

(ص ۳۹۱). مگر جنابعالی و همفکرانتان در آشفتگیهای بعد از انقلاب چندین روزنامه و «بیش از دویست کتاب و مجموعه اشعار ترکی» (ص ۲۷۵) منتشر نکرده‌اید؟ و به موازات خدمات خستگی ناپذیر شمایانْ دیگر دایگان دلسوزتر از مادر از قبیل فرستنده‌های شمالی و غربی شب و روز با نشر و پخش برنامه‌های ترکی به اجرای نقشهٔ البته خداپسندانه‌تان مشغول نیستند؟ مگر به ادعای خودتان در مدارس آذربایجان در ساعات تفریح بچه‌ها با یکدیگر ترکی حرف نمی زنند؟ خوب، شما که معتقدید «هر کشوری باید زبان مشترک داشته باشد» بفرمایید ببینم چند ساعت از وقت محصلان آذربایجانی هم اکنون صرف آموختن این زبان مشترک می شود؟ مگر برنامه‌های مدارس بیش از روزی پنج تا ۵۰ دقیقه است؟ یعنی روزی ٤ ساعت و در هفته ۲٤ ساعت که با احتساب ۳۵ هفته درس در سال می شود ۸٤۰ ساعت یعنی کمتر از یک دهمش به آموختن این زبان مشترک اختصاص یافته است، آنهم بشرط آنکه معلم فارسی زبانی داشته باشند (که متأسفانه شنیده‌ام که ندارند). خوب اگر به پیشنهاد سرکار بیایند این روزی ٤ ساعت را هم به زبانِ ترکی تدریس کنند تکلیف زبان مشترک چه می شود؟ لابد پیشنهاد می فرمایید هفته‌ای یکی دو ساعت هم اختصاص به فارسی بدهند مثل زبان انگلیسی. خوب، اگر چنین کنند و در نتیجه نوجوانان آذربایجانی نتوانند با زبان فارسی بیش و کم آشنا شوند تکلیف مناصب والای مملکت و از آن مهمتر ترقیات آیندهٔ آذربایجانیها چه می شود؟ هیچ به سهم عظیمی که در ازای روزی چهار ساعت فارسی خواندن از مناصب سیاسی و اقتصادی کشور نصیب همشهریان جنابعالی شده است و می شود فکر کرده‌اید؟ بگذریم از سلسله‌های غزنوی و سلجوقی و چنگیزیان و تیموریان و صفویه، نظر مختصری به همین دویست ـ سیصد سال دورهٔ قاجار و عهد مشروطه بیندازید و ببینید چند درصد پستهای مهمی از قبیل وزارت نصیب آذربایجانیها بوده است.

بیست سال پیش، وقتی که مشغول چاپ تاریخ بیداری ایرانیان بودم، متوجه قربانیانی شدم که مردم کرمان در راه محو استبداد و استقرار حکومت قانون تقدیم جامعهٔ ایرانی کرده بودند، از میرزا رضای شاه شکار گرفته تا متفکران و قلمزنان از جان گذشته‌ای چون شیخ احمد روحی و میرزا آقاخان بردسیری. و توجه بدین نکته سؤالی پیش چشمم گذاشت که خوب در ازای تبعید پیشنماز و جانبازی متفکران کرمانی، پس

از استقرار مشروطه چه سهمی از حکومت تازه نصیب کرمانیان شد. و در پاسخ این سؤال با همه کندوکاوها متوجه این واقعیت تعجب انگیز شدم که در طی پنجاه و چند سال دوران مشروطه حتی یک نفر کرمانی بر صندلی وزارتی تکیه نزده است[۴]، و در مقابل همیشه بیش از نیمی از کرسیهای وزارت نصیب آذربایجانیان بوده است، تا آنجا که یکی از منشیهای هیئت دولت روزی می نالیده که همهٔ مذاکرات به ترکی است و من نمی دانم برای ثبت صورت مذاکرات چه خاکی بسرم بریزم.[۵]

جناب دکتر در بیان ضرورت چند زبانه شدن ایران مسألهٔ سویس را پیش کشیده اند و کانتون های ثلاثه و زبانهای سه گانه اش را، و ظرافتی نموده اند در به کار بستن قیاسِ مع الفارق. و حال آنکه بهتر از من و امثال من می دانند که تقسیمات اروپا بعد از جنگ جهانی اول تقسیماتی سیاسی بوده است، نه تاریخی و فرهنگی و طبیعی. وضع سویس را نمی توان با کشوری مقایسه کرد که چند هزار سال به عنوان واقعیتی تاریخی بر بسیط کرهٔ ارض وجود داشته است، و اگر در مسیر تاریخ هر چندی یکبار خطوط مرزیش اندکی پیش و پس خزیده باشد هرگز کانون مرکزی از هم نپاشیده است و به هر حال، کوچک یا بزرگ، ایرانی وجود داشته است؛ و ضامن استقلال این ایران، فرهنگ ریشه داری بوده است که از پس هر برگریز خزان و تطاول زمستان بار دیگر جوانه زده و شکوفاتر از گذشته جلوه گری کرده است و ثمربخشی. و جناب دکتر ــ اگر مقولات تجاهل العارف اجازه دهد ــ باز بهتر از من می دانند که ظرف این فرهنگ مشترک جز زبان فارسی نیست. زبان فارسی رکن اساسی این خیمه عظیمی است که آذربایجانی و کرمانی و خراسانی و اهوازی را در سایهٔ مبارک خود گرفته است و اگر خدای ناخواسته روزی لرزشی در این رکن اصلی واقع شود خیمه فرو می ریزد و عالیها سافلها می شود. و چه فرق فاحشی است میان چند ایالتی که بحکم مصلحتهای سیاسی چند صباحی بهم پیوسته اند با کشور کهن سالی که شیرازهٔ استقلالش از پود و تار فرهنگی مشترک است.

جناب دکتر که البته هم محقّقند و هم دانشمند، گاهی به حکم عواطف، با

۴) «این نکته عجیب محل تأمل و شایستهٔ تحقیق است که استان پهناور کرمان با مردمی که هوش و استعدادشان مورد اتفاق جامعه شناسان است در کابینه های متعدد دورهٔ مشروطه رئیس الوزرا که هیچ، حتی یک وزیر هم نداشته است...» (تاریخ بیداری ایرانیان، صفحهٔ ۱۱ مقدمه، چاپ ۱۳۴۶).

۵) این را جهانگیر تفضّلی برایم نقل کرده است از قول عبدالحسین هژیر

حربه‌ای به میدان می آیند که آدم را به یاد بعضی دارودسته‌های سیاسی می اندازد که می گفتند برای رسیدن به هدف مطلوب استفاده از هر وسیلهٔ نامشروع و غیراخلاقی جایز است. ایشان نه یک بار که چند بار سرنوشت زبان فارسی را با چنان سریشمی به حکومت سابق چسبانده‌اند که جدا کردنش در ذهن ساده‌لوحان امکان‌ناپذیر می نماید. رژیم سابق و بعضی سرانش به زیارت حرم مطهر رضوی هم می رفتند و چاپلوسان لقب اسلام‌پناهی هم به القاب ملوکانه می افزودند؛ پس تشرّف به مشهد را هم ممنوع می فرمایید و جواز تغییر دین را صادر! اگر این شیوهٔ استدلال را شایع کنیم می ترسم فردا فلان فضولباشی البته مغرض مدعی شود که کتاب جناب دکتر را در استانبول چاپ کرده‌اند، پس خدای ناخواسته زبانم لال ایشان...

***

و اما سخن آخر من با جناب دکتر اینکه در حکومت جمهوری اسلامی امتیازات بسیاری به لهجه‌ها ــ و به قول جنابعالی، زبانهاــی محلی داده شده است. نه تنها هیچ مانع و رادعی برای طرز سخن گفتن و زبان محاورهٔ مردم آذربایجان با یکدیگر نیست که مردم عموماً می توانند در مراجعات اداری و دولتی هم براحتی از لهجه متداول محلّشان استفاده کنندــ واین از کارهای بسیار خوب زمان حاضر است که حتی‌المقدور مسؤولان هر ولایت را از میان مردم همان دیار انتخاب می کنند و دیگر فلان جناب اردبیلی را به ریاست فرهنگ سیرجان و فلان مرد اهوازی‌را به فرمانداری ترکمن صحرا نمی فرستند. بنابراین مردم آذربایجان در استفاده از لهجهٔ بومی آزادی عمل دارند. مسأله استفاده از برنامهٔ ترکی رادیو و تلویزیون هم از برکت فرستنده‌های قوی باکو و شهرهای شرقی ترکیه و علاوه بر اینها برنامه‌های فرستنده‌های محل حل شده است، در مقولهٔ روزنامه و مجله و کتاب هم که در عهد رژیم گذشته محدودیتهائی‌بود، به برکت اصل ۱۵ قانون اساسی اکنون هیچ مضیقه‌ای نیست و شاهدش مجله‌ای که خودتان منتشر می کنید و هفت صفحه فهرست نام کتابهایی است که به زبان ترکی درین هفت سال منتشرشده است و در آخر کتاب خودتان آورده‌اید. و در مقابل اینهمه امتیازات و آزادی عملها، آنچه قانون اساسی و دولت ایران از هموطنان آذربایجانی خواسته است، روزی ٤ ساعت فارسی خواندن بچه‌ها است در مدرسه تا به فیض آن فردا بتوانند به عنوان وکیل و وزیر با

حکومت بر سرتاسر ایران هنرنمایی کنند، و تصدیق بفرمایید که این «هنر» را آن «مشقت» همچنان دشوار نیست.

شما که حتماً به ملیّت ایرانی و حفظ تمامیت ارضی ایران دلبسته‌اید بیایید و در شرایط حاضر که ابر و باد و مه و خورشید و فلک به کار افتاده‌اند و کمر به کین این کشور و این ملت بسته‌اند، در شرایط حاضر که زمنجنیق فلک سنگ فتنه می بارد و رجزخوان چکمه‌پوشِ بغدادی ما شیعیان مرتضی علی را ابنای مجوس می نامد و آبادان و خرمشهرمان را در هم می کوبد و درین برهوت وحشت خیز نامردمی‌ها فریادرسی نداریم، آری در زمانی بدین حساسیت به آتشی اینسان مملکت‌سوز دامن مزنید.

جنابعالی که به شهادت مقدمه چینیها و طرز نویسندگیتان مردی سیاسی هستید و از اوضاع جهان باخبر، بهتر از من می دانید که زمان حاضر در نظر هواداران استقلال و تمامیت ایران نامناسب‌ترین لحظهٔ تاریخ است برای طرح چنین مسائلِ نفاق‌انگیز تفرقه‌افکنی. برای شما و همهٔ هم‌سلیقگان شما که در نظر من مردمی خیرخواهید و ایران دوست، اگر در نوشته‌ام تأملی فرمایید یک حرف بس است.

(مجله نشردانش ، ۱۳۶۶)

# روستائی شد

مقالهٔ «روستائی شد در آخور...» نخستین بار در مجله «نشر دانش» با عنوان «عذر گناه» چاپ شد. پس از چاپ مقاله پنجاه شصت نفری ـ که عموما از استادان ادبیات فارسی بودند ـ لطفی کردند و یادی از مخلص، دو سه نفری هم ضمن تأیید مطالب اعتراضکی داشتند که: بدین لحن سزا نبود با «محقّق» برخورد کردن؛ با دریغ و افسوسی که «ای کاش صدایش می کردی و نکات مورد نظر را گوشزدش».

از میان معترضان و نکته گیران یک دو نفری لحن انتقاد را گزنده احساس کرده بودند و بر بساط مرشدی نشسته و به شیوهٔ پدربزرگها اندرز عالی جنابانه داده بودند که «باید هفوات علما را نادیده گرفت». تا آنجا که احساس کردم نگرانی این بزرگواران از آن است که مبادا این شتر درِ خانهٔ ولنگ و واز خودشان هم بخوابد؛ چیزی از مقولهٔ برداشتن چوب و فرار بعض موجودات ملوس.

نه در پاسخ اینان بلکه به عنوان نکته ای اساسی می خواهم مسئله ای را مطرح کنم و آن در باب خاصیتی است منحصر به جامعهٔ ما و جوامعی از عالم ما: اگر کسی به باغچهٔ منزل ما قدم گذارد و شاخهٔ گلی را بشکند طوفان خشم و خروش از اعماق جانمان برمی خیزد و اگر دستمان برسد می خواهیم به جرم چونین تجاوزی دستِ متجاوز را قلم کنیم، اما از خیابان می گذریم و می بینیم که مشتی بچهٔ ولگرد درختان تازه سال و نونشانده را از ریشه برمی کشند، و به روی خودمان نمی آوریم. اگر پسر بچهٔ سربهوای همسایه ریگی پراند و شیشه ای از پنجره اطاقمان شکست ساعتها وقت کلانتری و از آن مهمتر کمیته را می گیریم و تا ضرر رسیده را جبران نکنیم از پا نمی نشینیم؛ اما اگر همین بچهٔ جاهلِ

عقده‌ای با تیغ ژیلت به جان صندلی اتوبوسهای شهری افتاد و دل و رودهٔ پشتی ها را بیرون کشید، بجای آنکه دستش را بگیریم و گوشش را بمالیم، کریمانه درجان پناه «وَالعافین عنِ الناس» می خزیم. اگر رانندهٔ عجولی خراشی بر گلگیر ماشینمان افکند بی توجه به ازدحام خیابان و حق دیگران جاده را بند می آوریم و تا رسیدن پلیس و تنظیم صورت جلسه و دریافت خسارت به هیچ ماشین سواری اجازهٔ عبور نمی دهیم، اما ازصحنهٔ تصادمِ منتهی به جرح و قتل می گذریم بی آنکه ببینیم مجروحی نیاز به کمک دارد یا جان آدمیزاده‌ای از هم وطنان و هم نوعانمان درخطر است. غافل از اینکه درختان حاشیهٔ خیابان و اتوبوسهای شهری متعلق به ماست، پول آن را من و شما به عنوان فردی ایرانی پرداخته‌ایم و در نگهداریش سهمی و مسئولیتی داریم. این غفلت ما از حقوق اجتماعیمان حیرت انگیز و مصیبت بار است و نتایجش همان که دیده‌ایم و می بینیم و بعد از این هم خواهیم دید.

زبان و فرهنگ فارسی میراث مشاع ما ایرانیان است و مایهٔ نازش و افتخارمان در عرصهٔ جهان. در بازار آشفتهٔ روزگار ملتی که از فرهنگ ملی استواری برخوردار نباشد بسختی می تواند در هجوم حوادث پایداری کند و درمیان ملل دیگر سری بالا گیرد و دم از استقلال بزند. وجود مفاخر برجسته درحکم ستون کاخ ملیّت است، با این تفاوت که ستونهای خشت و آجری با گذشت روزگار از قدرت مقاومت و استحکامشان کاسته می شود، و ستونهای معنوی هرچه زمان بگذرد با شکوه‌تر و مقاوم‌تر می شوند و اعتقادات ملتِ اسطوره‌ساز چون حایل پولادینی بر استحکامشان می افزاید.

اما کسانیکه می گفتند «کاش صدایش می کردی و...» پاسخشان را حواله می کنم به صفحات ۳۵۴ـ ۳٦٤ سال یازدهم مجلهٔ «آینده»، تا بخوانند و بدانند پیش از من مردی چون زریاب خوئی چنین کرده است و به اجرش هم رسیده است. کار محقق والامقام ما بالاتر از آن است که اعتنائی به تذکر پیران داشته باشد. گوشه‌ای از ماجری را در ضمایم آخر کتاب آورده‌ام.

دوستان که با سوابق کار من آشنایند می دانند با این شیوهٔ نقادی بنده منحصراً به سراغ آثاری رفته‌ام که یا قدرتی پشت سر مؤلفشان خوابیده است، یا با هزینهٔ دولت منتشر شده است.

در مورد مؤلف کتاب حاضر گویا وضع چنین نباشد، اما طرز برخورد و لحن کلامش نسبت به استاد وارسته‌ای چون زریاب خوئی، چنان ناراحتم کرد که سکوت را جایز ندانستم، و آن گنه را این عقوبت همچنان دشوار نیست.

چند سالی پیش، گویا بهار ۵۸، مدیر انتشارات طوس ــ که روزگاری در بنیاد فرهنگ افتخار همکاریش را داشتم ــ به سراغم آمد که بیا و خمسهٔ نظامی را تصحیح کن تا چاپش کنیم. عرض کردم خمسهٔ شاعرِ گنجوی دیوان مجمر و نشاط و قاآنی نیست که بتوان یک تنه حسابش را رسید، باید دو سه نفری آدمیزادهٔ صاحب ذوقِ پرمایه همکاری کنند، و من نه ذوق و مایه اش را دارم و نه حال و حوصلهٔ کار دسته جمعی، وانگهی قسمت اعظم کار را بعد از مرحوم وحید دستگردی محققان روسی کرده اند و با کار دقیق گروهی خود سنگ بزرگی پیش پای ما ایرانیان انداخته اند؛ چه، اگر بناست بعد از آن خمسه ای در ایران چاپ شود باید در حدّی باشد که مایهٔ آبروریزی نگردد و رندان نکته گیر جهان به ریشمان نخندند که دوران صاحب خبر چه نزدیکند و نزدیکان بی بصر چه دور.

سه چهار سالی از این ملاقات گذشته بود که همکار سابق را باز دیدم با این مژده که: استاد صاحب صلاحیتی قبول زحمت کرده است و مشغول تصحیح خمسه است و شرح دشواریهایش. چون عزلت چند ساله از نعمت شناخت مشاهیر عالم تحقیق محرومم کرده بود و تا آن روز نامی از جناب دکتر ثروتیان نشنیده بودم، ناشر محترم با تذکر این نکته که صلاحیت ایشان را تنی چند از اکابر گردنکشان عالم ادب تأیید کرده اند، زنگار همه تردیدها را از چهرهٔ دلم شست.

اواخر اسفند گذشته بود که به زیارت **لیلی و مجنون با مقدمه و تصحیح و شرح و تعلیقات** استاد دکتر بهروز ثروتیان نایل آمدم، و جایتان خالی، کیفی کردم و سر فخر بر آسمان سودم که با انتشار شاهکاری بدین عظمت، دیگر کفّار فرنگ و فجّار روس حق ندارند بر بی همّتی ما ایرانیان نیشخندِ تمسخر پاشند که هنوز علمی ترین و بهترین چاپ آثار بزرگان کشورتان ــ از

قبیل رودکی و فردوسی و مولوی و نظامی ـ حاصل تتبع صاحب همتان خارجی است. اما در برابر این احساس افتخار برخاسته از غرور ملی، غم سنگینی پنجه در ریشهٔ جانم انداخت که مسلمان نشنود کافر نبیند. غمی نشأت گرفته از خجالتی ندامت‌آلود که دیدم هر چه سالها رشته بودم نه پنبه که پنبه‌دانه شده است. با تورّق در چاپ انتقادی لیلی و مجنون دکتر ثروتیان دریافتم که آنچه به عنوان معلم ادبیات در کلاسهای دانشکده گفته‌ام یکباره غلط بوده است و منحرف کنندهٔ اذهان معصوم دانشجویانی که برای آشنایی با نظامی و آثارش در حلقهٔ درس بنده حاضر شده‌اند.

خود را از مقولهٔ همان روستایی ساده‌لوح گاو در آخور بسته‌ای دیدم که به روایت مولانا «شیر گاوش خورد و بر جایش نشست». مرد آسان گیرِ بی خبر از همه جا، در شامگاه سیاهِ جهلِ مرکب، سوی آخور شد و «دست می‌مالید بر اعضای شیر»؛ با همان سهولت غفلت‌آلودی که بنده ـ و اگر جسارت نباشد ـ بعض معلمان ادبیات با خمسهٔ نظامی ور می‌رفتیم و می‌پنداشتیم چیزکی فهمیده‌ایم.

نمی‌دانم به چه عذری متوسل شوم اگر فردا یکی از دانشجویان ده دوازده سال پیش در کوچه یا خیابان زنخدانم گرفت و در گریبانم آویخت که: ای فلان، تو با چه صلاحیّت و جرأتی تدریس خمسه را پذیرفتی و با وارونه معنی کردن اشعار نظامی ما را به گمراهی افکندی؟

براستی از تصور این منظره بر خود لرزیدم، اما به یادم آمد که درِ توبه باز است و از مقدماتِ توبه اقرار به گناه. اینک به تلافی بدآموزیهای گذشته، گوشه‌ای از این کار عظیم تحقیق را به خوانندگان معرفی می‌کنم و مواردی را که من و دیگر معلمان ادبیات در شرح ابیات نظامی به اشتباه رفته بودیم باز می‌نمایم تا هم اقرار به گناهی باشد و هم ادای حقّی نسبت به پژوهشگر ارجمندی که مایهٔ سرافرازی ما در محافل ادبی جهان شده است[1].

یکی از مزایای متن حاضر کشف نکات تاریخی بدیعی است که با همه آشکاری درین شش هفت قرن به نظر احدی از تذکره‌نویسان و نقّادان ادب نرسیده است. مثلاً چه کسی با مطالعهٔ این بیت:

۱) شرمنده‌ام که نتوانستم همهٔ این کتاب هفتصد صفحه‌ای را بخوانم، این که تقدیم می‌افتد مربوط است به مطالعهٔ در حدود ۱۰۰ صفحه، به عنوان مشتی از خروار. مطالعهٔ صفحات قبل از ۴۰۰ و بعد از ۵۰۰ را می‌گذارم برای تقریظ نویسان و گوهرشناسان این روزگار فرخنده فرجام.

دهقان فصیح پارسی زاد    از حال عرب چنین کند یاد

تصور می کرده است که ملای گنجوی از مالکان عمدهٔ آذربایجان باشد. درحالیکه مصحح محترم با تأمل در همین یک بیت دریافته اند که «شاعر از دهقانان قرن ششم آذربایجان و پارسی زاد بوده» (ص ۱۸).

یا کدامین زبان‌شناسی در مصراعهایی از قبیل «روزت به چه شد سیه بدین روز» و «فرمان ترا به خود نگیرد» و یا «من بیدل و راه بیمناک است» دریافته است که ترکیباتی چون «به چه، به خود گرفتن، بیدل» همه ترجمه از ترکی است و به حکم همین شواهد البته مسلّم[۲]:

**شاعر شعر ترکی نیز می سروده و یا قادر به سرودن آن بوده و تصورات و اصطلاحات و کنایات سرزندهٔ زبان مردم آذربایجان در بند بند مثنوی لیلی و مجنون قابل مطالعه و تحقیق است (ص ۱۷).**

یا کدامین «کردشناسی» حتی از اعضای حزب کومله، بدین کشف مهم رسیده است که «**زبان مادری نظامی کردی بوده... ولغات وترکیبات کردی هم در خمسه کم نیست**» (ص ۱۷). شاهد این کشف محیّرالعقول را بدین بیت عنایت فرمایید که شاعر راجع به این خاکدان پر از رنج و خوشی و نیش و نوش گفته است:

زین خانهٔ خاکپوش تا کی؟    زو خوردن زهر و نوش تا کی؟[۳]

و مصحح دقیق النظر از همین «زو»ی ناقابلی که بر صدر مصراع دوم نشسته است پی بدان کشف عظیم برده اند، چیزی از مقولهٔ سقوط سیب و کشف قوهٔ جاذبهٔ زمین.

۲) البته حق تقدّم فضلای روسی باید محفوظ بماند که معتقدند زبان مادری نظامی ترکی بوده است و شاعر بیچاره از ترس پادشاهان فلان فلان شده ای چون اخستان که می گفته «ترکی صفت وفای ما نیست / ترکانه سخن سزای ما نیست» مجبور شده است آثارش را به فارسی بنویسد.

برای استفادهٔ بیشتر رجوع فرمایید به تحقیقات بسیار عمیق نویسندگان البته متعدد و در عین حال بی غرض و مرض تاریخ ادبیات آذربایجان، چاپ ۱۹۶۰ باکو، یا ترجمهٔ همان مقاله به صورت کتابی و به نام زندگی و اندیشهٔ نظامی که اتفاقاً آن هم از انتشارات توس است، منتها در سال ۱۳۶۰.

من و تو غافلیم و ماه و خورشید...

۳) البته این صورتی که بنده نوشتم انتخاب غلط اسلاف غلط کارمان بود، صورت صحیح مصراع دوم به انتخاب محقق محترم این است که «زو خوردن زهرنوش تا کی» و دلیلش هم این که: «زهرنوش: نوشی که چون زهر کشنده است، شربت شیرین زهرآلود... نسخ متأخر بی تأمل در زیبایی و وسعت دامنهٔ ترکیب زهرنوش بجای آن زهر و هوش نوشته اند، درحالیکه همین معنی نیز در آن ترکیب بدیع نهفته است» (۴۳۱).

وجود زین در مصراع اول، زورا در معنی «از+او» زاید می نماید. در مصراع دوم «زو» احتمال دارد به صورت «بر» و یا کلمه ای دیگر بوده، تغییر داده اند... بنظر می رسد شاعر از لهجهٔ کردی متأثر بوده و «زو خوردن» را در معنی حقیق «زود خوردن» و مجازاً به معنی «در سر کشیدن» بکار برده است (ص ۴۳۱).

این هم نمونهٔ دیگر از کردی گوییهای نظامی:

چون راه دیار دوست بستند بر جوی بریده پل شکستند

چون شب شد و راه دیار و دیدار دوست را بستند و بر جویباری که طی کرده شده بود پل شکستند... دیار احتمال دارد فارسی و به معنی دیدار بوده باشد، این لفظ و معنی اکنون در زبان کردی بکار می رود (ص ۴۴۶).

## پسر خونخوار

یا کدام یک از خرقه پوشان و تخته پوست نشینان عالم تصوف پی برده اند که پدر نظامی از مشایخ عظام بوده است و صاحب کشف و کرامات و حال آنکه خود شاعر در مقدمهٔ همین لیلی و مجنون به «سنّت و طریقت» پدر و جدّ بزرگوارش اشارتی دارد که

گر شد پدرم به سنّت جدّ ـ یوسف پسر زکی مؤیّد ـ

با دور به داوری چه کوشم دور است، نه جور، چون خروشم

باقی پدر که ماند از آدم تا خون پدر خوهم ز عالم..

مبادا تصور کنید منظورش این است که «اگر پدرم مثل جدّم مُرد و رفت، با روزگار چه جنگ و دعوایی می توانم داشته باشم، پدر کدامین آدمیزاده عمر ابد داشته است تا من طلب خون پدرم را از روزگار بکنم». خیر، معنی بدین سادگیها نیست، اولا معنی بیت اول این است که:

اگر پدرم یوسف با سنّت و طریقت جدّم از دنیا رفت یا اگر به سنت او شد و طریقت او پذیرفت (ص ۴۲۸).

مبادا زیر لب بغرید که «سنّت» در اینجا چه ربطی به مذهب و طریقت دارد، که می فرمایند:

با مطالعهٔ سخنانی که مجنون بر سر گور پدر می گوید آن چنان به نظر می رسد که شخص نظامی پدر خویش را پیش چشم داشته است... و بر همین اساس چنان به گمان می آید که خانوادهٔ پدری نظامی از شیوخ اهل طریقت بوده راه زهد و تقوا و معنا برگزیده بوده اند (ص ۴۲۸).

اکنون که دامنهٔ سخن بدینجا کشید، برای رهایی از کشفیات محیّرالعقول تاریخی هم شده، نظر دیگری به همین سه بیتی که نقل افتاد بیندازید و بدانید که صورت صحیح مصراع آخر این است «تا خون پدر خورم ز عالم»، و آنکه بنده و کاتبان اکثر نسخه ها نقل کرده ایم «تا خون پدر خوهم زعالم» غلط.

لابد می خواهید بگویید: مگر «خوهم» به معنی «خواهم» که در بسیاری از متون قدیم به کار رفته است چه عیبی دارد؟ وانگهی اگر بجایش «خورم» بگذاریم میان دو مصرع چه رابطه ای می تواند وجود داشته باشد و چرا این پسر ناخلف از همه عالم به فکر خوردن خون است آنهم خون پدر بیچاره اش؟ گناه شماست که معنی درست «خون خوردن» را نمی دانید. بشنوید و از مجهولات خود بکاهید که

**خون کسی را خوردن: غم اوخوردن وبه خاطر اوزاری کردن. ر. ک.: ۱۸/۴۱ (ص ۴۲۹).**

محقق محترم با علامت «ر. ک.» رجوع به شاهدی داده اند تا مدّعیان نگویند: کوشاهدت؟. قاعده این است که به حکم سنّتِ خواننده آزاری شما را به سراغ شاهد بفرستم، اما این بار بخلاف قاعده عمل می کنم و شاهد را از بیت ۴۱ بند ۱۸ نقل می کنم تا بخوانید و جای انکاری نماند که «خون کسی را خوردن یعنی غم او خوردن»، بفرمایید این هم شاهد:

جانم فدای جمال یادش گر خون خوردم حلال بادش

ـــ بله؟

***

قبل از مطالعهٔ دنبالهٔ مقاله به این تبصرهٔ تأمل انگیز که در مقدمه آورده اند توجه فرمایید که

**«مصحح کوشیده است در باب معانی لغات بهیچوجه ازخود معنی نسازد وبی مراجعه به کتب لغت چیزی ننویسد، متأسفانه گاهی نیزناچاربه استنباط شخصی ازفحوای کلام واقتضای سخن گردیده»**

اکنون خاطرهٔ «کوسهٔ ریش پهن» را به طاق نسیان بسپارید و به اصل قضیه برگردید.

## شکوه خیزرانی

مصحح محترم به دلالت ذوق ممتاز از مبتذلات معمولی گریزان است، و با احاطهٔ البته کاملی که بر سبک سخن نظامی دارد و می داند که شاعر با استفاده از صنعت جناس و مطابقه چه شیرینکاریهایی در شعر خود کرده است، حاضر نیست با اکثر نسخه ها همصدا شود و بیتی را که در وصف شروان شاه است بدین صورت بخواند:

شروان ز تو خیروان جلالت　　خزران ز تو خیزران عدالت

بلکه صورت درست آن را در متن می آورد که: «شروان ز تو خیزران جلالت...» تا در شرحش زورآزمایی کند و هنرنمایی که

**خیز، ران عدالت: برخیز و داد بگستر و عدالت بران. تو که شاه شروان هستی شروان از تو جلالت و شکوه خیزرانی یافته است، ناحیهٔ خزران نیز از آن تست برخیز و آنجا نیز عدالت بران (ص ٤۱۰).**

## ضربهٔ اهل بیت

و باز بحکم همین اشرافیّت طبع است که این بیت را

خونریز چو ریش دانه ریزم　　سرگشته چو گرد خانه خیزم

قبول ندارند و چون از دملها و تاولهای به چرک و خون نشسته و از گردی که در فضای بستهٔ اطاق می پیچد نفرت دارند، ترجیح می دهند آن را بدین صورت ضبط فرمایند که

خونریز چو ریش خانه خیزم　　سرگشته چو گرد خانه ریزم

و بدین فصاحت، معنی که

**«ریش خانه خیز: زخمی که از سوی اهل خانه زده می شود یا زخمی که چون دمل از خود تن به وجود آمده است» (ص ٤٦۱)**

دریغا که توجه به زخم خانه خیز ـ که ظاهراً مربوط به کفشهای پاشنه صناری است ـ فاضل محترم را از شرح و معنی «گرد خانه ریز» بازداشته است و خستگان بادیهٔ طلب را لب تشنه گذاشته.

## شرکت پیمانکاری مجنون

از برکت تعلیقات فاضلانهٔ استادی هم فرهنگ فارسی مایه ور شده است و هم سابقهٔ لغاتی که عوام النّاسی از عالم بنده می پنداشتند مستحدَث است تا قرن ششم رسیده است، و چه بسا اگر حضرتشان همت کنند و به تصحیح دیوانهای رودکی و عنصری هم التفات فرمایند دامنهٔ این سابقه فراتر رود. مثلا تا امروز آیا حدس می زدید «قرارکار» به معنی «پیمانکار و متعهد» (ص ٥٤۳) در متون قرن ششم بکار رفته باشد؟ قطعاً خیر. و این بی اطلاعی نتیجهٔ آن است که صفت مرکب «قرارْکار» را در این بیت به صورت مضاف و مضاف الیه می خوانده اید:

این نامه ز منکه بی‌قرارم　　نزدیک تو ای قرارِ کارم

حالا لیلی مادر مرده با مجنون بیابانگردِ مقاطعه کار چه قراردادی امضا کرده است و چه

تأسیساتی را به مقاطعه داده است بماند برای تعلیقات بعدی استاد.

***

مؤلفان برهان قاطع و فرهنگ شعوری زیر کلمهٔ «ارد» بیتی به شاهد آورده بودند بند تنبانی که

داریم ز نعمت تو هر چیز      اکنون هستیم به ارد محتاج

از شاعر مجهولی به نام جمال سپاهانی، و ما بی خبران حدس می زدیم یا رندی مؤلفان این دو فرهنگ را دست انداخته و لغتی تراشیده و در آستینشان چپانده[۴]، یا کاتب ولنگاری از گذاشتن مدّ بالای الف غفلت کرده و باعث این دسته گل به آب دادن حضرات شده است؛ زیرا در تنها بیت مورد استناد، کلمه را براحتی و مثل بچهٔ آدم می توان «آرد» خواند بی آنکه لطمه ای بر وزن و معنی وارد آید. اما با مطالعهٔ تعلیقات استاد از شک و انکار خود چنان خجالت زده ایم که کس مباد ز کردار ناصواب خجل. این کلمه را نظامی بکاربرده است، و هی هذه:

لطف است به کار خاک درخورد      کز لطف گل آرد از جفا ارد

و این هم شرحش:

**به کار خاک وزراعت لطف وبخشش شایسته است، اگر در حق خاک لطف کنی برای تو گل بار می دهد واگر خاک را جفا کنی وبر آن بکوبی گرد بر می خیزد ویا اگر آب ندهی بجای میوه وگندم و غلات غبار آنها را می بینی یعنی چیزی بدست نمی آید. ارد: بر وزن ومعنی گرد، آرد وگردی که ازآسیا کردن غلات بدست می آید (ص ۵۴۳)**

با دلیلی بدین روشنی چه باک اگر بلفضولی به تمسخر آید که اصل شعر درمتن چاپ روسیه و همهٔ نسخه های کهن بدین صورت بوده است «کز لطف گل آید از جفا گرد» و در حاشیهٔ چاپ روسیه مصححانْ نسخه بدلِ کلمهٔ «آید» را طبق شش هفت نسخهٔ دیگر «آرَد» ضبط کرده اند و حضرت استادی «آرد» را نسخه بدل «گرد» پنداشته و چون دلبستهٔ عجایب غرایب اند، بجایش «ارد» گذاشته اند.

## شاهی که گوسفند شده

همچنین اگر در فرهنگهای فارسی شرح همه بازیها را دیدید، از آتش بازی گرفته تا

۴) در باب لغات من در آوردی فرهنگ شعوری و مجعولات دساتیری برهان قاطع، اگر حال و حوصله ای موشک پرانیهای صدّامی باقی گذاشته باشد، مراجعه فرمایید به مقدمهٔ لغت نامهٔ دهخدا.

لوطی بازی، و اثری از دست‌بازی به معنی «فریب و بازی دادن» (ص ٥٤٤) پیدا نکردید مبادا در این بیت

چندم شکنی به دست بازی     روزیم چرا نمی نوازی

تصور فرمایید «دست یازی» درست است.

کاستن و افزودن نقطه همه جا روا نیست، مگر آنکه مصلحت وقت اقتضا کند و سر و کار آدم با کلمهٔ نامطلوب و البته خطرناک شاه افتد درین بیت:

تا کی به نیاز هر نواله م     بر شاه و شبان کنی حواله م

درچونین مواردی بجای یک نقطه دو نقطه می توان گذاشت ولو اینکه کاتبان هر دوازده نسخه کوتاهی کرده باشند و آن را بی نقطه نوشته باشند. البته که منظور نظامی «شاة و شبان» بوده است، زیرا

**شاة و شبان یعنی گوسفند و چوپان، شاعر عمداً نواله و شاة و شبان را در یک ردیف قرار داده تا در معرض اعتراض شاهان قرار نگیرد (ص ۳۷۳).**

## ودم درنشسته

فواید لغوی کتاب اندک نیست. هم بسیاری نادانسته ها به خواننده می فهماند و هم بسیاری از اشتباهات را اصلاح می کند، مثلا در بیت

داماد و دگر گروه را خواند     بر پیشگه بساط بنشاند

**نسخ پاورق «پیشگه بساط» را «صدر مجلس اندیشیده‌اند، در حالی که معنی عکس آن دارد (ص ٤۹۷).**

قابل توجه فرهنگ نویسان و از آنها واجب‌تر مرحوم رودکی که با گفتن «خسرو بر تختِ پیشگاه نشسته» شاه را روی چارچوبهٔ در و به عبارت علمایانه در صف نعال نشانده است.

## قرینهٔ معینه و صارفه و مقالیه

نمونهٔ دیگر: گوهرکان گشاده را چه معنی می کنید؟ گوهری که از کان استخراج شده است؟ عجب از عقل شما و عجب از سواد شما. درست است نظامی دربارهٔ پسرش می گوید:

آن گوهر کان گشادهٔ من     پشت من و پشت‌زادهٔ من

اما معنی واقعیش این است:

**کان گشاده: کان گوهر سخن گشاده، خوش زبان، سخنگو: فرزند شیرین سخن من. گوهر را به معنی**

نژاد و کان گشادن را به معنی استعاری سخن گفتن بکار برده (ص ٤٠٨).

حالا که گرفتار فرزند شیرین سخن نظامی شده ایم، اجازه فرمایید همین جا به بیت بعدی هم بپردازیم. نظامی می خواهد برای نور چشمی تکه ای بگیرد و برای تأمین آتیه اش او را در سلک ملازمان ولیعهد درآرد، مقدمه ای می چیند که

| | |
|---|---|
| چون گوهر سرخ صبحگاهی | بنمود سپیدی از سیاهی |
| آن گوهر کان گشادۀ من | پشت من و پشت زادۀ من |
| گوهر به کلاه کان برافشاند | وز گوهر کان شه سخن راند |
| کاین بیکس را به عهد و پیوند | درکش به پناه آن خداوند |

امثال بنده تا امروز بیت سوم را به همان صورتی که مذکور افتاد و در همۀ نسخه ها آمده است می خواندند و می پنداشتند منظور شاعر این است که حرف ارزنده ای از دهان آقازاده بیرون آمده است و چون از گوهر کان شه سخن بر لب آورده بر فرق معدن جواهر، جواهرافشانی کرده است. و حال آنکه هم بنده و احیاناً شمای خواننده ــ که از قرینۀ معینه و صارفه و مقالیه بی خبریم ــ اشتباه کرده ایم و هم کلیۀ کاتبان. صحیح این است:

| | |
|---|---|
| گوهر به (گلاله گان) بر افشاند | وز گوهرکان شه سخن راند |

چرا؟ زیرا:

به قرینۀ حالیه و ابیات پس و پیش... و به قرینۀ معینه صارفه و مقالیه گوهر افشاندن، مصراع معنایی نزدیک به « گریستن» یا حالتی شبیه به آن دارد. اگر چنانکه « گلاله گان» را به اعتبار معنی لغوی دستۀ گل، مجازاً در معنی رخسار و گونه ها، در نظر بگیریم در آن صورت « گوهر به گلاله گان برافشاند» یعنی اشک بر چهره و رخسار ریخت و گریست.

و اگر گلاله گان را مناسب معنی زلف و موی پیچیده بدانیم در آن صورت «گلاله گان» را بالاستعاره به معنی «مژگان» به کار برده است یعنی اشک را به مژگان آورد یا حالت گریه به او دست داد و قطره های گوهر و مروارید مانند اشک را از مژگان و به وسیله مژگان جاری کرد و از جواهرات سلطنتی و یا فرزند پادشاه سخن گفت که... الخ.

یادداشت ــ کلاه کان، به هیچ تأویل درست نمی آید و ظاهراً غرابت استعاره موجب تحریف و تعبیر گردیده است و آنچه در متن ضبط گردید یک صورت فرضی بیش نیست. و معنی «رخسار و گونه ها» ارجح است که اگر نظر مژگان بود می گفت: گوهر ز گلاله گان بر افشاند (ص ٤٠٨).

## ستاره پرستی

اشتباهات و انحرافات شما نظامی خوانها منحصر به یکی دو مورد نیست؛ مثلا، وقتی این

بیت را می خوانده اید:

با یک سپر دریده چون گل  تا چند شغب کنی چو بلبل

چه مفهوم و تصویری پیش چشم خیالتان می نشسته است؟ گلبرگهای از هم جدا و سپر پاره پاره و هزار سوراخی که نه مانع تیر است و نه دافع شمشیر؟ همین؟ غیر از این چه تصویری به نظرتان می رسد؟

بیهوده زور نزنید، یافتن تصویر حقیق که مراد شاعر بوده است کار هر بافنده و حلاج نیست. ده شبانه روز هم اگر خیال پردازان عرصهٔ عالم تلاش کنند محال است دریابند که

**سپر دریده چون گل: خورشید است بالاستعاره به جامع سرخ رنگ و دایره وار بودن آن.**
**ظ: «تا چند خود را به نور خورشید می فریبی و یا ستاره پرستی می کنی».**
**توضیح ـ «سپر دریده» با توجه به حرف اضافهٔ «با» دارای دو وجه می تواند باشد:**
**الف ـ با: در برابر، در برابر خورشید و ستارگان یا حتی آسمان.**
**ب ـ با: با داشتن و دارا بودن سپری دریده چون تقوای از دست رفته یا سینه ای چاک و ناپاک.**
**با تأمل در افکار و اندیشهٔ شاعر، ظاهراً وجه نخست صحیح است (ص ۴۳۳).**

## پیکان کشی

نظامی در وصف بهار بیتی دارد

غنچه کمر استوار می کرد  پیکان کشیئی ز خار می کرد

ظاهر این است که غنچه به پهلوان جنگجویی تشبیه شده است که کمرش را تنگ بسته و با حربهٔ خاری که دارد به میدان آمده است. این طرز معنی کردن خاص ساده اندیشانی است که تصور می کنند پیکان کشی هم چیزی از مقولهٔ چاقوکشی و قمه کشیدن و خنجرکشی و لشکرکشی و امثال اینهاست، حال آنکه مطابق ضبط یک نسخه از ده دوازده نسخه صورت درست مصراع دوم این است که «پیکان کشی بکار می کرد» و معنی اش هم این:

**«پیکان کشی به کار کردن: پیکان بر سر تیر نشاندن، بالکنایه آمادهٔ نبرد شدن.**
**نکته ـ نسخ پاورق متوجه معنی استعاری «پیکان» نبوده اند که «خار» است و پیکان کشی را نیز ظاهراً در معنی پیکان بیرون آوردن از زخم گرفته اند، در صورتی که پیکان کشی در معنی پیکان بر سر تیر نشاندن است همانند «سنان کشی» گویند که بود تیر آرش / چون نیزهٔ عادیان سنان کش (ص ۴۷۲).**

از زبان مجنون می خواندیم که

آن باد کـــه این دهل زبانی باشد تهی از تهی میـــانی

و می پنداشتیم خطاب به نوفل می گوید: امیدوارم این وعده های پر زرق و برق که می دهی زبان‌بازی و وعدهٔ خشک و خالی نباشد و عملی هم پشتش خوابیده باشد، و حال آنکه معنی درست این است:

**چه بهتر که این ادعاها بسبب توخالی بودن درمیان نباشد (ص ۴۷۸).**

## هوش بی مغز

این فیض عام منحصر به لغات و ترکیبات نیست، در عبارات و تعبیرات هم موشکافی فرموده‌اند و کاتبانی را که تا دیروز از قبیلهٔ سر به هوایان می پنداشتیم تبرئه ساخته و مرهون تحقیقات عمیق خود کرده‌اند. مثلا بنده اگر در نسخه ای می دیدم بجای «چون هوش به مغز او درآمد» نوشته است «چون مغز به هوش او در آمد»، آسان گیرانه شانه‌ای می تکاندم و جای مغز و هوش را عوض می کردم؛ غافل از اینکه درست همین صورت دوم است و صورت نخستین عوامانه و خالی از «استعاره در کلمه و کنایه در کلام» زیرا:

**مغز را شاعر به معنی «اصل و جوهر معنی» بکاربرده است... یعنی «چون هوش اوحالت طبیعی و اصلی خود را بازیافت». شاعر با استفاده از اصطلاح «هوش به مغزآمدن» به ابداع استعاره در کلمه و کنایه در کلام توفیق یافته ونسخ متأخربی توجه به معنی مجازی مغز، کلام را بحالت عادی بر گردانده اند (ص ۵۵۵).**

## نمازمیّت

کتاب مشتمل بر گنجینهٔ البته مغتنمی است ازمعانی بکرو بدیعی که تاکنون درهیچ لغتنامهٔ و فرهنگی نیامده است، حتی در فرهنگ مرحوم آموزگار. چه بسا خوانندگان سر بهوا این معانی ابتکاری را بخوانند و رد شوند بی آنکه به تلاش مأجور نویسندهٔ محترم در کشف معانی پی برده باشند. باور ندارید، میدان امتحان نزدیک است، بفرمایید ببینم «تکبیر در رخ کسی گشادن» در این بیت یعنی چه:

ما از پی او نشانهٔ تیر او در رخ ما گشاده تکبیر

یقین دارم اغلب شما خواهید گفت بیت زبان حال لشکریان نوفل است که برای به کام رساندن مجنون شمشیر می زدند و مجنون بزرگوار به جای آنکه با آنان همراهی کند به قبیلهٔ لیلی پیوسته و به روی طرفداران خودش شمشیر کشیده و حمله برده بود؛ و برای اثبات مدعایتان

استدلال کنید که جنگاوران آن روزگاران الله اکبر گویان به طرف دشمن حمله می بردند. اما همهٔ اینها پوچ و بی معنی است. معنی درستش این است که توی میدان جنگ یک باره هوس نمازمیّت بر سر مجنون مادرمرده زده بوده است:

**تکبیر در رخ کسی گشادن: نمازمیت برای آن کس خواندن، اورا به جنگ تشویق کردن (ص ۴۸۶).**

## افادات فقهی و فلسفی

مصحح مفضال دلبستگی خاصی دارد به انتخاب صورتهای متروک و تعبیرهای دور از ذهنی که عقل پخته کار زعفر جنّی هم بدان نمی رسد:

میثاق نمود و خورد سوگند اول به خدایی خداوند
وانگه به رسالت رسولش کایمان دهِ خلق شد قبولش

شما که مشغول خواندن پرت و پلاهای بنده اید مصراع آخرین را خواندید و بسادگی گذشتید، لابد تصور هم می فرمایید معنی اش نیز روشن است و طرف به رسالت پیغمبری قسم خورده است که قبول او و اعتراف به رسالت او مایه بخشِ ایمان آوردن خلایق است و خلق که رسالت او را قبول کرده اند به شرف ایمان مشرّف شده اند. یا مطابق غالب نسخه ها ــ که از نظر مصحح محترم مردود است ــ «کایمان دهِ عقل شد قبولش»، یعنی عقل با قبول رسالت او به فیض ایمان رسید.

بی دقتی و سهل انگاری شما خواننده گان را می بخشم که خود بنده هم رطب خورده ام و مرتکب همین اشتباه می شده ام تا لحظه ای که دست سعادت چراغ هدایت فراراهم داشت و در تعلیقات استادی خواندم که:

**ایمان ــ به فتح اول ــ سوگندها، مفردش یمین: که سوگند دادن و سوگند دهی مردم را قبول دارد (ص ۴۷۸).**

لطفا نفس راحتی را که خیال داشتید از تنگنای سینه بیرون دهید همانجا نگهش دارید که چغندر گنده ته دیگ است و هنوز یک نکته و یک یادداشت باقی است:

**نکته: معنی کنایی سخن آن است که سوگند خوردن صورت شرعی دارد و در دین محمد سوگند دادن و سوگند خوردن پذیرفته می شود (ص ۴۷۸).**

اکنون که با این نکتهٔ بدیع فقهی آشنا شدید، با خواندن یادداشت فاضل محترم با مقولات فلسفی هم آشنا شوید تا جامع منقول و معقول به شمار آیید:

**یادداشت: نسخ پاورقی «ده» را به فتح دال و به معنی عدد ۱۰ دانسته، «خلق» را به «عقل» بدل کرده اند تا معنی «عقول عشره» را به همراه داشته باشد... کلام خالی از تعقید نیست (ص ۴۷۸).**

بدا به حال نسخ پاورقی!

## تعداد بچه ها

اصرار محقّق محترم در این که متن منتخبشان بکلی با آنچه پیشینیان نوشته و گزیده اند متفاوت باشد، کار را به جاهای باریکی کشانده است، مثلا:

یاران صفتِ قتال گفتند　　ایشان همه حسب حال گفتند

موضوع مربوط به ایام کودکی لیلی و مجنون است و به مکتب رفتنشان و قَتَلَ زیدٌ عمرواً خواندنشان؛ و حال آنکه اولا وجه البته صحیح مورد انتخاب ایشان این است که «یاران صفت مقال گفتند»، و ثانیاً ضبط درست بیت بعدی هم این:

یاران ز شمار بیش بودند　　ایشان به شمار خویش بودند

یعنی:

**یاران تعدادشان بیشتر بود، آن دو به خود مشغول بودند (ص ۴۳۸).**

نه آنکه همهٔ کاتبان نوشته اند که «یاران ز شمار پیش بودند»، یعنی بچه مکتبیهای دیگر سرشان به درس و مشق بود و در درس حساب و ریاضی جلوبودند.

## گل پیادهٔ گونه ها

در وصف جمال لیلی این بیت را می خواندیم که:

بُرده به دو رخ ز ماه بیشی　　گل را دو پیاده داده پیشی

و تصور می کردیم لیلی خاتون با دو گونهٔ ماه وش خود از ماه بیچاره ای که یک رخ بیشتر ندارد امتیاز ربوده است و گل را به مسابقه با جمال خودش دعوت کرده درحالیکه دوپیاده هم به او «آوانس» داده است؛ و از کلمات رخ و پیاده به یاد نطع شطرنج می افتادیم و امتیازی که قهرمانان به تازه کاران می دهند، و حال آنکه باید جای بیشی و پیشی را عوض کنیم که اگر نکنیم «بی تردید معنی مصراع اول پریشان و مصراع دوم نامفهوم می گردد» (ص ۴۶۸) و بیت را بدینسان معنی کنیم:

**با دو رخ و گونهٔ خود از ماه سبقت برده و در زیبایی بر آن پیشی گرفته است و گل پیادهٔ گونه ها گل رخسار را افزونی وبرتری داده است (ص ۴۶۷).**

حالا اگر دچار مرض شکاکی شده اید و می پرسید «گل پیادهٔ گونه ها» دیگر چه ترکیبی و از چه قبیله ای است، حوالهٔ شما به تیغ برّان مؤلف آنندراج خواهد بود.

## نماد معنایی

شاید تصور فرمایید کاتبان قرون هشتم و نهم غالباً به حکم تنبلی از گذاشتن واو عطف طفره می رفته اند یا آنرا به صورت ضمّهٔ حقیری بالای کلمات می نوشته اند و با این تصور غلط بیت را بدین صورت بخوانید:

مجنون به سکونت و گرانی    شد عاقل مجلس معانی

و خیال کنید که مجنون بر اثر وعده های نوفل آرام گرفته است و متانت و سنگینی پیشه کرده است. حق دارید، کسی که با «نماد معنایی سکونت» آشنا نباشد از این خیالبافیها می کند. اکنون شرح «مجنون به سکونت گرانی» را بشنوید:

**به سکونت گرانی: با جایگیر و ثابت شدن وقار و سنگینی... ظاهراً نسخ پاورقی سکونت را در معنی سکینه و مهابت و وقار و طمأنینه گرفته «واو» افزوده اند. نماد معنایی سکونت در بیت شاعر دقیقاً معلوم نیست (ص ٤٧٨).**

## اصلاحات قرائتی

از بدایع فواید تعلیقات فاضل محترم [با عرض معذرت از تتابع نفس گیرِ اضافات] رفع مشکلات قرائتی متن حاضر است، مثلا ابیاتی ازین جمله را:

از جادوئی که در نظر داشت    صد ملک به نیم غمزه برداشت
صیدی ز کمند او نمی رست    غمزه ش به گرفت و زلف می بست

می پرسید چرا؟ لطفاً به صفحه ٤٦٥ رجوع فرمائید تا بدانید «بر» حرف زاید است و «به گرفت» صحیح است با مصدر مرخّم «گرفت» آنهم

**در معنی گرفتار کردن یا مست و بیهوش کردن مانند گرفتن باده و تأثیر آن و حق «غمزه اش به گرفت» یعنی غمزه اش به «نیزه» زدن مشغول می شد... (ص ٤٦٥).**

امان از این غمزهٔ همه کارهٔ لیلی

***

بعید نیست هنوز هم در این بیت:

با من تو نگنجی اندرین پوست    من خود کشم و تو خویشتن دوست

شمای خواننده ــ اگر تاکنون به زیارت تعلیقات استادی توفیق نیافته باشید ــ کلمهٔ «خود کُشم» را با ضمّ کاف بخوانید و تصور کنید مجنونِ خودآزار بیابانگرد می خواهد به زید ناز پرورده بگوید: دل از رفاقت من بردار، آب من و تو به یک جو نمی رود، من از جان گذشته ام و پروای زندگی ندارم در حالی که تو اشراف زاده ای و قدر زندگیت را می دانی. اگر هنوز هم در جهل مرکبید، بخوانید و از مجهولا تتان بکاهید:

**من خود را از دیگران به کنار می کشم و تو دوستان خویش را نجات می بخشی (ص ۵۵۹).**

نه تصور فرمایید تلفظ معمولی و عوامانه اش از نظر استادی نگذشته باشد؛ خیر، گذشته است و با داغ «نابابی» که بر پیشانی بختش نهاده اند ردش کرده اند:

**یادداشت ــ عطف «داشتن» به «کشتن» با واو و حذف کردن آن ناباب است: «من خود کشی می کنم تو خویشتن را دوست می داری» ظ، می گوید: من خود را می کشم و نجات می دهم تو دوست خویشتن را. من در اندیشهٔ خودم هستم و تو در فکر دیگران (ص ۵۵۹).**

## پیشوای پاستور

آنجا که مجنون از فلک زدگی خود شکایت دارد و معتقد است که «وحشی نزید میان مردم»، و بهتر است که دور از چشم خلایق آوارهٔ کوه و صحرا باشد، می گوید:

به کابله را ز طفل پوشند    تا خونِ بجوش را نجوشند

تصور می کردیم منظورش این است که بهتر است روی زخم و تاولی را که بر دست و پای بچه زده است بپوشانند تا بچهٔ تخس با دیدن زخم و خون جیغ و ویغش به آسمان نرود و خودش را لوس تر نکند. تصور و تعبیری عامیانه. درحالیکه معنی درستش این است:

**بهتر است مبتلا به آبله را از طفل دور بدارند تا خون جوشان طفل را به غلیان نیاورند و بیش از پیش نجوشانند (ص ۵۰۷).**

و با شرحی بدین فصاحت نکته ای هم در تاریخ طِب آشکار شده است که

**سرایت بیماریها در زمان شاعر ــ قرن ششم ــ و برای خود او معلوم بوده و ظاهراً علت آن را در جوشش خون مردم تندرست از دیدن بیماران می اندیشیده (ص ۵۰۷).**

بیهوده نگفته اند: حکیم نظامی.

***

کشفیات طبی و دارویی مصحح محترم منحصر بدینها نیست. اگر نظامی این بیتها را نمی گفت

که
بادی که ز کوی تو بر آید جان بخشد و زنگ دل زداید
آن یابم از او به جانفزایی کازرده‌تنان ز مومیائی

و فاضل مُحشی با مراجعه به صفحهٔ ۴۳ تا ۵۲ تاریخ نفت ایران، تألیف لکهارت کشف نمی فرمودند که

**برای بیمارانی که ترسیده‌اند مومیا می‌دهند و نیز از همین بیت مشخص است که مومیایی در شکسته‌بندی مورد استعمال داشته است (ص ۵۵۷).**

من و شما از کجا می دانستیم که مومیایی دوای ترس است و در شکسته‌بندی مورد استعمال. با بیت البته عوامانهٔ حافظ

مرا از شکستن چنان عار ناید که از ناکسان خواستن مومیایی

که کار حل نمی شد.

## ارزن یعنی ذرت

در مقولات «علم الحبوب» هم حواشی فاضل محترم مشتمل بر کشفیاتی ارزنده است و ابتکاری، مثلا:

**احتمال دارد گاورس درشت بجای ذرت بکار رفته باشد. موضوع قابل بررسی است (ص ۴۵۹).**

و این احتمال حیرت انگیز از این بیت نشأت گرفته است که

چون طبع به اشتها شود گرم گاورس درشت را کند نرم

همانکه ما ساده اندیشان تصور می کردیم منظور ارزن دیر هضم و ثقیل است.

## تحقیقات فنی ساختمانی

نظامی، در مقایسهٔ نور چشمان آدم و حوا با دیگر حیوانات، چون بسیاری از بزرگان روزگار «رفاه طلبیهای» فرزندان آدم را به انتقاد می گیرد:

جز آدمیان هر آنچه هستند بر شقهٔ قانعی نشستند...
آن آدمی است کز دلیری کفر آرد وقت نیم سیری
گر تر شودت به قطره‌ای بام در ابر زبان کشی به دشنام
ور زانکه چو سنگ تاب گیری خر سنگ در آفتاب گیری

و دو بیت واپسین را چنین معنی می کردند که تو آدمیزادهٔ پر مدعای غرغرو اگر هوا ابری باشد

و ببارد ابر زبان‌بسته را، به باد ناسزا می گیری که پشت‌بامم را خیساند و سقف اطاقم چکه کرد، و اگر هوا آفتابی باشد قلوه سنگ به طرف خورشید پرتاب می کنی که چرا می سوزانیم. وحال آنکه چنین نیست، مطابق آخرین کشفیات ساختمانی عهد عتیق:

**خر سنگ در آفتاب گرفتن: اشاره است به ساختن بام و سایه‌بان و خیمه و مأخوذ است از رسوم مربوط به زمان شاعر و خانه های قدیمی که در تابستان برای جلوگیری از گرما و نور آفتاب، سنگی بزرگ یا تشتی آهنین بر روی روزن خانه می گذاشتند و جلو آفتاب را می گرفتند (ص ۴۳۳).**

## استعارهٔ مکنیه

محقق محترم به اذهان ساده گیر و ساده اندیش امثال بنده تکانی داده است، وچه تکانی! سالها این بیت را در ماجرای دیوانه‌بازیهای مرحوم مجنون در خانهٔ کعبه می خواندیم که

از جای چو مار حلقه بر جست      در حلقهٔ زلف کعبه زد دست

و تصور می کردیم مولانا مجنون دست در ریشه های جامهٔ کعبه زده است، غافل از اینکه کار بدین سادگیها نیست، حوصله بگشایید و بخوانید و بدقت بخوانید:

**به شتاب وتندی چون مار حلقه از جای جست و حلقهٔ زلف کعبه را گرفت.**

**یادداشت: مناسبت زلف در معنی گیسو، با کعبه معلوم نیست. «زلف» به فتح اول به معنی منزلت و قدر و حتی نزدیکی و پیشی، «زلفه» به ضم اول پاره‌ای از اول شب و سیاهی رنگ آن و «زلف» به فتحتین در معنی سنگ همواره تابان، هیچیک، تعبیر قانع کننده‌ای به دست نمی دهند.**

**چنان به نظر می‌آید حلقهٔ در کعبه را به صورت زلف و گیسو و خود کعبه را همانند معشوق قابل پرستش در نظر داشته و استعارهٔ مکنیه‌ای به کار برده لیکن به لازم مستعارله هیچ نیندیشیده است (ص ۴۵۳).**

## نجاری لیلی خانم

قدیم و ندیم ها می گفتند فلانی از چوب برای خودش دشمن می تراشد و حتی شاعری عوام مسلک هم سروده بود: «فلک از برای شکست دل ما / گر از چوب باشد مخل می تراشد»، غافل از اینکه این تعبیر معنی زشتی دارد و ساختهٔ «بداخلاقان» زمانه و مچاچنگ دوستان روزگار است. باور ندارید؟ شرح این بیت را در وصف تنهایی و بی همدمی لیلی بخوانید که

گل را به سرشک می خراشید      از چوب حریف می تراشید

تا اولا بدانید لیلی خانم در حرمسرای ابن سلامِ مادرمرده چندان هم بیکار نبوده است که با در و دیوار حرف بزند، بلکه تیشه وارّه‌ای داشته، و **«به تراشیدن چوب بصورت معشوق خود را مشغول**

می کرده است» (ص ٤٦٨) و از این مهمتر چوبی که می تراشیده به شکل خود جناب مجنون نبوده است و به شکل بعض اعضای او بوده است، زیرا «**مصراع دوم دارای کنایات متعدد زشت و زیبا هست و همه به مرض سودا و بیماری روانی عشق ختم می شود**» (ص ٤٦٨). البته چون نظامی این قدرها هم بی ادب نیست که مضمونی بدین زشتی را در اشعارش بیاورد «**گمان می رود... بیت ۳۵ را به علت وجود ضعف تألیف و حذف ناروا در مصراع اول و کراهت معنی در مصراع دوم دیگران ساخته و پرداخته باشند**» (ص ٤٦٩)

به قول درباریان خاقان مغفور: بدا به حال دیگران.

## دلال محبت

مبادا تصور فرمایید سلامت فکر و طهارت روح محقق محترم منحصر به همین مورد است. خیر، ایشان در بسیاری موارد متوجه بی ادبیهای شیخ گنجوی بوده اند و کجرویهای طبع منحرفش که غالباً نکات ادبی را با مسائل جنسی می آمیخته است. اما با ظرافتی انصافاً دلنشین ذهن خواننده را متوجه مقوله فرموده اند بی آنکه قلم نازنینشان به قبایح کلام آلوده گردد.

مثلا آنجا که مجنونِ دهن دریده خبر مصالحهٔ مصلحتی نوفل جوانمرد را با قبیلهٔ لیلی شنید و سودای عشق چشم حیایش را فرو بست و

با نوفل تیغ زن بر آشفت      کای از تو رسیده جفت با جفت

مصحح محترم با تشریح خطاب مجنون که «**ناسزا و دشنامی زشت در آن نهفته است: ای دلال!**» (ص ٤٨٢) سر و ته قضیه را بهم می گیرد و به تقلید نوفلِ شمشیرزنِ متعصّب، دشنامی بدین قباحت را نادیده می انگارد و زیر سبیلی در می کند.

## وملایم سایه

این حُسن تعبیرها در سرتاسر کتاب موج می زند، نمونهٔ جاندارترش را بنگرید:

نظامی هم چون غالب سخنوران روزگار دلبستهٔ سخن و مدیحتگرِ هنرخویشتن است و به هر مناسبت به مفاخرات شاعرانه می پردازد، از جملهٔ در مقدمهٔ لیلی و مجنون:

شعر آب ز جویبار من یافت      آوازه به روزگار من یافت...
حاسد زقبول این روایی      ـ دور از من و تو ـ به ژاژخایی
چون سایه شده به پیش من پست      تعریض مرا گرفته در دست

و به پاداش همین خودستاییها بوده است که اجداد من و شما در طول قرنها تصور می کردند معنی

دو بیت اخیر این است که فلان شاعر از قبول طبع و رواج سخن من به درد حسد گرفتار شده و دور از روی من و شما سر به مزخرف گویی گذاشته است و با اینکه مثل سایه در برابر من خوار است، اینجا و آنجا نسبت به من و آثارم بدگویی می کند و نیش و کنایه می زند. و حال اینکه چنین نیست، معنی درست این است که مولانا استخراج فرموده اند:

**درپیش من اظهار بندگی و پستی می کند وبا اینهمه تعریض مرا ـ که در اشعار خود به کار برده ام ـ بر دست گرفته پیش بزرگان مملکت می برد تا مرا به خطر بیندازد.**

**نکته: در خود همین بیت دربارهٔ حاسد خود تعریضی به کاربرده است که قابل اثبات وذکر نیست وتنها می توان گفت از ملایمات «چون سایه» و«بردست گرفتن»، تعریضی قبیح، به گمان می آید؟**

**یادداشت ـ نظر از تعریض، کنایاتی است که در اشعار خود می سروده و به کار می برده و شاهد عینی آن در مخزن الاسرار و در مدح و خاکبوسی بهرامشاه به چشم می خورد که سرتاسر دارای صنعت ایهام ومحتمل الضدّین است و این موضوع دربارهٔ «شعر نظامی» مورد بحث قرار گرفته است.[۵]**

**برای مثال به بهرام شاه می گوید:**

**با فلک آن شب که نشینی به خوان — پیش من آور قدری استخوان**
**کاخر لاف سگیّت می زنم — دبدبهٔ بندگیت می زنم**

**کافی است کمی تأمل بشود که «سگیت» را «سگی تو» تعبیر کردن منطق وبرابر دستور زبان و آسان تر است یا «سگی من به تو از سگی خودم؟»**

**و کافیست برای لحظه ای با خود بیندیشد، استخوان پیش کیست وچه کسی می آورد و از کجا می آورد؟**

**امثال وشواهد این تعریضات استادانه فراوان است (ص ۴۱۵).**

ملاحظه فرمودید؟ مبادا تعریض البته قبیح «از ملایماتِ چون سایه و بر دست گرفت» و بی ادبیهای شاعر گنجوی، ذهنتان را از توجه به «سگ شدن» بهرام شاه باز دارد و از صنعت تعریضی که بر سرتاسر مخزن الاسرار سایه افکنده است. با مطالعهٔ کتاب حاضر خواننده پی می برد که نظامی گنجوی از آن انقلابیهای دو آتشه ای بوده است که در قرن ششم با همه نیرویش به جنگ شاهان و مستکبران می رفته و در حالی که اِقطاعِ مرحمتی شان را می پذیرفته و با کنیزک اعطایی شان عشرت می کرده، سگ و از سگ کمترشان می خوانده است و حضرات هم نه تنها به روی مبارک خود نمی آورده اند، که احیاناً دُمی هم می تکانده اند.

۵) ظاهراً در تاریخ ادبیاتی که روسها برای آذربایجان نوشته اند و با مهارت معتادِ ایدئولوژیکی ثابت کرده اند که نظامی از مخالفان سفت وسخت نظام سلطنتی بوده است و هوادار خلقهای فشرده وعاشق «جامعهٔ بی طبقهٔ توحیدی».

### ملاحظات مصلحت اندیشانه

از این قبیل ملاحظاتِ زمانه‌پسند و نظامی تبرئه کن در کتاب حاضر کم نیست، مثلاً:

**درآثار نظامی مشاهده می‌شود بی کلاهی مردان نیزمانند بی حجابی زنان امری ناپسند به شمار می‌آید (ص ٥٠٤)**

که به نیابت آن مرحوم باید سپاسگزار قلمِ موشکاف و ذهن موقع شناس استاد بود؛ بدین امید که در مجلدات بعدی نیز راجع به بدحجابی نکته هایی در کار آرند، بخصوص وقتی که به حساب «خسرو و شیرین» می رسند.

### نقد ادبی

امیدوارم دفاعیّاتی از این دست خوانندگان را به اشتباه نیفکند که مصحح محترم از طریق عدالت عدول فرموده اند. خیر، چنین نیست. در موارد بسیاری فاضلِ دقیق النّظر، ضمن رفع مشکلات، ایراداتی هم ــ البته وارد ــ بر کار نظامی گرفته است وپنبهٔ این شیخ گنجوی را نیز چنانکه باید زده است و مچش را چنانکه شاید گرفته. از آن جمله با خطِ ترقینی که بر سه بیت پیاپی کشیده است از مهارت کم نظیر خود درفن نقدالشعرپرده برداشته. ابیات مربوط است به بی سروسامانی مجنون و آوارگی اش در اطلال و دمن:

در جستن گنج رنج می برد — بی‌آنکه پیی به گنج می برد
شخصی ز قبیلهٔ بنی‌معد — بگذشت بر او چو طالع سعد
دیدش به کنارهٔ سرابی — افتاده خراب در خرابی

و اما انتقاد ادبی را بنگرید:

**ناگفته نماند که شاعر در ساختن این بیت... خود در تنگی وزن و قافیه افتاده است، در بیت ۳۹ «می برد» را بجای وجه التزامی «ببرد» بکار برده است و «بی‌آنکه به گنج دست یابد» را بصورت «بی‌آنکه به گنج پی می برد» آورده و در بیت ٤۰ بنی معد را درقافیه قرار داده وناچار برای آوردن «سعد» درمصراع دوم برای «گذشتن وآمدن کسی»، «گذشتن طالع» سعد را مشبه‌به ساخته است. در بیت ٤۱ نیزخراب در «خرابه‌ای» افتاده است به صورت «افتاده خراب به خرابی» تغییر یافته است که بحث پیش می‌آورد، زیرا خرابی با یاء مصدری با سرابی با یاء وحدت قافیه نمی‌شود (ص ٤٥٦ و٤٥٧).**

ملاحظه فرمودید با چه استادی بی همانندی بر بیتهای ۳۹، ٤۰ و ٤۱ داغ باطله زد. اگر می خواهید این سؤال مقدّر را مطرح کنید که آثار شاعری این همه غلط کار و بی مبالات آیا ارزش آن دارد که وقت و ذوق محقق عالیقدری چون ایشان را به خود مصروف سازد؟ به

خاطر داشته باشید که: سلیمان با چنان حشمت نظرها بود با مورش.

## بحث مستوفا

طول و تفصیلی که محقق گرانقدر با موشکافیهای عالمانه در شرح بعض ابیات می دهند و بحثهای البته مربوط و دقیق که مطرح می فرمایند باید در آینده سرمشق کار کسانی باشد که بحکم تنبلی از بسط مقال گریزانند، مثلا در موردی که نظامی با اشاره به محرومیتها و ممنوعیتهای زنان آن روزگار با ذکر این معترضه که

خنیاگر زن صریر دوک است      تیر آلت جعبهٔ ملوک است

به توصیف آه و نالهٔ لیلی می پردازد که چون تیر به آسمان بر می شد، و می گوید:

او دوک دو سر فکنده از چنگ      برداشته تیر یکسر آهنگ

و ما می پنداشتیم منظورش این است که غم عشق به لیلی جسارتی داده بود تا دوک و چرخهٔ نخ ریسی را رها کند و با تیر تیز ناله، مردانه به جنگ فلک رود؛ مؤلف محترم یک صفحهٔ ۴۰ سطری به توضیح پرداخته که:

**تیر یک سر آهنگ: ظ : تیری که یکسره آهنگ بود، ساز عشق! «لیلی دوک را که دوسر دارد از دست انداخته تیر یک سر آهنگ (عشق) را برگزیده».**

**یادداشت ـ «تیر یک سر آهنگ» مبهم و نامفهوم است.**

**وجود «خنیاگر» در بیت قبل و «سرآهنگ» در معانی مختلف آن و «تیر» در معنی «تار» و وضوح قراین حالیه برای «ساز زدن و آهنگ عشق نواختن» و اینکه مسلماً «تیر» در معنی مجازی به کار رفته است و مراد از آن «تیرکمان» نیست، تأویلات عجیب و غریب پیش می آورد و بی تردید شاعر عمداً ولیکن با قرائن موجود در کلام، معنایی خاص در بیت نهفته است که برای ما روشن نیست و نیازمند تجزیه و تحلیل همه جانبه است که مجال آن نیست و به طور خلاصه باید اشاره کرد که احتمالات زیر در ترکیب کلام قابل طرح است:**

**(۱) «یک سر=یکسر»: یکسره، بلاوقفه، تماماً. در این صورت «تیر» با دارا بودن صفت «یکسر آهنگ» معنی «تار»[۶] خواهد داشت وقرینهٔ این معنی نه تنها «یکسرآهنگ» و حاصل کلام است بلکه توجه به دو نکته در توضیحات صاحب فرهنگ آنندراج، نیز این گمان را تأیید می کند: ذیل «تیر» می نویسد: «و به معنی تار...» و ذیل «سرآهنگ» دریکی از موارد معنی آن می نویسد: «تار گنده باشد که بر سازها بکشند وآنرا تیر هم می گویند». در این صورت تعبیر بیت چنین خواهد بود: «دوک را بر زمین گذاشت و تیری را که یکسره آوازه وآهنگ بود برداشت یعنی سازرا بر دست گرفت وآهنگ**

۶) می گفتند در تنگنای قافیه خورشید خر [خَور] شود و باور نمی کردیم المنة لله که نمردیم و دیدیم چگونه «تیر» تبدیل به «تار» می شود آن هم «تاری» که می نوازندش، آن هم بدین کلفتی.

عشق نواخت».

(۳) آهنگ: در معانی فوق، نیت و قصد و نوا؟

تأویلات مربوط به معانی فوق، همه سست و بی معنی بنظر می رسد و فرض اینکه «تیریکسر» فاعل فعل «آهنگ برداشتن» بوده باشد: «تیریکسر عشق، آهنگ برداشته و قصد او کرده بود ناچار دوک دو سر را از چنگ افکند».؟ مستلزم تعبیر «آهنگ برداشتن» در معنی «آواز برداشتن» یا «قصد و نیت کردن» است (ص ٤٦٩ و ٤٧٠).

می دانم «شقیقه» را گرفته اید و در انتظار روزگاری هستید که مجال مناسبی برای «تجزیه و تحلیل همه جانبه» نصیب محقق دانشمند شود.

## تیغ و میغ

در توصیف جنگ نوفل با قبیلهٔ لیلی، نظامی اشارتی به خُل بازیهای مجنون دارد که یاران نوفل جانشان را به خطر انداخته و به هوای دل او با کسان لیلی می جنگیدند و عالی جناب بالای تپه رفته و دعای صلح می خواند و

گر شرم نیامدیش چون میغ     با لشکر خویشتن زدی تیغ

خواننده با مطالعهٔ بیت به یاد رعد و برق می افتد و ابر وارونه کاری که با شمشیر برقْ سینهٔ خود را می شکافد، و حال آنکه:

**میغ مشبه به است برای تیغ زدن به وجه شبه باریدن باران از ابر و باریدن خون از شمشیر و خنجر (ص ٤٨٠).**

و درست البته همین است. آخر قطره های باران به جای اینکه بر زمین فرود آید به آسمان برمی گردد و تن ابر بیعار را سوراخ سوراخ می کند.

## خاشاک ناخوش

پدر لیلی، بعد از آنکه در جنگ با نوفل شکست می خورد، عاجزانه در رکاب سردار فاتح می افتد و می نالد که حاضرم سر دخترم را ببرم اما او را به دیوانه ای مثل مجنون ندهم و در این زمینه با تمثیل به استدلال می پردازد که

سر سامی و ماه چون بود خوش؟     خاشاک و ــ نعوذ بالله ــ آتش؟

اما نه بدین معنی که آدم غشی و سرسامی با دیدن ماه نو میانه ای ندارد و خس و خاشاک با آتش در یک جا نگنجد، خیر. بدین معنی که

**پناه بر خدا، سرسامی اگر به ماه بنگرد همانند خاشاک و آتش است و هرگز خوش نیست (ص ٤٨٥)**

## غرابت استعمال

پیرزن غل و زنجیر بر دست و پای مجنون می نهد و به عنوان صدقه جمع کردن او را چون اسیری به قبیلهٔ لیلی می آورد، وقتی که مجنون به خیمهٔ لیلی نزدیک شد

چون بادی از آن چمن بر او جست　　بر خاک چمن چون سرو بنشست

که البته:

**جستن باد غرابت استعمال دارد و چنان بنظر می آورد که گفته: مجنون با شتاب وچون باد بر در لیلی یا بر بیوه‌زنی که بند بر دست داشت، برجست (ص ۴۹۳).**

## مجنون خودآزار

و بالأخره جناب مجنون که از «مازوخیست های» سرشناس عالم ادبیات است و بهترین نشئه‌ها را در خودآزاری دیده و چشیده و کشیده است، در برابر خیمهٔ معشوق شروع به درفشانی می کند که

چون شمع دلم فروغناک است　　گر باز بری سرم چه باک است

شمع از سر درد سر کشیدن　　به گردد وقت سر بریدن

اما نه بدین معنی که شمع چون اهل خودسوزی و خودآزاری است وقتی که با گُلگیر سرش را می برند جان تازه‌ای می یابد و نشاطی از سر می گیرد و به قول منوچهری: چون شود بیمار بهتر گردد از گردن زدن. قضیه بدین سادگیها نیست:

**از سر درد سرکشیدن، آسودن؟**

**یادداشت: ترکیب کلام مبهم است احتمال دارد «از سر» به کسر راء باشد درآن صورت کلام در حالت کلی به شکل زیر درمی آید:**

**از سر چیزی یا کاری آسودن: از اشتغال به آن کار آسودن.**

**دراین صورت کلمهٔ «سر» زاید است زیرا «از کاری یا چیزی آسودن» نیز همان معنی را دارد.**

**شاید «سرکشیدن» به معنی شعله زدن بوده باشد و درآن صورت «سردرد» به معنی مزاحمت و گرفتاری خواهد بود: «شمع هنگام سر بریدن از زحمت سرکشی می آساید» (ص ۴۹۳)**

## امانت عالمانه

از اینها مهمتر امانت مصحح فاضل است که در دو مورد بوضوح آشکار است، یکی ضبط نسخه بدلهای چاپ روسها که هر چه را نپسندیده‌اند مرخص فرموده‌اند، و چه کار

خداپسندانه ای. آخر چه ضرورتی دارد در چاپ انتقادی متنی از قرن ششم این همه نسخه بدلهای زایدی را که روسها زیر صفحات آورده اند نقل کنند و وقت خویش و خوانندگان را تلف. دیگری اصلاح اغلاطی است که قرار بوده است مرحوم وحید دستگردی یا متصدیان چاپ روسیه مرتکب شوند و متأسفانه نشده اند. مثلا در نسخهٔ روسیه آمده است.

محراب نماز بت‌پرستان قندیل سرای و شمع بستان

و نسخه بدلهایش نیز این است: در نسخهٔ ج: سرا، در نسخهٔ ح [بجای: و شمع]: جمع، و در نسخهٔ ر: و سرو.

اما همین بیت را مصحح فاضل به این صورت چاپ کرده اند:

محراب نماز بت‌پرستان قندیل [سرا و شمع] بستان

(منظورشان ازعبارت داخل [ ] این است که این صورت ابتکار من است و در هیچ نسخه ای نیست. رک: ص ۲۱) و در حاشیهٔ صفحه آورده اند: «ج: سر، ر: و سرو، مب [یعنی متن چاپ روسیه]: سرای شمع و». و در تعلیقات متن مرقوم فرموده اند:

**قندیل سرای شمع و بستان مضبوط متن باکو و همهٔ نسخ دیگر بی‌معنی بنظر می‌رسید با توجه به معنی تصحیح شد (ص ۲٦٤).**

همچنین، با ضبط بیت دیگری بدین صورت:

روزی دو به چابکی شکبید [پا در کشد] و پدر فریبد

و تذکر این نکته در حاشیه که در کلیهٔ نسخه‌ها، از جمله چاپ وحید دستگردی، به جای «پا در کشد» ترکیب نامفهوم «مادر کشد» بوده است و تأکید در تعلیقات که «پا در کشیدن اضطراراً ضبط و معنی شد» (ص ۵۰٦) خواننده را متوجه تصحیح قیاسی و ابتکاری خویش فرموده اند. حالا اگر در چاپ مرحوم وحید صریحاً «پا در کشد و پدر فریبد» آمده است، البته غلط چاپی است و باید «مادر کشد» می بوده باشد. فغان چها که درین روزگار باید و نیست.

نمونهٔ این امانت داریها بسیار است و ضبط موارد دیگر مایهٔ ملال خوانندگان. سرچشمه را دریابید.

# قاری مفلس اصفهانی

زیارت مقالهٔ استاد محیط طباطبائی مرا دستخوش حالت دوگانه‌ای کرده است. از یک سو پاس خاطر محیط است و حقّی که بر گردن فرهنگ معاصر دارد، و در دیگر سو حرمت خواجهٔ رندانِ جهان حافظ است، با منصب ملک القرّائیش و از آن بدتر فقر مزمن به گدایی کشیده‌اش، و رگ و ریشهٔ اصفهانی‌اش. بنده به حرمت استاد محیط و پیش کسوتی غیرقابل انکارش حاضرم در هر سه مورد سر تسلیم فرود آرم و کشفیّات حضرت استادی را بی هیچ بوک و مگری قبول کنم که: نه تنها خود حافظ همه عمر فقیر و محتاج کفِ نان بوده است که نوکرش هم فقیر بوده، پیشخدمتش هم فقیر بوده، دربان و باغبان منزلش هم فقیر بوده، آنهم چه فقری که مسلمان نشود کافر نبیند. دربارهٔ ریشهٔ اصفهانی خواجهٔ شیراز هم دربست قبول دارم که خود خواجه هم محصول اصفهان است و از طایفه ساداتِ مکرّم زواره. دربارهٔ قاری بودن خواجه و ریاستش بر صنف قاریان هم حاضرم سندی به امضای اموات قرن هفتم برسانم که صدای ترتیل خواجه یارِ شب اول قبرشان بوده است؛ و به شیوهٔ تاریخ نویسان معاصر ثابت کنم که کار حافظ در بزم شیخ ابو اسحاق ـ شاه البته زاهدِ گریزان از می و مطرب[1] ـ منحصراً قرائت آیات مبارکه قرآن

۱) اینکه همان دولتشاه مورد قبول حضرت استادی نوشته است که شاه شیخ ابو اسحاق اهل لهو و لعب بود و بزم طرب، و حتی هنگامی که مبارزالدین شیراز را محاصره کرده بود او را بر پشت بام قصر بردند تا بفهمد در چه وضعی است و او با دیدن سپاه مهاجم مستانه خندید که «عجب ابله مردکی است محمد مظفر که در چنین نوبهاری خود را و ما را از عیش و خوشدلی دور می گرداند»، البته بی جاست.

بوده است، و اصلا امیر مبارزالدین به عشق استماع ترتیل حافظ از یزد لشکر کشیده و به شیراز آمده و بعد از فتح شهر حافظ را مشیر و مشار سلطنت کرده است[۲]؛ و ایضاً ثابت کنم که پسران امیر مبارز از اجلهٔ زاهدان عصر خود بودند و جلسهٔ سه روزه‌ای که در نخجوان بر پا کرده بودند جلسهٔ مسابقهٔ قرائت قرآن بوده،[۳] و شاه شجاع هم در شیراز همه کارش منحصر به این بوده که از بوق صبح تا دل شب بنشیند و گوش جان به یاسین خوانی حافظ بسپارد. و حاضرم پای این اعترافنامهٔ تاریخی مهر تأییدی از اشعار خود خواجه بزنم که «این گوش پر از زمزمهٔ چنگ و رباب است» یعنی از بس در مجالس ختم شرکت کردم خسته شدم، و از «غزل‌سرایی ناهید صرفه‌ای نبرد/ در آن مقام که حافظ برآورد آواز» منظورش همخوانی با قاری دیگر زمانش ملاّ ناهید بوده است در خواندن الرحمن و شنیدن فبایّ آلاء ربّکما تکذبان.

بله قول می دهم از همین الساعه به شیوهٔ محققان زمانه همهٔ نیرویم را صرف اثبات این واقعیات تاریخی کنم و رفع این شبهه که در قرن هشتم لقب حافظی چیزی بوده است از مقولهٔ «کلاسهای ژیمناستیک» و «آموزش سرودهای انقلابی» و بالأخره «ماء الشعیر» روزگار ما. آری، همهٔ اینها را حاضرم بپذیرم و ثابت کنم. اما با همه حرمتی که به استاد می گذارم حاضر نیستم قبول کنم که قصیده‌ای بدان بی رمقی اثر طبع خواجه باشد، زیرا از عواقبش بیمناکم. همین فردا است که فلان ناشر تُنُک مایه یا فلان محقّق آماده خور، دیوان حافظی چاپ کند و این قصیدهٔ سست بی ارزش را به استناد تصدیق حضرت استادی در آن بچپاند و همان بلایی بر سر دیوان خواجهٔ شیراز آرد که در چهارصد پانصد سال گذشته ناسخان بی دقت و ناشران حجم پسند و احیاناً دایه های دلسوزتر از مادر آورده اند.

ملاحظهٔ همین دقیقهٔ سکوت شکن مرا با همهٔ ارج و حرمتی که برای محیط قائلم به نوشتن وامی دارد. جناب استادی برای اثبات مطلبی که در مصاحبه‌ای بر زبان

۲) و حافظ هم بهترین مدیحه ها را درباب جناب مبارزی سرود که از آن جمله است: «اگرچه باده فرح بخش وباد گلبیزاست».

۳) امیر مبارز دو پسر خود را به دنبال فراریان فرستاد و آنها تا نخجوان رفتند ولی به لشکریان فراری نرسیدند و سه روز در نخجوان مانده به عیش و عشرت پرداختند. امیر مبارز با شنیدن خبر مجلس بزم پسران را دشنام داده و به مرگ تهدید کرد (تاریخ عصر حافظ، دکترغنی، ص ۱۵۴)

شریفشان رفته است و حافظ را گرفتار فقر مکبّ دانسته اند، متوسل به دو قطعه شده اند که انتساب یکی بسیار بعید است و دیگری مطلقاً نامعقول. یکی قطعهٔ غزل‌شکل «کارم ز دور چرخ به سامان نمی رسد» و دیگری قصیدهٔ نااستوار «مرا دلیست پریشان ز غصه مالامال».

اگر قرار بود این نامه را مستقیماً برای حضرت محیط بفرستم به همینجا خاتمه‌اش می دادم که: این دو شعر و بخصوص آن قصیده به سبک حافظ نمی خورَد. اما چه کنم که مطلب در مجلهٔ پر خواننده‌ای منتشر شده و مرا ناچار کرده است در همان سطح به پاسخ‌گویی برخیزم؛ و با احتمال اینکه در جمع خوانندگان مجله باشند جوانان دانشجویی که به خواندن پرت و پلاهای بنده رغبتی نمایند، چاره‌ای ندارم جز بتفصیل نوشتن و ذکر مقدمه ای ناگزیر.

ببینید، اگر شما سالها با کسی محشور باشید، با شنیدن صدای او از پشت دیواری یا در گوشی تلفنی بلافاصله می شناسیدش و گرچه خود را معرفی نکرده باشد. بندرت پیدا می شوند تقلیدگران هنرمندی که با مهارت خویش دیگران را به اشتباه اندازند، و در این صورت هم اگر در مرحلهٔ اول موفق شوند و خود را بجای دوستی دیرینه جا بزنند بعد از ردّ و بدل شدن چند جمله و چند مطلب معهود، خیلی خِنگی می خواهد که شخص، غریبه را از یار دیرینه تمیز ندهد.

همین وضع در عالم ادبیات و بخصوص شعر حکم فرماست. سبک بیان در حکم طنین صدای شخص غایب است و مضمون سخن و جوهر اندیشه در حکم مسائل مشترک و معهود بین دو طرف.

کسی که با سبک سخن حافظ آشنا باشد، اگر همین فردا در فلان گوشهٔ جهان نسخه ای پیدا شد به خط و امضای شمس الدین محمد حافظ و در آن نسخه غزلی بود از قبیل «دلبر جانان من برده دل و جان من»، چین تمسخری بر گوشهٔ لب می نشاند و با قوّت قلب اعلام می کند که یا نسخه مجعول است و از قبیل «کاپوسنامهٔ» فرای، یا حافظ این ابیات را به عنوان مزخرفات رایج عهدش در گوشهٔ نسخه ای یادداشت کرده بوده است.

کسی که با مطالعهٔ مداوم مثنوی و غزلیات شمس با جوهر فکر مولوی آشنا باشد اگر

درمعتبرترین نسخه‌های دیوان شمس بدین غزل برخورَد که «روزها فکرمن این است و همه شب سخنم» و بعلت شباهت لفظی نتواند درنخستین بیت به انتساب نادرست آن پی برد، با خواندن بیت دوم که «از کجا آمده‌ام آمدنم بهر چه بود / به کجا می روم آخر ننمایی وطنم» نفس راحتی خواهد کشید و قلم ابطالی بر سر تا پای غزل، که جایش در دیوان شمس نیست. مردی که با نعرهٔ «هر نفس آواز عشق می رسد از چپ و راست» با اطمینانی زاییدهٔ ایمان صلا در جهان داده که «ما بفلك بوده‌ایم یار ملک بوده‌ایم / باز همانجا رویم خواجه که آن جای ماست». محال است مشغلهٔ شب و روزش از کجا آمدم باشد و به کجا می روم.

***

با این مقدمه که مفصل هم شد می رسیم به حلاجی قصیده‌ای که حضرت استادی به دلالت نسخهٔ مورخ ۱۰۵۳ از حافظ دانسته و با حکم «فقدان آن را در نسخه‌های قدیمی تر دیوان دلیل عدم انتساب به حافظ نباید شمرد» و با استدلال بدینکه «مطالب قصیده موضوعاتی را تأیید می کند که دربارهٔ دوران غیبت و توقّف دو سالهٔ حافظ از شیراز دربرخی ازغزلیات دیگر او به نظر میرسد»، راه هر احتجاجی را بسته اند. قصیده با مطلع نیمه جانی شروع می شود که:

مرا دلیست پریشان ز غصه مالامال چنانکه هیچ کسم نیست واقف احوال

بگذریم از ترکیب شُل مصراع اول که اگر شاطرعباس صبوحی هم می خواست می توانست بجای «پریشان زغصه» صفت مرکب یا ترکیب مطبوع تری بگذارد، بفرمایید ببینم میان دو مصراع چه رابطه ای برقرار است و این کلمهٔ «چنانکه» در این وسط چه نقشی دارد؟ اگر در مصراع اول مطلبی مطرح کرده بود ازاین قبیل که: با لب خندان دل پر خونی دارم، یا با جیب خالی پُزَم عالی است یا: مرا دلیست پریشان و ظاهری خوشحال، آنوقت احتمال می رفت کلمهٔ «چنانکه» موردی پیدا کند. بگذریم ازتوضیح واضحات که آشنایان با دستور زبان را اشارتی کافی است. وانگهی اگربنا باشد درمورد هر بیت چند سطر بنویسم دست خویش و ذهن خواننده را خسته خواهم کرد؛ برویم به سراغ بیت بعدی:

شکسته خاطرم و تنگدل چو حلقهٔ میم خمیده پشت جفا دیده گاه غصه چو دال

گیرم از واو عطف مصراع اول گذشتیم و شکسته خاطر را جملهٔ مستقلی دانستیم و از تشبیه به حلقهٔ میم معافش کردیم، تکلیفمان چیست با «دال» جفا دیده و از آن بالاتر با قید محدود کنندهٔ «گاه غصه»؟. هر آدمیزاده‌ای گاه غصه ملول است چه ربطی به غم مزمن دایمی دارد؟

اجازه فرمایید مختصر کنم و به ذکر چند بیتی اکتفا که:

بداد آب رخم را به باد آتش غم          کنون ز غصه ایام شد حمیده خصال

می دانم از خواندن این بیت بمناسبت «آب رخ» به یاد بیت دیگری افتاده اید که:

سینه گو آتش آتشکدهٔ فارس بکش          دیده گو آب رخ دجلهٔ بغداد ببر

دریغ است با تشریح و تفصیل بی جا حال خوشتان را ناخوش کنم، و با شرح تأثیر «غصهٔ ایام» که «آب رخ» یا خود «رخ» را حمیده خصال می کند، در پیچ و خم تغییرات شیمیایی و فیزیولوژی گرفتارتان دارم. سنجش بیت را بر عهده ذوق شما می گذارم و بسراغ بیت بعدی می روم که:

مرا قد چو الف راست بود تا غایت          کنون ز غصهٔ دوران ز ناله همچون نال

صرف نظر از «تا غایت» محدود کنندهٔ دماغ آزار، چه رابطه ای می تواند میان ناله و قد، و از آن بی معنی تر نال و خمیدگی، باشد. غیر از این است که ناظم ناپخته طبع بی استعدادی خواسته است با استفاده از صنایع بدیعی از ناله و نال جناس مطرّف بی موردی بسازد و شوق صنعتگری وادارش به حذف فعل بی قرینه کرده است. یک بیت دیگر بخوانیم و قصه کوتاه کنیم:

فتاده سر به کمندم اسیر و پا در بند          به دست انده دوران بی‌وفا چو غزال

من که اگر هنوز معلم بودم و کودن‌ترین شاگرد کلاسم به عنوان کاری مقدماتی همچو بیتی می گفت گوشش را می کشیدم و می گفتم دویست هزار بار[!] از روی همین بیت بنویسد تا مثل غزال «به دست انده دوران افتاده» هوس شعر و شاعریش فراموش گردد، که این گنه را آن عقوبت همچنان بسیار نیست.

قرار بود بحث را کوتاه کنیم، اما هوسِ دبّه به سرم زد، دریغ است از ابیاتی که «موضوعاتی را تأیید می کند» صرف نظر کنیم، بفرمایید:

ز ملک خویش به غربت فتاده‌ام زینسان          که نیستم به جهان یک درم ز مال و منال

غریب و مفلس و محتاج در چنین شهری　　به هیچ نوع ندارم ز خلق روی سؤال

و بالأخره باید کاسهٔ گدایی به کجا برم؟ به حضرتِ

جناب آصف دوران جلال دولت و دین　　که در جهان نه بدو هست کس نظیر و مثال

با قاطعیت عرض می کنم اگر مخاطب این قصیده ـ چنانکه حضرت استادی مسلّم پنداشته اند ـ همان جلال الدین تورانشاهی بوده باشد که مذاق جانش با چاشنی سخن حافظ خو گرفته است، دقیقاً با شنیدن همین بیت و ترکیب مبتذلِ «نه بدو هست کس نظیر و مثال» دستور می داد شاعر کج طبع بی سلیقه را با پس گردنی از دربار و دیوانش بیرون اندازند و اجازه نمی داد با خواندن بیت بعدی بر انقلاب حالش بیفزاید که:

به مدح سرور دوران چگونه بگشایم　　لب از سراچهٔ فکرت چو نیستیش مثال

بگذریم از مضمون حقارت آمیز و سؤال گداما‌بانه ای که خلاف شیوهٔ حافظ است و حسن طلب های لبریز از مناعت و ظرافتش که «وظیفه گر برسد مصرفش گل است و نبید» یا «چاره آن است که سجاده به می بفروشیم» یا «که رفت موسم و حافظ هنوز می نچشید»، و بگذریم از اینکه حافظ در شهر یزد دوستان و دوستدارانی داشته است، که قطعاً نمی گذاشته اند به نحوی «غریب و مفلس و محتاج» گردد که مجبور شود «لب از سراچهٔ فکرت بگشاید» و در مدح سروری که «نیستیش مثال» داد سخن دهد و تازه از هیچکس هم روی سؤال نداشته باشد. مضمون و محتوی را نادیده می گیریم، صورت ظاهر قصیده هیچ شباهتی به سبک بیان حافظ ندارد و با هزار من سریشم هم به دامن طبع توانای او نمی چسبد.

ممکن است در این ایام فرخنده فرجامی که هدفْ توجیه گر وسایل است و فلسفه خواندگانِ به «کلام» گراییدهٔ زمان برای اثبات نظرات البته حقیقت‌جویانهٔ خویش و اسکات مدعیان همهٔ شیوه های کلامی رابه کار می گیرند، و بر هر چه با معتقداتشان نسازد داغ باطله می زنند به دعوی برخیزند که: از کجا معلوم این شعر هم از حافظ نباشد؛ درست است که شعری شل و وارفته است، اما چه معلوم که محصول دوران جوانی و از سیاه مشقهای آغاز شاعری خواجه نباشد؟ در پاسخشان عرض می کنم اولاً اگر حافظ در جوانی همچون مهملاتی می سرود دیگر نمی توانست حافظ باشد، مگر ضرب المثل قدیمی را نشنیده اید که «خیار از دو برگه اش پیداست». ثانیاً این قصیده نمی تواند مربوط به دوران جوانی حافظ باشد. این قصیده به فتوای استاد محیط خطاب به جلال الدین تورانشاه گفته شده است آنهم در ایامی که حافظ از وطن مأنوسش جدا افتاده بوده است، درمیان یزدیان هنرناشناسِ آن دوره.

سفر حافظ به یزد در دورهٔ شاه شیخ ابواسحاق نبوده است، زیرا در آن وقت پادشاه یزد عالی جنابی بوده به نام امیر مبارزالدین محمد که از او منفورتری در نظر حافظ و در دیوان حافظ نمی توان یافت. پس اگر به فرض محال این شعر از حافظ باشد تاریخ سرودنش به هرحال بعد از این قصیده است که:

سپیده دم که صبا بوی لطف جان گیرد...[٤]

و بعد از تابلو پرطراوتی از این قبیل که:

هوا ز نکهت گل در چمن تتق بندد　　چمن ز لطف هوا نکته بر جنان گیرد

و بعد از تصویر پویای جانداری ازین دست که:

نوای چنگ بدانسان زند صلای صبوح　　که پیر صومعه راه در مغان گیرد

شاعری که همچو ابیاتی بروانی آب از چشمه‌سار طبعش روان گشته چگونه می تواند دو سه سال بعد بگوید:

زوال باد همیشه به قرب اعدایت　　مباد منصب و جاه ترا نشان زوال

باز هم اجازه دهید راه ایراد مقدّری را ببندم بر گوشه‌نشینان تماشاگری که شاهد سقوط بعضی از شیرین سخنان زمانه بوده‌اند و سر به یاوه‌سرایی گذاشتن هایشان. اینان ممکن است به دعوی برخیزند که «حافظ هم سرانجامش بدینجا کشیده است». بندرت پیدا میشوند شاعرانی که با ترقیِ معکوس ــ چون بعضی تحفه های آخرالزمان ــ سرپیری به معرکه‌گیری افتند و بجای آنکه محصول طبعشان پخته‌تر و سخته‌تر گردد سر به یاوه‌سرایی بگذارند، مگر آنکه دیوانهٔ شهوت شهرت باشند و هوس مطرح شدن، که در این مورد هم هیچ تذکره‌نویسِ خیالبافی اشارتی به جنون آخر عمر حافظ نکرده است؛ وانگهی در آن دور و زمانه تلویزیون و مطبوعاتی نبوده است که آدمیزادهٔ یاوه‌گو از دیدن عکس و تفصیلات خویش لذت برد و بخواهد شمع هر محفلی و نُقل هر مجلسی باشد و گر چه به شیوهٔ برادر ــ البته سنجیده کارِ ــ مرحوم حاتم طایی.

این شعر به ادعای استاد محیط درست محصول همان سال و همان ایامی است که حافظ در یزد بوده است و از اقامت در آن ولایت دلزده. خوشبختانه دو غزل در دیوان خواجه است که به اتفاق مورخان و اهل ادب حاصل همین روزگار است. یکی به مطلع

٤) ابیات حافظ را از حافظه نقل کرده‌ام، اگر تغییر و تحریفی رخ داده باشد گناه من است، و گویم این نیزنهم برسرآنهای دگر.

«نماز شام غریبان چو مویه پردازم» با ابیات دلنشینی از این دست که:

به یاد یار و دیار آنچنان بگریم زار	که از جهان ره و رسم سفر براندازم[۴]

و با مقطعی بدین دلربایی و تأمل انگیزی که:

ز چنگ زهره شنیدم که صبحدم می گفت	غلام حافظ خوش لهجهٔ خوش آوازم

و دیگر غزلی با مطلع:

خرّم آن روز کزین منزل ویران بروم	راحت جان طلبم وز پی جانان بروم
گرچه دانم که بجایی نبرد راه غریب	من به بوی خوش آن زلف پریشان بروم
چون صبا با تن بیمار و دل بی طاقت	به هواداری آن سرو خرامان بروم
دلم از وحشت زندان سکندر بگرفت	رخت بر بندم و تا ملک سلیمان بروم
به هواداری او ذره صفت رقص کنان	تا لب چشمهٔ خورشید درخشان بروم

(معذرت می خواهم از خوانندگان که دامن اختیار از کفم رفت و بخلاف شیوهٔ معهود خویش بجای نقل مصراعی، به بیتها پرداختم، این کار کارِ عشق است و ربطی به اختصار و ایجاز و اطناب ندارد، وانگهی چه عیبی دارد در پایان نوشتهٔ ملال آور من چند بیتی از خواجه بخوانید و در زلال طبع حافظی دل و جانی از کدورتهای زمانه صفا دهید)، و بالأخره با حسن طلبی از این گونه که:

ور چو حافظ نبرم ره ز بیابان بیرون	همره کوکبهٔ آصفِ دوران بروم

آری، گویندهٔ ابیاتی بدین فخامت و لطف اگر ده شبانه‌روز هم زور بزند نمی تواند بیتی بدین سستی و ابتذال بسراید که:

جناب آصف دوران جلال دولت و دین	که در جهان نه بدو هست‌کس نظیر و مثال

***

استاد محیط، نمی خواهم به محاجه با جنابعالی برخیزم که خواجهٔ شیرازی، گرفتار فقر دایمی مزمنی که می فرمایید نبوده است و کاربی نواییش بدانجا نکشیده است که برای پی پاره‌ای از استخوانی خود را به سگ تشبیه کند و در آستان بزرگان زمانه دُم بتکاند. مرد متعیّنی که حریف حجره و گرمابهٔ شیخ ابواسحاق بوده و شمع محفل صاحب دولت قوی حالی چون حاجی قوام و رفیق ادبی سلطان دست و دل گشاده‌ای چون شاه شجاع و مرشد و مراد شاهانی چون منصور و یحیی، قطعاً کارش بدانجا نرسیده است که سر بی شامی بر

زمین نهد و شرمندهٔ زن و فرزند باشد. احساس دست تنگی های خواجه برای بذل و بخششهای بلند نظرانهٔ بی دریغش بوده است که: «شاهدان در جلوه و من شرمسار کیسه ام»؛ گیرم در سه چهار سالهٔ حکومت مبارزی، مردْ به حکم معتقدات دینی و الزامات انسانیش با دربار ترک مراوده کرده و در صف مخالفان حکومتِ جهل و جنون درآمده و طبعاً از راتبه و وظیفه محروم مانده باشد، خاطر مبارکتان جمع باشد که لذّت این محرومیتِ انتخابی را حاضر نبوده است با جهانی سیم و زر برابر نهد، وانگهی مردم شعر دوست شیراز که نمرده و مثل بعض ابنای زمان ما بَه‌بَه گویِ خشک و خالی نبوده‌اند، و شیراز محدودِ آن روزگار هم چون تهران ده میلیونی ولنگ و واز امروزه نبوده است که کسی را از کسی خبر نباشد، آنهم از شاعر برجستهٔ نام‌آوری چون حافظ که شهرت او بر بال توانای اشعارش نه تنها در بسیط زمین که به اوج آسمان می رفته. در همچو محیطی با چونان مردمی غم حافظ، غم نان نبوده است، غمی داشته است بالا تر از اینها، غمی برخاسته از جهل خلایق و مواعظ ریاآلود شریعت فروشانی که قرآن محبوبش را دام تزویر کرده‌اند و قساوت مرد خونخواره‌ای که از بریدن سرها و پاشاندن خانمانها لذت می برد. غم حافظ ازین گونه است، غمی مقدس.

با اینهمه کوتاه می آیم و همهٔ کشفیاتِ ـ مثل همیشه بدیع و البته ارزندهٔ ـ جنابعالی را مسلّم می گیرم و قبول می کنم که حافظ هر چه می فرمایید بوده است، گدا بوده است، به نان شب محتاج بوده است، قرآن‌خوانِ سر مزار بوده است، حجره‌دار بازارچهٔ اصفهان بوده است، اما گویندهٔ قصیده‌ای که شاهد آورده‌اید نبوده است و نمی تواند باشد.

(مجله نشردانش ، ۱۳۶۶)

# چنان قحط سالی

دوست و همشهری عزیز*

چهارمین دفتر حافظ شناسی را خواندم و بر پشتکارتان آفرین گفتم، مطالبش از سه دفتر قبلی بهتر بود و امیدوارم درین روزگارِ ته کشیدن همتها از سیر تعالی باز نمانید.

اما نکته ای چند به نظرم آمد که شاید طرحش مدد بخش جنابعالی باشد در راه دشواری که سخت کوشانه پیش گرفته اید: این جلد حافظ شناسی با ترجمهٔ مقاله ای شروع شده بود از پروفسوری بلژیکی دربارهٔ اشارات حافظ به اسطوره ها و تاریخ ایران باستان. با شرح دو صفحه و نیمه ای که در توصیف جلالت قدر نویسنده داده و مقاله را ـ بی توجه به سرنوشت تخته و تابوت ـ دو دستی برداشته بودید، مشتاقانه شروع به خواندنش کردم؛ و بسوخت دیده ز حیرت که این چه بلعجبی است. مقاله چیزکی بود از مقوله کارهائی که اغلب فرنگان در زمینه فرهنگ و ادبیات ما کرده اند و می‌کنند، و در حدّ خود برای دانشجویان بلژیکی که احیاناً هوای آشنائی با حافظ به سرشان زده باشد احتمالاً مفید است. اما ترجمهٔ آن به فارسی و چاپش در صدر مجموعهٔ حافظ شناسی آنهم با آب و تابی چنان، ظاهراً دهن کجی رندانه ای بود به حافظ خوانان ایرنی، تا چه رسد به حافظ شناسانمان.

عزیز من، آشنائی با زبان حافظ و مولوی ـ علاوه بر داشتن درجهٔ دکتری از فلان دانشگاه

*نامه ای خطاب به آقای سعید نیاز کرمانی که مجموعهٔ «حافظ شناسی» را در تهران منتشر می‌کنند.

و دانشیاری در فلان مدرسه و پروفسوری در فلان دانشکده– یک شرط لازم دارد و آن آشنائی مستقیم با فرهنگ فارسی و معارف ایرانی است باضافهٔ دو مثقالی ذوق سلیم. باید ایرانی باشی و در آب و هوای این «اقلیم همه چیز پرور» زیسته و بالیده و خون خورده و خامش نشسته باشی تا بتوانی جان کلام حافظ را درک کنی و با جزر و مدهای دیوان شمس آشنا شوی.

درین راهِ آسان‌نمایِ سراسر خطر کمیت کسانی چون «سودی» لنگ است که بهر حال شرقی است و مسلمان و پرورش یافتهٔ خلافت عثمانی و به حکم همجواری آشنای با معارف ایرانی، تا چه رسد به فلان محقق هلندی و بلژیکی و سوئدی.

گیریم این پروفسور صاحب کمال بلژیکی مقاله ای نوشت برای دانشجویان هم‌وطن و دست بالا خوانندگان فرانسوی‌زبانِ اروپا. ترجمه و چاپ آن مقاله در ایران چه داعیه‌ای دارد و چه مشکلی می‌گشاید و چه بر شأن حافظ و حافظ خوانان ایرانی می افزاید؟ نکند دم فروبستن و به زاویهٔ عزلت خزیدن اهل تحقیق تا این حدّ مؤثر افتاده و زمین را خالی از حجت کرده است که مجبور شده اید یا به تکرار حرفهای گذشته روی آرید یا هرچه را از هر جا برسد درین تنگیِ عرضه و فزونیِ تقاضا غنیمت دانید و فریاد هذا ماء الجنة بردارید؟ یا اینکه خدای ناخواسته انگیزه‌تان در ترجمه و نشر چونین نوشته هائی عقدهٔ ملعون حقارت است و برتر پنداشتن فرنگان در همه زمینه های مادی و معنوی؟ مگر غزل حافظ اشعهٔ لیزر و موشکهای سام چند و سفینه های فضاپیماست که تمدن غربی به عمقش رسیده است و ما از اولِ وصفش هم ده کوچه عقب‌تر افتاده‌ایم؟. نکند این محقق بلژیکی در اوج ساده‌طبعی فریب محققان معاصر خودمان را خورده است که اصرار دارند از حافظ یک عدد موبد تمام عیاری بسازند که با همه نیرویش هوادار مزدیسنا است و مبلّغ کیش زردهشتی، و با هزار و یک دلیلِ هپروتی ثابت می‌کنند که رند شیرازی فرمانده یکی از این خانه های تیمی بوده است که جوانان افراطی آن روزگاران برای احیا و توسعهٔ مذهب مهرپرستی مخفیانه دایر کرده بودند و منظورش از پیالهٔ در آستین مرقع نهفته بمب و نارنجک بر کمر بسته است.

کشف مطلبی بدین اهمیت و البته دقت که حافظ به ایران قبل از اسلام «تخمیناً در حدود بین ۱۳۲۵ تا ۱۳۹۰» اشاره دارد، عجب موضوع حیاتی بدیعی است. کدامین شاعرِ صوفی یا صوفی‌نمای ایرانی را می‌شناسید که در دیوانش صدها و هزارها بار کلمات– سمبلیکی از قبیل خرابات و پیر مغان و مغبچه و دیر و میخانه و... نیامده باشد؟ بکارگرفتن اسامی قهرمانان

اسطوره ای از قبیل جمشید و رستم و بهرام و... مگر منحصر به حافظ است؟.
نکند جناب پروفسور ملت ایران را با مردم مصر و الجزایر و مراکش و حتی سوریه از یک مقوله پنداشته است که با قبول اسلام یکباره از زبان و فرهنگ و همه علائق و سنن دیرینه خود گسستند و صد درجه از یعرب بن قحطان هم عرب مآب تر شدند، و بر اساس چونین تصوّری تعجب کرده است که چگونه در دیوان حافظِ مسلمان کلماتی از قبیل پیر مغان و آتشکدهٔ فارس و آتش زرتشت به چشم می‌خورد و یاد بزرگانی چون جم و بهرام و رستم و دستان زنده مانده است.. ظاهراً چند ماهی که این استاد گرامی برای تکمیل مطالعاتشان در دانشگاه تهران بسر برده اند بحث های مدرسی و تتبعات کتابخانه ای وقتی برایشان باقی نگذاشته بوده است تا با خانواده های ایرانی حشر و نشری داشته باشند و با جمشیدها و کیومرث ها و پرویزها و سودابه ها و رودابه ها آشنا شوند. احتمالاً در آن دوران کوتاه اقامت گذارشان به روستاهای این سرزمین پهناور نیفتاده است تا مقارن غروب آفتاب و روشن کردن چراغ گردسوز زمزمهٔ السلام علیک یا شاه‌چراغ به گوششان خورده باشد. و ظاهراً بحکم بعض ملاحظات مذهبی شاهد دسته های عزاداری و تعزیه خوانی نبوده اند تا شبیه امامان و اهل بیت طهارت را در لباس روحانیت ایرانی یعنی عمامه سبز و عبای سیاه ببینند و شبیه شمر و سنان و حرمله و خولی را با کفیه و عقال عربی.
نکند جناب پروفسور فریب فتوای حجة الاسلام غزالی را خورده اند که ـ به عنوان متولّی و مدرّس نظامیهٔ بغداد و نظریه‌پرداز حکومتِ تعصب آلودهٔ ترکان سلجوقی ـ رعایت مراسم نوروزی را از معاصی می‌شمرد و حتی روشن کردن چراغ را هم در شب تحویل سال مکروه می‌داند و دستور صادر می‌فرماید که «نوروز و سده باید که مندرس شود و کسی نام آن نبرد» [1] غافل ازین واقعیت که اینها محصول دوران سیاست بازی فقیه طوسی است (و چه اندکند

۱ـ و نفوذ حکم حجة الاسلام را اگر مجالی وسیع و وقتی ضایع کردنی دارید به کتابهای تاریخ نظری بیفکنید تا ببینید چگونه از سواحل دجله و فرات تا آنسوی سیحون و جیحون با چه تشریفاتی ملت مسلمان ایران به استقبال نوروز می‌رفته اند. اگر المنتظم ابن جوزی در دسترستان نیست، «فرار از مدرسه» آقای زرین کوب را بگشایید و در آنجا بخوانید: «در همین سال که ابوحامد (غزالی) به بغداد آمد ملکشاه که... همراه موکبی باشکوه... تا صفر سال بعد در آنجا بود جشن سده را با جلال و شکوه بی نظیر در بغداد برپا کرد... در این آئین سده شمعها و مشعل های زیادی که درون زورقها افروخته بودند دجله را شب هنگام جلوه‌ای تمام داده بود. در دو جانب رود بازیهای گونه گون و نمایشهای بسیار انجام شد که خواجه طوسی با مهتران دولت، باشکوه و جلالی خیره کننده در تمام این مراسم شرکت کردند (ص ۵۵)».

مسندنشینان سیاست‌پیشه‌ای که به ندای دل خود تمکین کنند). شاهدش سرانجام او، که پشت‌پا به دنیا و اهل دنیازدن و بر سر «مشهدِ ابراهیم» عهدِ پرهیز بستنش عکس‌العمل همین فتواها و همین عرب‌پسندی هاست[۲].

نکند فریب تقیّهٔ صاحب‌بن‌عبّاد را خورده‌اند که در آینه نمی‌نگریست تا قیافهٔ عجمی نبیند؛ و از حال و هوای دربار بنی‌عباس غافل مانده‌اند و سرنوشت شومی که نصیب خاندان برمک شد و توطئه پرونده‌سازان خلفای عرب برای کشف بتهای زرین و سیمین از پستوی سرایشان.

درین صورت می‌خواهم با کمال ادب و تواضع به محضر این استاد بزرگوار بلژیکی که به هر حال علاقه‌ای به فرهنگ ما دارند و عمری صرف شناخت حافظ کرده‌اند عرض کنم که سعادت قبول اسلام از آن رو نصیب ایرانیان شد که موبدان دنیاپرستِ اواخر عهد ساسانی به نام دیانت زردشتی زندگی را بر مردم تنگ و تلخ کرده بودند و در تجویز «زیان کسان از پی سود خویش» مرتکب فجایع وقاحت‌آلودی می‌شدند که منحصر به دین‌فروشانِ دنیاپرستِ قدرت‌طلب است. در جامعه‌ای که مشتی ریاکار شیاد به نام موبد بر جان و مال مردم مسلّط شوند و خود را نمایندهٔ برگزیده و انحصاری اهورامزدا معرفی کنند و مقاصد شوم و سلیقهٔ منحوس خودشان را به نام احکام شریعت بر خلایق تحمیل نمایند، مردم چاره‌ای ندارند جز جستجوی راه رهائی، و اگر روزنه‌های امید و نجاتی از قبیل قیام مانی و مزدک با سرکوبی بیداد گرانهٔ طبقهٔ حاکم مسدود شد، نتیجه منطقی و معقولش محکومیت کلّ اساس است و به استقبال عقاید مخالف رفتن، و گرچه به سقوط کشور انجامد که، یا علی غرقش کن منهم روش.

ایرانی اگر نفرتی از گذشته‌های قبل از اسلامش داشته باشد یکسره متوجه موبدان ــ و به تعبیر متداول روزگار ما: موبد نمایان ــ اواخر عهد ساسانی است، ورنه، در چشم ایرانی اصیل کورش و رستم و کیخسرو و سیاوش همیشه محترم بوده‌اند و هستند و خواهند بود. ننگ این بلاهت از ساحت حیثیت ایرانی دور باد که نام اجداد و نیاکان بزرگ و بزرگوارش را بزشتی

← اگر هم حال مطالعه تاریخ ندارید، به دفتر حافظه رجوع و با زمزمه ابیاتی که از معاصران و اخلاف فقیه عالیقدر در وصف نوروز به خاطر سپرده‌اید، مذاق جانی شیرین کنید که: علم دولت نوروز به صحرا برخاست، ز کوی یار می‌آید نسیم باد نوروزی، بر چهرهٔ گل نسیم نوروز خوش است، هر گیاهی که به نوروز نجنبد حطب است، باد نوروزی همی در بوستان بتگر شود، وغیره وغیره.

۲ــ نامه غزالی به شاه سلجوقی را در بسیاری مآخذ می‌توان یافت. از جمله غزالی نامه مرحوم همائی ص ۱۲۷.

بَرد، که مرد را شرف باب و مام نام دهد. شاهد مدعا هزار و چند صد سال ادبیات عمیق و پرآوازهٔ ماست، از رودکی گرفته با قصیدهٔ «مادر می» تا بهار با حماسه نوروزی اش، از فردوسی گرفته با شاهنامه ای که سندِ مصدّق شرافت و نژادگی آزادگان است تا حافظی که نغمهٔ ساقی نامه اش مویه ای است در سوک عظمتهای بر باد رفته. ملت ایران با قبول اسلام هرگز از فرهنگ و تاریخش نبریده است تا امروزه از مشاهدهٔ تعبیراتی چون پیر مغان و جام جم در اشعار حافظ حیرت کند. علاقهٔ ایرانی واقعی به معارف ملّیش ــ چه پیش از اسلام و چه بعد از آن ــ عشقِ با شیر اندرون شده ای است که با جان هم بدر نخواهد شد.

وانگهی، برای خوانندگان ایرانی که عمری با آه سرد از سینهٔ پردرد برآوردن خو گرفته اند، و به چشم خود دیده اند چگونه شعله های ذوق و نبوغ را باد بیرحم خشونت خاموش می کند، چه حاجتی که تفسیر «سینه گو شعلهٔ آتشکدهٔ فارس بکش» را از فلان پروفسور بلژیکی بیاموزند، آنهم بدین دلنشینی که «به سینه بگو تا با آتش خود آتش آتشکدهٔ فارس را خاموش کند...» یعنی ایرانی این قدر با بی اعتنا از اهرمنان گذشتن بیگانه شده است که باید معنی «مرد یزدان شو و فارغ گذر از اهرمنان» را از فرنگی فرا گیرد که «مرد راه خدا شو و خود را از دست اهرمنان نجات ده».

می فرمایید در اوج بدعاقبتی ها اینهمه از حسنِ خاتمت نومید افتاده ایم که باید بخوانیم «خاتم جم را بشارت ده به حسن خاتمت» و معنی اش را از استاد بلژیکی بیاموزیم که «خاتم جم را به حسن خاتم خود (یعنی دهانت) بشارت ده».

اگر می خواستید بفهمید اسمهائی از قبیل جم، اسکندر، سلیمان... چند بار در غزلیات حافظ آمده است نیازی به وقت تلف کردن و مقالهٔ فلان فرنگی را ترجمه و چاپ و منتشر کردن نبود، دیوان حافظِ رفیقمان انجوی دم دست بود، صفحه ای از مقدمه اش را می کندید* ولای کشف اللغاتش می گذاشتید و ده برابر این استفاده می کردید.

اصلا ترجمه و چاپ مقاله ای درین حدّ چه ضرورت و خاصیتی داشت که شما و مترجم محترم وقت و کاغذ تلف کنید و زیر هر صفحه توضیح دهید و با نویسنده اش کلنجار روید و سرانجام ایشان موافقت نفرمایند که منظور از زندان سکندر یزد است و منظور از ملک سلیمان فارس[۳]. راستی شعرش چه ضرور؟

۳ــ اگر حوصله دارید یک بار دیگر به شرح جناب پروفسور و حاشیه مترجم مراجعه فرمائید.

ازین گذشته، سخنی هم با مترجم محترم دارم. نویسندهٔ بلژیکی در اصل مقاله لغاتی از قبیل دیر مغان و مغبچه را برای خوانندهٔ فرنگی به زبان خودشان معنی کرده است، در ترجمهٔ فارسی چه ضرورت داشت بنویسند «پیرمغان: مرشد و بزرگ مغان. سرای مغان: خانه سکونتگاه مغان. مغ بچه: مغ جوان». جلّ الخالق.

***

بگذریم که موضوع بیش از این ارزش چوبکاری ندارد. در خاتمه برای آنکه حق از هموطنان پژوهنده ضایع نشود، تذکر این نکته هم پربدک نیست که در مورد این بیت:

به مهلتی که سپهرت دهد ز راه مرو

ترا که گفت که این زال ترک دستان گفت

با خواندن شرح و تفسیر محقق بلژیکی که:

«به مجالی که آسمان به تو داده است از راه (کوشش) خارج مشو چه کسی ترا گفته که این عجوزه (= جهان) ترک داستان قدیم و عادت دیرینه که ایجاد غم و درد است کرده است»،

بله با مطالعه این تفسیر محققانه به ذهنم گذشت که نکند پروفسور بلژیکی شیوهٔ تحقیق و حلّ مشکلات و احتمالاً معنی همین بیت را هم از هموطن پژوهندهٔ خودمان «انتحال» کرده باشد. می دانید که را می گویم؟ پروفسور رکن الدین همایون فرخ را.

باز هم یک تبصرهٔ دیگر در همین زمینه: اگر باز دوستان مترجمان به ترجمهٔ چونان تحقیقات بدیع و ارزنده‌ای نیّت کردند، بگوئیدشان زحمت بی حاصل نکشند که خودمان محقّقانی درین سطح داریم و حتی چند درجه بالا تر و بهترش را. و اگر نقش تردیدی در جبینشان دیدید، شمارهٔ اخیر یکی از معتبرترین نشریات دانشگاهی موجود را بگذارید پیش چشمشان تا بخوانند که «سرّ گیسوی تو در هیچ سری نیست که نیست» غلط است و.

**«سر بدون تشدید مناسب تر به نظر می رسد چه سر چیزی در سر بودن به معنی خیال و اندیشهٔ آن چیز در سر بودن است و بافعل داشتن نیز مستعمل است، همچنانکه در بیت زیر نیز آمده است:**

**بر هم چومی‌زد آن سرزلفین مشکبار**

**با ما سر چه داشت زبهر خدا بگو»**

و در این مصراع هم که «گنج زرگر نبود کُنج قناعت باقیست»، بعد از این بخوانید،

گنج قناعت، چرا؟ زیرا:

**«الف: با توجه به حدیث نبوی القناعة کنزٌ لا یفنی. ب: مقایسه دو چیز همانند، گنج زر و گنج قناعت. ج: بودن قرینهٔ فعل داد درمصراع دوم، چون بخشیدن ودادن با گنج مناسب است نه با کنج، به همین ترتیب خواهد بود دربیت: که هر که گنج قناعت به گنج دنیا داد ـ فروخت یوسف مصری به کمترین ثمنی».**

و بالاخره در معنی بیت: «سمند دولت اگر چند سر کشیده رود ـ ز همرهان به سر تازیانه یاد آرید»، دریابید که:

**«سمند دولت اگر چه توسن وسرکش است وبی اعتنا به همراهان پیش می تازد، اما شما که سوار بر اسب سرکش دولت هستید با نوک تازیانه اورا آرام کنید وهمراهان بی دولت وپیادگان بی بهره ازدولت را به یادش (؟) بیاورید».**

***

خوب، حالا که سخن بدینجا کشید، چه عیبی دارد که بنده نیز هزار و یکمین نفری باشم درجمع معاصران که در گشودن مشکل «ز همرهان به سر تازیانه یاد آرید» شرکت جسته اند. منتها نگران نباشید که فلانی می خواهد به شیوهٔ اساتید فن دهها صفحه سیاه کند تا نظریهٔ تازه‌ای عرضه نماید. خیر، اگر حوصلهٔ بسیار نوشتن هم می داشتم محال بود درین کمیابی و گرانی کاغذ جانب احتیاط را فرو گذارم، وانگهی حرف بنده نه تنها تازه نیست که مربوط به دو سه هزارسال پیش است:

اگر حال و مجالی دارید و توشهٔ روز مبادا را توراتی در خانه نگه داشته اید، برش دارید و بازش کنید و در کتاب اِستر، آنجا که علیا مخدرهٔ یهودّیه به وسیلهٔ مُردخای ازفرمان شاهانه مبنی برقتل عام یهودیان با خبرمی شود، پاسخش به مردخای را بخوانید که:

«جمیع خادمان پادشاه و ساکنان ولایتها می دانند که بجهت هر کس خواه مرد خواه زن که نزد پادشاه به صحن اندرونی بی اذن داخل شود فقط یک حکم است که کشته شود، مگر آنکه پادشاه چوگان زرین را بسوی او دراز کند تا زنده بماند و سی روز است که من خوانده نشده ام که به حضورپادشاه داخل شوم» (باب چهارم آیه ۱۱).

و چند سطر فروتر، آنجا که استر دل به دریا می‌زند و بی اجازهٔ شاه وارد بارگاه می‌شود به این آیت هم عنایتی کنید که:

«چون پادشاه، استرـ ملکهـ را دید که درصحن ایستاده است او درنظر وی التفات

یافت و پادشاه چوگان طلا را که در دست داشت بسوی استر دراز کرد و استر نزدیک آمده نوک عصا را لمس کرد» (باب پنجم آیه ۲).

و اجازه فرمائید با همین حاشیه مخلص هم در سلک ادیبان و شعرا و نویسندگان و محقّقان درآیم تا اگر بار دیگر بدون میل و اطلاع و اجازه‌ام امضای منحوس سعیدی سیرجانی را در ردیف ادبا و شاعران و محقّقان زیر آگهی ختم کسی گذاشتند که اندک تشابه و تجانسی با هم نداشته‌ایم به شیوهٔ معمول بزرگان زمانه مرتکب تسلسل دروغ نشده باشند، و اگر بنده‌ـ چون ده دوازده نفر شاخ و شانه شکسته‌تر از خودم‌ـ از متصدیان کیهان خواستم که تکذیبم را چاپ کنند، ببرکت این اشتهار علمی، با ذکر اسامی قدرتمندان دل و زهره نداشته‌ام را آب نکنند.

***

خیلی دلم می‌خواست بر نامهٔ نصیحت‌آمیز دوست عزیزمان آقای بینش تبصره‌ای بنویسم در توصیف فلسفهٔ «آسته بیا، آسته برو» و محصولش که آتش در بنیان اخلاق ما افکنده است، و نیز آفرینی نثار مقالهٔ خوب و رسای خودت کنم که مفید و تکان‌دهنده بود و نفرینی نثار مقدمه‌ات بر مقالهٔ نوریان که از مقوله نعل و میخ بود و لبریز از ابهام. وبالاتر از اینها در نظر داشتم ضمن ادای شهادتی در ماجرای مینوی و حافظِ خانلری، حاشیه‌ای بزنم بر مقالهٔ نوریان که هنوز در بند مذهب منسوخ است و دچار عواقب نکبت‌بارش؛ و توضیحی بدهم درباره مقالات استاد محمد روشن که به فتوای مولانا عبید از ائمه مذهب مختار زمانه است و سرحلقهٔ جوانمردان و حق‌شناسان و ثابت‌قدمان که فعلاً به عنوان مستوره‌ای از صبح دولت، نتایج سحرش در حال دمیدن و رسیدن است*.

*: دکتر نوریان واقعاً از اصحاب مذهب منسوخ است. اگر نبود خطاب به استاد محمد روشن که از برکشیدگان زمانه است و اجلّه اولیای مذهب مختار، آنهم در دفاع از دکتر خانلری مغضوب خانه‌نشین نمی‌نوشت: «آقای محمد روشن، ما دانشجویان عادی دکتر خانلری گاهی آرزو می‌کردیم که ای کاش آن استاد با آن استعداد، فراست، ذوق، پشتکار و مایهٔ علمی فراوان به همان معلمی خود می‌پرداخت، درسهای بیشتری را در دانشکده عهده‌دار می‌شد، کتابهای بیشتری تألیف می‌کرد، بیشتر در میان دانشجویان بود و بدنبال بعضی مشاغل دیگر نمی‌رفت. احتمالاً خود او نیز اکنون چنین می‌اندیشد. اما علی القاعده حضرت عالی و امثال شما نباید چنین آرزوئی می‌داشتید، چون اگر دکتر خانلری مثلاً مانند استاد همائی در گوشهٔ عزلت خود می‌نشست و پژوهشکده‌ای و بنیاد فرهنگی تأسیس نمی‌کرد، شما هم همان معلم گمنام ادبیات در رشت بودید» (حافظ شناسی ص ۲۳۸) ←

اما حاشیه رفتنها ما را همچنان در اول وصف تو نگه داشت، و این گناه من نبود که گناه زمانه است. اگر شعر معروف «بس که خاموش نشستم سخن از یادم رفت» را فراموش کرده‌اید، دست کم یک بار در عمرتان اتفاق افتاده است که در محضر بزرگان مجبور شده باشید به دو زانوی ادب بنشینید و از جایتان تکان نخورید، و از برکت این سکون و سکوت پایتان به خواب رفته باشد. خوب، در چنین حالتی وقتی که بلند می‌شوید و می‌خواهید حرکت کنید تلوتلو نمی‌خورید؟

چون بعدها از طرف استاد البته صاحب فضلیت معاصر جناب آقای محمد روشن در مقولهٔ سهم مرحوم مینوی در «حافظ خانلری» اشارتهائی جوانمردانه رفته است، و همان دکتر خانلری که در نظر روشن ـ البته قبل از انقلاب «استاد گرامی دانشمند»ی بود که «همواره از دانش بیاد و راهنمائی های ارزندهٔ خود بهره‌مندم ساخته اند» [مقدمه مرزبان‌نامه] در دوران خانه‌نشینی بعد از انقلاب تبدیل به دزد سرگردنه ای شد که همه آثار علاّمه‌هائی نظیر جناب روشن را غارت می‌کرده و به نام خودش منتشر، و از طرفی همین جناب روشن به عنوان وکیل منافع مرحوم مینوی اینجا و آنجا نوشتند که حافظ تصحیح خانلری همه‌اش حاصل زحمات مینوی است به عنوان فردی که از قدم اول شاهد ماجرا بوده است می‌خواهم این شهادت را ثبت تاریخ کنم که:

اوایل تأسیس بنیاد فرهنگ ـ شاید سال ۱۳۴۵ ـ روزی به دکتر خانلری اعتراض کردم که «چرا حافظی را که وعده داده‌اید تصحیح و منتشر نمی‌کنید؟». خندید که «آخر دو تا از نسخه‌های معتبر در اختیار مینوی است و طفره می‌رود». گفتم مسأله را به عهده من بگذارید. موافقت فرمود. چند روز بعد که شنیدم مینوی به بنیاد فرهنگ آمده است و در دفتر خانلری است، سرزده وارد شدم و رو به دکتر خانلری کردم که «چرا کار تصحیح حافظ را تمام نمی‌کنید؟» و با شنیدن پاسخ خانلری دربارهٔ آن دو نسخه، سؤال اعتراض‌آمیزم متوجه مینوی شد که «چرا طفره می‌روید؟» و با شنیدن عذر مینوی که «اگر آدم دقیق پیدا شود و کمک کند می‌نشینیم و مقابله می‌کنیم» خندیدم حاضرم باشی و بیائی حاضرم». گفتم «از کی؟» فرمود «از هروقت که تو آماده باشی». عرض کردم «از همین امروز، سر ساعت ۲ بعد از ظهر». و رفتم و نشستیم و در مدتی نزدیک یک ماه مقابلهٔ آن دو نسخه را انجام دادیم.

همه سهم مرحوم مینوی در حافظ خانلری منحصر است به مقابله همین دو نسخه که متعلق به دکتر اصغر مهدوی بود و در اختیار مینوی و حاضر نبود آن را از خانه بیرون دهد، و ملاحظه صورت نهائی پانزده یا بیست غزل اوایل دیوان و اظهار چند نظر که به نام خود آن مرحوم در حواشی آمده است. همین و بس»

# این کجا و آن کجا

در چند ماه اخیر سه چهار کتاب تازه چاپ به دستم رسید که اگر حال و روزگاری بود دلم می‌خواست دربارهٔ هر یک چیزکی بنویسم و به عنوان یک خوانندهٔ ایرانی عرض سپاسی کنم به محضر برکت خیز محققان صاحب ذوق و معرفتی که عمر ارزندهٔ خود را وقف زبان فارسی و فرهنگ ایرانی کرده‌اند، از آن جمله بود: تصحیح تازهٔ اسرارالتوحید به قلم توانای شفیعی کدکنی، که مثل همهٔ کارهایش سنگ تمام گذاشته و درس تنبه انگیزی داده است به کسانی که می‌خواهند در متون فارسی تحقیق کنند. شفیعی با آن جثهٔ نحیف و اندام لاغرش براستی یکی از آن الف قدان در اُلف آمده‌ای است، که هم ذوق فطری دارد و هم دانش کسبی، دو صفت ممتازی که به شیوهٔ گل و نرگس محصول یک فصل نیستند و چون دانش و خواسته بندرت در یک جا فراهم می‌آیند.

کتاب دیگر نزهة المجالس بود، مجموعهٔ نفیسی از رباعیات دو سه قرن آغازین زبان فارسی. نسخه‌ای که دوست فاضل و مشکل پسندمان محمدامین ریاحی در یکی از کتابخانه های ترکیه جسته و یافته و با سلیقه ای تمام به نشرش پرداخته است به انضمام معرفی مستوفایی از سرایندگان رباعیها و تحقیق جامعی در دیوانها و تذکره‌های شاعران برای شناختن و شناساندن گویندگان غالباً گمنام و کشف و رفع اشتباهاتی که سالها و قرنها بر قلم تذکره‌نویسان و ناشران دیوانها رفته است، به علاوهٔ فهرست جامعی از نوادر لغات و

ترکیبات، چنانکه شیوهٔ کارهای محققانه است و نمونه های آن را در دیگر آثار وی دیده‌ایم.

سومین کتاب از این مقوله اثر لبریز از ذوق و ظرافت دوست فاضلمان بهاء الدین خرمشاهی است به عنوان حافظ نامه. سوابق آشنایی و ارادت بنده به خرمشاهی ریشهٔ چندین ساله‌ای ندارد، بیش از دو سه باری او را ندیده‌ام، اما همین فرصتهای کوتاه کافی بوده است که به عمق دانش و سلامت ذوق و صفای روح او پی برم و با دعوی که «دو چشمم روشن و نامُرمد است»، در صف خریداران یوسف درآیم.

کار قبلی خرمشاهی را ــ به عنوان ذهن و زبان حافظ ــ قبلاً دیده ــ و با همهٔ اختلاف نظرهایمان ــ پسندیده بودم، اما کار اخیر او از مقولهٔ دیگری است نشان می‌دهد که این محقق سی چهل ساله چگونه در فاصلهٔ این دو سه سال راه صد ساله رفته است، و با چه ظرافت نکته سنجانه‌ای حق حافظ را ادا کرده. اهل ذوق و بصیرت می‌دانند که به سراغ دیوان حافظ رفتن و از این بستان رنگین خیال، دویست و پنجاه غزل انتخاب کردن و به عنوان شرح غزلها، به جای تکرار مکررات شارحان سلف به نکته‌هایی ضروری اشاره کردن و در شرح اصطلاحات به دام فضل فروشی نیفتادن و همانقدر که لازم است نوشتن، چه کار مشکلی است. طبع معتدل می‌خواهد و ذوق سلیم و دانش وسیع که این هر سه را نویسندهٔ حافظ نامه دارد و خوب هم دارد.

خرمشاهی با عینک متکلمان زمانه به تماشای بارگاه خاطر حافظ نخرامیده است، و با همهٔ عشق و انسی که با قرآن مجید دارد و احاطه‌اش به علوم قرآنی و با همهٔ دلبستگیهای مذهبی‌اش در لغزشگاه حافظ شناسی جانب اعتدال فرو نگذاشته است، و این کار ساده‌ای نیست. دیوان حافظ شباهتکی دارد به فیل مثنوی، و حاصل کار کسی که با پیشداوریهای ذهنی به سراغ این مجموعهٔ رنگین خیال انگیز می‌رود اگرچه ممکن است شخص او را اقناع کند، اما لبخند تمسخر بر گوشهٔ لب ظریفان اشارت شناس جهان می‌نشاند.

جلوه های طبع مطلق پرست ما مردم در تعبیر و تفسیرهایی که بر غزلیات حافظ نوشته‌ایم به وضوح پیداست.

راستش را بخواهید روزی که حافظ نامه به دستم رسید با معرفتی که به تعلقات مذهبی خرمشاهی داشتم پنداشتم که او هم چون دیگر متعهدان زمانه دستخوش تعصبهای عقیدتی شده باشد. اما با دیدن کتاب و خواندن مقدمهٔ مبسوط جاندارش پندار باطل ــ و به عبارتی بهتر،

نگرانیم- برطرف شد. و این هم از بلعجبی‌های روزگار ماست که مرد متدینی چون خرمشاهی در کار حافظ شناسی تعصبها را به یکسو می‌نهد و به شیوهٔ محققان عمل می‌کند و، در مقابلش کم نیستند قرآن ناخواندگان قبله‌نشناسی که از برکات جمهوری اسلامی مدافعان زهد و تقوای حافظ شده‌اند، آنهم چه مدافعان و کباده کشانی.

در مراسم تجلیل حافظ، بنده شرکت نکردم با همهٔ تشکر و شرمندگی از التفات سران یونسکو و مدیران مراسم. اما فهرست نام سخنرانان و موضوع سخن اغلبشان را دیدم و بعضی سخنرانیها را هم در جراید خواندم و از رادیوشنیدم و شرمنده‌ام از بیان این واقعیت که در میان مدعوین آن مراسم- که ظاهراً و برای نخستین بار متعهد و غیرمتعهد را در یکجا فراهم نشانده بودند- تا جایی که من شنیده‌ام جالبترین و معتدلترین سخنرانی مربوط به دو نفری بود که خارج از برنامه سخنرانی کردند و هر دو نفرشان اهل عبا و عمامه بودند. یکی جناب خامنه‌ای بود که دور از خطابات و لحن الزامی منبری- و بخلاف انتظار کسانی که با سبک و سلیقه‌اش آشنایی نداشتند- دوران پرهیز و سلوک حافظ را منحصر به قسمتی از عمرش کرد، بی‌آنکه چون بسیاری از متکلمان با مصرف زور زیادی و صد من سریشم مجلس بزم حاجی قوام را حلقهٔ ذکر در ویشان معرفی کند و برای می دوساله و محبوب چارده ساله متوسل به تعبیرات لایتچسبک شود. و دیگری امام جمعهٔ شیراز که شنیدم در نطق خود دست بر نقطهٔ حساسی گذاشته است و آن آزادگی حافظ است و جنگ مداوم بی‌پروای- البته بی‌حاصلش- با زرق و ریا. این را می گویند دورهٔ آخرالزمان*!.

کار ظریف خرمشاهی شباهتی به دیوان حافظ دارد. خواننده را از هر صنف و قبیله‌ای که باشد نه تنها دست خالی بازنمی‌گرداند که نشأه می‌کند و فیض می‌بخشد. عوام خرده‌پایی چون بنده را با شرح لغات و تعبیرات با زبان حافظ آشنا می‌کند، و اهل فضل و تحقیق را به برکت موشکافیهایش با آفاق رنگین خیال شاعر و جلوه‌های گوناگون و احتمالاً متفاوت افکار او در سرتاسر دیوانش. از فیض همین وسعت تحقیق است که حافظ نامه کتابهاست نه یک کتاب. در این مجموعه علاوه بر شرح روشن و عوام فهم اصطلاحات عرفانی، و ذکر سابقهٔ وزن و قافیهٔ غزلهای حافظ در آثار سخنوران سلفش، خواننده با زمینهٔ ذهنی حافظ از

_____

* جمله اخیر را ویرایشگران کیهان فرهنگی حذف کرده بودند، با اینکه تأکید کرده بودم اگر می‌خواهند چاپ کنند نباید کله‌ای کم و زیاد شود. این را می‌گویند امانت داری.

تعبیراتی چون رند و خرابات و دیر مغان و عشق و صدها مورد دیگر آشنا می‌شود و در هر مورد فهرست جامعی پیش چشم خود می‌بیند که با تأملی در آن می‌تواند با تحولات فکری آشنا گردد که جلوه‌هایش قرنها موبد کنشتی و مؤمن مسجدی را به خود کشیده است و هر فارسی زبان اهل دلی را در حیطهٔ نفوذ جادویی خود گرفته است.

یکی از ظرافتهای خرمشاهی این است که به حکم ذوق سلیم به جای آنکه از باء بسم الله تا تای تمت دیوان خواجه را شرح کند به دویست و پنجاه غزل اکتفا کرده است، و چه کار خوبی. به همان درجه که در چاپ انتقادی دیوان شاعری باید همهٔ آثارش را یکجا فراهم آورد و در دسترس اهل تحقیق گذاشت و بدین بهانه که فلان بیت خلاف اخلاق یا شریعت یا پسند اهل زمانه است نباید چیزی از آن کاست، در تألیفاتی از این دست که به منظور آشنایی جوانان و جویندگان با خطوط اصلی فکر و سبک سخن شاعری چون حافظ منتشر می‌شود باید قسمتهای برجسته را بگیریم و خواننده را در پیچ و خم زواید و مبهمات گرفتار نسازیم. حقیقتش را بخواهید حافظ از برکت صد و چند غزلش حافظ شده است، نه به اعتبار «گفتم ای سلطان خوبان رحم کن بر این غریب» و «می‌دمد صبح و کلّه بست سحاب» که ظاهراً در قدیمترین نسخه‌ها هست؛ و نه به حساب غزلهای بی‌رمق و غالباً مبتذلی که بعض کج ذوقان و بلفضولان دانسته و ندانسته به دیوانش افزوده‌اند که «بنویس دلا به یار کاغذ» و «درد ما را نیست درمان الغیاث»؛ و نه به حرمت شعرهایی که دیگران به حکم اعتقادات خویش یا مصلحت زمانه ساخته‌اند و در دیوانش جا داده‌اند نظیر «ای دل غلام شاه‌جهان باش و شاه باش.»

برای آشنا کردن مردم با ذهن و زبان حافظ کار درست همین است که خرمشاهی کرده است، و من اگر به جای او می بودم از این دویست و پنجاه غزل هم شصت هفتاد تایی را مرخص می کردم و کتاب را در یک جلد منتشر، تا خریدنش آسانتر باشد. و در رأس غزلهای قابل حذف این به اصطلاح غزل موعظه‌وار را مرخص می کردم که: «ای بی‌خبر بکوش که صاحب خبر شوی»! غزلی که نه ترکیب کلماتش به سبک بیان حافظ شباهتی دارد و نه مضمون و محتوایش با زمینهٔ فکری مردی که همهٔ تقوای خود را منحصر به این می داند که به شیوهٔ ناصحان زمانه و واعظان شهر ناز و کرشمه بر سر منبر نمی کند[1].

۱ـ غزل به روایت استاد خانلری در هفت نسخه قدیمی نیمه اول قرن نهم موجود است، خیلی هم غزل شل و ول

کار دیگر ـ و به تعبیری سزاوارتر: شاهکار ـ خرمشاهی این است که با این مجموعهٔ دو جلدی کمک بزرگی کرده است به کسانی که می خواهند با شیوهٔ تفکر و سبک سخن حافظ آشنا شوند. به عنوان شرح غزل، غالباً مفاهیم کلیدی دیوان خواجه را مشخص کرده و با حوصله‌ای محققانه، ابیاتی را که در غزلهای دیگر اشارت روشنگری بدان مفهوم دارد یکجا فراهم آورده، و با انتخاب این شیوه، کار خوانندهٔ اهل تفکر و تحقیق را آسان کرده است. مثلاً برای کسی که می خواهد ببیند حافظ دربارهٔ رند و رندی، زهد ریا، علم و عشق، خرابات و مسجد چه نظری دارد و چه گفته است، همهٔ ابیات گره‌گشای مربوط به این موضوعها را یکجا فراهم آورده و پیش چشم او گذاشته است، و ظرافت کارش اینکه به خلاف شیوهٔ معمول در کشف اللغات ـ و اخیراً «بس‌شماری‌های» متداول ـ کاری با کلمات ندارد، به مفاهیم پرداخته است، مثلاً به جای آنکه در ذیل واژهٔ عشق، به نقل همهٔ ابیاتی پردازد که این کلمه در آنها به کار رفته است و با تکرار نیمی از اشعار خواجه بر حجم کتابش بیفزاید، اعم از اینکه ربطی به موضوع داشته باشد یا نه، گشته است و بیتهایی انتخاب کرده که در آن مقوله به خوانندهٔ اهل تحقیق فایده‌ای می رساند و راهگشای درک مطلبی است.

خاصیت دیگر تألیف خرمشاهی این است که خوانندهٔ اشعار حافظ را با زمینه های ذهنی شاعر آشنا می کند. مؤلف با حوصله‌ای شایان تحسین به ریشه‌یابی ترکیبات و تعبیرات حافظی پرداخته و در این رهگذر متون بسیاری از قرن هشتم و قرنهای پیش از آن را مورد تحقیق قرار داده است. از برکت کار او خواننده می تواند با سابقهٔ تعبیراتی از قبیل کفر زلف، ترسا بچه، چاه طبیعت، عطف دامن، سراندازی، مستی و مستوری و امثال اینها در آثار شاعران پیش از حافظ آشنا شود و به معاینه دریابد که این ترکیبات در پنجهٔ طبع توانای حافظ چه

نیست، نظم متوسطی است که اگر در کلیات شاه نعمه‌الله یا دیگری از شیخان خانقاه‌دار قرن هشتم و نهم می‌بود از شاهکارهایشان به حساب می‌آمد البته از نظرگاه ارزش ادبی. اما نه در شیوهٔ بیان شباهتکی به غزلهای مسلم حافظ دارد و نه از حیث جوهر فکری. به نظر بنده اگر هم گویندهٔ این غزل حافظ باشد به احتمال بسیار مربوط به روزگار جوانی آن بزرگوار است و دوران مشق شاعریش. اغلب کسانی که در اندک سالی ژست مرشدی به خود می‌گیرند و نصایح علمایانه صادر می‌فرمایند و دعوی ارشاد دارند، اگر بختشان یاری کند در دوران پختگی و کمال می‌خروشند که «رطل گرانم ده ای مرید خرابات» یا می‌نالند که «سر ز حیرت به در صومعه ها بر کردم». نه در اثبات یا حقانیت نظر خودم اصراری دارم و نه حوصله جرّ و بحثی.

جانی گرفته است.

از اینها همه زیباتر و هوشمندانه‌تر پرهیز مؤلف است از توضیح واضحاتی به عنوان شرح و معنی ابیات. و این از برکت ذوق فطری است که خرمشاهی در غالب موارد «اندازه‌گوی» است، نه اهل ایجاز مخلّ که خواننده را گم و گیج کند و نه اطناب مملّ که به آزار خاطرش پردازد خصیصه‌ای که در آثار بسیاری از نویسندگان دیار ما کمیاب است![1]

تفصیلات او غالباً لازم است و راهگشا، نه از مقولهٔ واگوئی مکررات. اگر در مواردی چون حافظ و پیوندش با طریقت ملامتیه بیش از هشت صفحه قلم زده است از این روست که با مراجعه به متون معتبری از قبیل کشف المحجوب و مصباح الهدایه و کتاب ارزندهٔ عفیفی و شرح مثنوی فروزانفر تصویر روشنی از ملامتیه پیش چشم اهل نظر بگستراند و با انتخاب و نقل ابیاتی از دیوان خواجه، خواننده را به محضر رند ملامت کش خوشباشی بکشاند که ریای اهل صومعه‌اش کرده می‌پرست تا با تظاهر به مستی و شعارِ پیش رندان، رقم سود و زیان اینهمه نیست، به جان خودپرستی افتد و چوب در آستین پشمینه‌پوش تندخویی کند که صد بت باشدش در آستینی.

در مواردی از اینگونه که مستقیماً با دیوان خواجه مربوط است و از مقدمات شناسایی افکار و زمینهٔ ذهن او، شرح و بسطها کاملاً بجاست، گرچه در مواردی هم ـ بسیار اندک و معدود ـ بعض تفصیلهایش به دلم نمی‌نشیند، مثلاً شرح مفصلی که راجع به کلمهٔ شُکر آمده است به مناسبت شعر «شکر خدا که هر چه طلب کردم از خدا»، بندهٔ حاضرم از طرف

۱ ـ الآن که مشغول ورق‌زدن کتاب خرمشاهی بودم چشمم افتاد به غزل «این خرقه که من دارم در رهن شراب اولی» و توضیحی که راجع به دفتر بی‌معنی نوشته‌اند و نقل قول واقعاً بی‌معنی «یکی از اهل ادب» که: «مراد حافظ از دفتر بی‌معنی ـ العیاذ بالله ـ قرآن است». حیرت کردم از جنون افراط و تفریطی که بر جان ملت ما افتاده است. من به نوبت خود از خرمشاهی گلایه دارم که چرا اصلاً متعرّض همچو حرف ابلهانه‌ای شده است و آن را در کتاب خود آورده است. هر ابجد خوان مکتب حافظی می‌داند که دفتر و خرقه در اشعار حافظ اشاره‌ای به غرور علمی و زهد خشک شریعت فروشان زمانه است، و دعوی کشف و کرامات اهل شطح و طامات. اهل دفتر جماعتی بوده‌اند که با خواندن چند سالی فقه و اصول خود را اعلم زمانه می‌پنداشتند و زمام فکر و اختیار جان و مال اهل تقلید را در دست می‌گرفتند، و منظور از اهل خرقه مدعیانی است که با گستردن بساط تصوف و ترویج خانقاه، معدودی را که از زیر مهمیز علما فرار کرده بودند در دام عنکبوتی خود گرفتار می‌کردند. حافظ با این هر دو دسته مخالف است که هر دو گروه را شکارچیان عوام می‌داند و مدعیان مالکیت انحصاری بهشت و دوزخ. محرکش در نبرد با اینان درد دین است وعقیدهٔ درستش این که: آتش زرق و ریا خرمن دین خواهد سوخت، و جفا نه شیوهٔ دین‌پروری بود، حاشا.

حافظ قول قطعی بدهم که آن مرحوم هنگام سرودن این بیت نه نظری به «قلیلٌ مِن عبادیَ الشکور» داشته است و نه در بند تعریفات غزالی و قشیری و کاشانی از کلمهٔ شکر و مصارف شرعیش بوده است

امیدوارم در چاپهای بعدی این اثر نفیس، دوست صاحب ذوقمان این مباحث معدود لغوی را ــ که البته در جای خود کاملاً محققانه و مفید است ــ به دفتر مستقلی منتقل کند، و فی المثل در شرح بیت:

من از دیار حبیبم نه از بلاد رقیب　　مهیمنا به رفیقان خود رسان بازم

به جای پرداختن به ریشهٔ «مهیمن» و مصرف قرآنیش، توجه خوانندهٔ کتابش را به نقش شایستهٔ «از» در مصراع اول معطوف دارد.

باری، سخن از حافظ نامهٔ خرمشاهی بود و نزهة المجالس و اسرارالتوحید. سه کتاب ارزنده‌ای که هریک از غنایم روزگار است و حق بود دربارهٔ این هر سه کتاب اهل فضل و تحقیق بنویسند و بسیار هم بنویسند، اما ننوشتند و اگر هم نوشته باشند، آنمایه مؤثر نبوده است که خبرش به گوش در گوشهٔ عزلت خزیده‌ای چون من برسد، و در این رهگذر نمی توان کسی را سرزنش کرد. من خود ــ با آنکه نه مایه‌ای از فضل دارم و نه بویی از تحقیق به مشام جانم رسیده است ــ بارها نیت کردم در حد خویش به معرفی این کتابها بپردازم اما با استدلالی اگر چه تنبل مآبانه خودم را قانع کردم که: برای چه بنویسی؟ اگر مقصود از تقریظ و نقد کتابی، معرفی نویسنده است که این هر سه بزرگوار از برکت علم و امانت علمی و کوششهای مداومشان نه تنها در حلقات صاحبنظران که در محافل عمومی هم شناخته شده‌اند و مورد احترام. اگر غرض این است که با معرفی کتابی، مردم از نشر و ارزش آن باخبر شوند و بازارش گرمتر گردد، که تبلیغ کالای نایاب از مقولهٔ باد هوا پیمودن است. گیرم نوشتند و نوشتی و خواستاران باخبر شدند و رو به کتابفروشیها آوردند، کو کتاب؟ با کاغذی که سرنوشتش در قبضهٔ قدرت وزارت ارشاد است، ناشر بیچاره چه خاکی بر فرقش بریزد و اگر خواستاران فراوان شدند کاغذ از کجا بیاورد؟

نکند حاصل تقریظ توهم ــ چون بسیاری از فداکاریهای گلگون کفنان[۳] ــ به نفع متولیان

۳ــ دوست دانشمندمان محمدامین ریاحی منظومهٔ دلنشینی دارد با این بیت برجسته:

از فداکاری خونین کفنان　　بهره اندوز شوند اهرمنان

بازار سیاه تمام شود و به زیان کیسهٔ چروکیدهٔ خوانندگان واقعی.

این استدلال و شاید هم بهانه‌تراشی من بود در سکوتهایم. اما اخیراً که چشمم به اثر دیگری افتاد دریغم آمد و گرچه به اجمال از تذکری غفلت کردن.

اسم کتاب تازه شرح غزلهای حافظ است نوشتهٔ آقای دکتر حسینعلی هروی. آوازهٔ کتاب را پیش از انتشارش شنیده بودم و چند مقاله‌ای هم از آقای دکتر هروی خوانده بودم و اشتیاق داشتم به زیارت کتابشان.

دیشب که ناشر کتاب، دورهٔ چهار جلدی و دو هزار و دویست صفحه‌ای آنرا برایم فرستاده بود، نخوابیدم و شروع به خواندن کردم و دریغا که هرچه پیشتر رفتم از شوقم کاسته و بر حیرتم افزوده گشت.

در قرنهای گذشته، به روزگاری که عرفان همه جا پسند ایران اذهان اهل ذوق را در اکناف جهان متوجه فرهنگ ما کرده بود و قدرت شاهان صفوی پشتوانهٔ ترویج زبان‌فارسی بود، در بسیاری از کشورهای دور و برمان اغلب متوسط حالان اهل ذوق و سواد، سعدی و حافظی‌درخانه داشتند و بسیاری از صاحبدلان در اثنای محاوره و مکاتبه به فراید اشعار این بزرگواران استنادی می کردند و در بسیاری از حلقه‌ها و مجالس گویندگان با خواندن بیتی فارسی بر تأکید و تأیید کلام خود می افزودند و مردم عامی از شنیدن شعر حافظ و سعدی همان لذت و حالی می بردند که عوام‌الناس خودمان در پای منبر و اعظان از استماع عبارات عربی.

در همچو حال و هوایی، در قلمرو غربی امپراطوری عثمانی ملای مکتبدار صوفی مشرب صاحب ذوقی با توجه به اشتیاق مردم در شنیدن سخن پارسی و ابیات دلنشین حافظ به فکر می افتد دیوان خواجه را برای خوانندگان و مستمعان ترک زبان خویش ترجمه و شرح کند. کاری بسیار لازم و بسیار پسندیده.

برای رفع هر شبهه‌ای این توضیح لازم می‌نماید که این منظومه را استاد ریاحی سی چهل سال پیش گفته است. چون بحمدالله والمنّة اکنون سالهاست که از برکت حسن تدبیر و صفای نیّت بزرگان، دیگر اهریمن سودجوی فریبکاری باقی نمانده است که به قیمت خون جوانان بر میلیونها و میلیاردهایش بیفزاید، اهل ذوق هم شعر بدین خوبی را فراموش کرده‌اند. غرض بنده صرفاً یادی از رفیق بود و خدمتی به تاریخ ادبیات.

به همان شیوه‌ای که قرنها ملایان و مکتبداران و مفسران خودمان آیتی از قرآن یا حدیثی به زبان عربی می‌خوانده و برای مستمعان عربی ندان کلمه به کلمه ترجمه می‌کرده و در پایان ترجمه مفهوم و ماحصل کلام را در عبارتی می‌ریخته‌اند، ملای باذوق ترک ــ یعنی مرحوم سودی ــ نیز عمل می‌کند. دیوان حافظ را می‌گذارد جلوش، ابتدا اصل بیت فارسی را می‌خواند، سپس ترجمهٔ تحت‌اللفظی بیت را برای مستمعان یا خوانندگان ترک زبان بیان می‌کند و دست آخر هم برداشت خودش را از مفهوم شعر می‌گوید و می‌نویسد. کاری کاملاً معقول و مفید. حاصل تلاشهای سودی، کتابی می‌شود که به عنوان شرح سودی بر دیوان حافظ مشهور است و سالها مایهٔ حسرت ایرانیانی بود که به کار حافظ پرداخته بودند و از خواندن زبان ترکی ناتوان بودند و طعم تلخ طعنهٔ ترکی دانان را در مذاق جان احساس می‌کردند که «(عجب؟ شرح سودی را نخوانده‌ای»).

خدای بخشنده طول عمری کرامت کند به این خانم عصمت ستارزاده که همت به کار بست و با صرف وقت عزیزش این کتاب را به فارسی ترجمه و منتشر کرد تا حسرت به دلان روزگار بدانند کاندرین صندوق برای خوانندهٔ فارسی زبان متاع چشم گیری نبوده است. تذکر این نکته از ارج خدمات سودی نمی‌کاهد که مخاطبان مرد، ترک زبانان بوده‌اند نه فارسی گویان و کارش در حد خویش و در محیط خودش بسیار هم ارزنده بوده است، به همان اندازه که فلان خودآموز زبان انگلیسی برای جوان ایرانی مفید و مغتنم است و برای فرد انگلیسی زبان بی‌حاصل.

دریغا که استاد محترم جناب دکتر هروی بدون ترجمه بدین نکته وقت شریف خود را صرف کرده‌اند و دقیقاً پای مبارک را جای پای سودی گذاشته‌اند، و فرض همت والای خود دانسته‌اند که بنشینند و چند سال زحمت بکشند و دیوان حافظ را به فارسی ترجمه کنند، غزل غزل و بیت بیت، مثلاً این بیت ظاهراً نامفهوم حافظ را که:

ز دست جور تو گفتم ز شهر خواهم رفت    به خنده گفت که حافظ برو که پای تو بست

به فارسی ترجمه کرده‌اند که: «گفتم از دست ظلم و ستم تو از این شهر خواهم رفت، با خنده گفت حافظ برو، چه کسی پای تو را بسته است»؟

همین توجه غیر لازم به کار سودی و تقلید از شیوهٔ او باعث شده است که آقای دکتر هروی برای شرح بیتی از این دست که:

در میخانه ببستند خدایا مپسند / که در خانهٔ تزویر و ریا بگشایند

صرف وقتی کنند و ضمن تفسیر لغاتی که بحمدالله امروز همهٔ ایرانیان معنی آن را بروشنی می دانند، بنویسند:

**«درمیخانه را بستند، خدایا راضی مباش، که درِ خانهٔ ریا وفریبکاری را باز کنند.**

**تزویر: دروغ‌پردازی، فریبکاری.**

**ریا: به نیکوکاری تظاهر کردن**

**می گوید خدایا راضی مشو که بستن در میخانه مقدمه‌ای باشد بر اینکه دکان ریا وتزویر را باز کنند- از این پس مردم فریبی در جامعه به گونه های دیگر نیز رواج یابد.»**

در مواردی از این قبیل ایکاش مردم ایران را- و گرچه مبتدی یا حتی امّی- به ذوق سلیمشان و می گذاشتیم. در جامعه‌ای که هنوز مردمش با شنیدن دعوی گزاف و حرف نامعقولی برمی آشوبند که: «بروپی کارت» چه ضرورتی دارد، درشرح «تا همه صومعه داران پی کاری گیرند» بنویسیم: **«تا ناگزیر شوند این کار را رها کنند و کاری پیش گیرند»** و بر توضیح بیفزاییم که **«کاری را به صورتی آورده که کار حسابی معنی می‌دهد ومعلوم می کند آن کار که فعلاً دارند کار حسابی نیست.»**

در جامعه‌ای که هنوز برای بیان تمکن و دارایی فلان بازاری از جنگ به نوا رسیده، مردم غارت‌زده زیر لب می غرّند که «ببین چه کیا وبیایی دارد وچه دم ودستگاهی بهم زده»، آیا زحمت بی‌حاصل نیست که در شرح «دیده را دستگه در و گهر گرچه نماند» متوسل به کارخانهٔ جواهرسازی شویم و بنویسیم: **«دستگه درو گهریعنی دستگاهی که مروارید وجواهرمی سازد واینجا دستگاه چشم است که اشک می سازد.»**

در محیطی که هنوز مردم با شنیدن تعبیراتی چون «کج دستی» و «کج تابی» و «کج روی» و وفور مصادیقش به مفاهیم پی می برند، چه ضرورتی دارد که بیتی بدین لوندی وظرافت را که:

دی گله‌ای زطره‌اش کردم وازسرفسوس / گفت این سیاه کج گوش به من نمی کند

با شرحی بدینسان ازروح ورمق بیندازیم که:

**«دیروز ازلف او گله‌ای کردم وبا شوخی وریشخند گفت که این سیاه کج، به حرف من گوش نمی کند!**

**سیاه کج، صفت زلف است ومعادل طره در مصراع اول آمده است. اما درآن نوعی طنز وتحقیر**

نهفته است، بدین معنی که سیاه به معنی غلام سیاه، و کج نمودار حالت شکل و اندام او نیز هست.

می‌گوید از معشوق گله کردم که زلفت در برابر ما سرکشی می‌کند، گفت این زلف من مثل غلام سیاهی حقیر و کج‌قامت است، و با وجود این به سخن من که صاحب او هستم گوش نمی‌کند ـ با همه حقارت، خودسر و نافرمان است.»

در همچو بیتی کافی است کلمهٔ «فسوس» را معنی کنیم تا خوانندهٔ مبتدی بفهمد که از سر فسوس یعنی با ریشخند و تمسخر، یعنی «در حالی که مرا دست انداخته بود» و او را به حال خود بگذاریم تا با شنیدن «سیاه کج» به جای توجه به کجی قامت غلام به یاد کاکاسیاههای لجباز و نادرست افتد و از این کجی به زلف سرکش معشوق توجه کند*. اگر همچو کاری می‌کردیم، خواننده در همین غزل با خواندن بیتی بدین روشنی:

چون زنسیم می‌شود زلف بنفشه پرشکن وه که دلم چه یاد از آن عهدشکن نمی‌کند

«وه» را معادل «وای» امروزه می‌گرفت و مفهوم «کثرت و فراوانی» به ذهنش می‌نشست[۱]، و معنی دیگری از بیت در می‌یافت درست متناقص آنچه استاد نوشته‌اند که:

«وقتی که زلف بنفشه بر اثر حرکت نسیم پر از چین و شکن می‌شود، شگفت‌آور است که دلم به یاد آن یار عهدشکن نمی‌افتد.

یعنی شگفت‌آور است که هنگام بهار که نسیم با زلف بنفشه بازی می‌کند، دل من به نشاط نمی‌آید و به سراغ یار عهدشکن نمی‌رود. یار با اینکه عهدشکن است مستوجب ترک و فراموشی نیست، ولی دلم چنان ملول است که عوالم عشق را از یاد برده است».

در معنی ابیاتی از این قبیل:

آخر بچه گویم هست از خود خبرم، چون نیست وز بهر چه گویم نیست با وی نظرم، چون هست

وقت و کاغذ صرف کردن و شرحی بدینسان نوشتن جز گم و گیج کردن خواننده چه حاصلی دارد که «وقتی از خود خبر ندارم آخر چگونه بگویم او هست، اما وقتی به اونگاه می‌کنم چرا بگویم

*در پاسخ این مقاله حافظ‌شناس نکته‌دان اشارت فهم جناب دکتر هروی، مقاله‌ای در کیهان فرهنگی چاپ کردند و مرا از فضولیم پشیمان. شاید اصل مقاله ایشان را در پایان این جزوه بیاورم، اما علی‌الحساب چندتائی از جوابهای دندان‌شکن را در ذیل همین صفحات با عدد ترتیبی (از ۱ تا ۱۳) و با حروف نازک نقل می‌کنم، و احیاناً اگر توضیح و تأییدی بر پاسخهای حضرت استادی داشتم با حروف سیاه و در داخل این علامت [ ]. بنابراین پاورقیهائی که با عدد و به این صورت ۱»، ۲»، ۳»... آمده است مستخرج از جواب ایشان است.

۱» حقیقت اینکه بنده هرقدر که جمله را می‌سنجم **[باقپان یا باسکول؟]** و زیر و رو می‌کنم نمی‌توانم چنین معنائی از آن بیرون بیاورم

**نیست»».**

زبان طبیعی مردم ما هنوز همان زبان سعدی و حافظ است، باور ندارید همین بیت را بردارید و راه بیفتید توی کوچه و بازار، برای هر شاگرد بقال و سمساری که دلتان می‌خواهد بخوانیدش و ببینید با چه راحتی و سهولتی معنیش را می‌فهمد و تحویلتان می‌دهد؛ اگر خدای ناکرده هوس چند تا متلک آبدار به سرتان زد همین شرح و تفسیر استاد را برای طرف بخوانید!.

اگر من به جای مشاوران و مدیران نشر نو بودم، روزی که جناب دکتر هروی شروع بدین کار می‌کرد از او می‌خواستم به جای نثر کردن بیت بیت دیوان حافظ همت و فضلش را صرف گشودن نکته ها و نمودن جلوه های رندانهٔ کلک خیال انگیز حافظ کند. توجه دوست فاضلمان به حجم کار*، و نثر کردن ابیاتی از این دست:

سحر گه رهروی در سرزمینی همی گفت این معما با قرینی

**هنگام سحر، سالکی در سرزمینی این نکتهٔ سربسته را با دوست خودی گفت:**

که ای صوفی شراب آنگه شود صاف که در شیشه بماند اربعینی

**که ای صوفی شراب وقتی صاف می‌شود که چهل روز را در شیشه بگذراند.**

گر انگشت سلیمانی نباشد چه خاصیت دهد نقش نگینی

**اگر انگشت سلیمانی نباشد نقش نگینی چه خاصیت خواهد داشت».**

که عموماً برای خوانندهٔ فارسی زبان بی حاصل می‌نماید، چنان فکر نکته یاب او را به خود مشغول داشته است که در شرح بیت روشنی از اینگونه:

خدا زان خرقه بیزار است صد بار که صد بت باشدش در آستینی

ذهن تلاشگر خود را به چین فرستاده و قبای گل و بته دار با تصاویر لیلی و مجنون بر تن شیخان خانقاهی پوشانده است[2]، ملاحظه فرمایید:

**خداوند از آن خرقه صد بار نفرت و بیزاری دارد، که در هر آستین آن صد بت باشد.**

*از برکات انقلاب یکی هم توجه روزافزون جوانان بود به مطالعه؛ و از مفاسد تورّم هجوم بی سوادان است به خریدن کتاب، آنهم از نوع قطور و گرانش؛ و نتیجه اش اصرار کتابفروشان است در انتشار کتابهای چند جلدی چند هزار صفحه ای.

۲«ذهن تلاشگر بنده به چین نرفته، قبای چینی است که... به ایران آمده **[گمان می‌کنم ذهن نازینتان به چین وماچین رفته باشد، اگر غیر از این بود سر تسبیح صد دانه را که از آستین بعضی عباها بیرون زده است می‌دیدید]**

«بت» نماد کفر و بی ایمانی است و «در آستین داشتن» یعنی آماده داشتن.
پس «بت در آستین داشتن» به تعبیر مجازی یعنی آمادگی داشتن برای کفر و بت‌پرستی. اما احتمالاً اشاره به یک واقعیت محسوس نیز دارد. بنده گمان می‌کنم منظور از آن پارچه‌هائی است که از چین می‌آوردند و تصاویر کوچکی از پیکر انسانی بر آنها نقش بود که جبهٔ بزرگان و مشایخ صوفیه را از این پارچه‌ها می‌دوختند. چنانکه در این بیت سعدی آمده:

یکی گفتش ای خسرو نیکروز* ز دیبای چینی قبائی بدوز

با توجه به حرمت تصویر در اسلام این تصویرهای انسانی را بت تلقی کرده است.
بنده هنوز دلیل و سندی برای این حدس خود نیافته ام. البته در خود حافظ شاهد وجود دارد:

بیفشان زلف و صوفی را به پابازی و رقص آور که از هر رقعهٔ دلقش هزاران بت بیفشانی +

و حال آنکه هم از زبان همین حافظ و خطاب به همین شیخان گمراه که «به زیر دلق ملمع کمندها دارند» خوانده است که:

ز رهم میفکن ای شیخ به دانه های تسبیح که چو مرغ زیرک افتد نفتد به هیچ دامی

و هم از دوران کودکی با تسبیح صد دانهٔ سرِ جانماز مادر بزرگ وررفته و «الله، خیر و شرّ» کرده است .

برای همچو دیوانی نشستن و بیت بیت را به نثر برگرداندن شبیه کار همان بزرگواری است که ده بیست سال پیش همت کرد و شاخ دیوشکست و بوستان سعدی را به نثر نوشت و ابلهان مسندنشین زمانه با چنان آب و تابی کارش را منتشر کردند که من طاقتم نماند و فریاد اعتراض برداشتم .

البته وضع دکتر هروی با حبیب الله آموزگار فرق دارد و کار ناشر کتابش هم با وزارت فرهنگ و هنر آن روزگار. دکتر هروی مرد فاضل خون دل خوردهٔ صاحب صلاحیتی است، اما به نظر من راه را عوضی رفته است و نیروی خود را هدر داده است. من اگر به جای استاد هروی بودم در شرح این بیت:

ای پستهٔ تو خنده زده بر حدیث قند مشتاقم از برای خدا یک شکر بخند

*مرحوم خلدآشیان مولانا «خسرو نیکروز» از اجلّه «بزرگان و مشایخ صوفیه» بوده‌اند. و یکی از همان صوفیان البته خوش سلیقه ای که با جمجمهٔ مردگان آشغالهای کف حجره را جمع می‌کرده‌اند. چند سطر بعد ابهام برطرف خواهد شد.

+انصافاً سند قرصی است، این صوفیهای رقّاص چنان چرخی می‌زده‌اند که نقش گل و بتّه و تصاویر آدمهای روی دلقشان ــ که از دیبای چینی بوده ــ جدا می‌شده و می‌ریخته زیر دست و پا.

به توضیح مختصری قناعت می کردم که «شاعر دهان معشوق را به پستهٔ خندان شبیه کرده است»، و بس. بقیهٔ توضیحات شاید برای خارجیها مفید باشد اما یقین دارم همه فارسی زبانها با شنیدن ترکیب «حدیث قند» به یاد شیرینی قند می افتند، و با شنیدن جملهٔ «یک شکر بخند» مفهومی از این قبیل دستگیرشان می شود که: تبسمی بکن، یک ذرّه بخند. بعید است کسی که آشنایی مختصری با ادبیات فارسی داشته باشد، نداند که درقرن هشتم به علت نبودن وسایل تصفیه، شکر را با رنگ طبیعی اش که به سرخی می زده به بازار می آورده اند و هر اهل ذوقی با دیدن دانهٔ ریز و قرمز شکر به یاد دهان تنگ معشوق شیرین سخن می افتاده است[۳].

۳« در جواب عرض می‌کنم: ۱ــ در همان قرن هشتم شکر مادهٔ سختی بوده که طوطی ناگزیر بوده با منقار محکم خود آنرا بشکند و شکرشکن شود **[بیچاره طوطی]** دانه ریز حاجت به شکستن طوطی نداشته **[نکند منظور از شکر همان «کلّه قند» است آنهم به این گُندگی]** ۲ــ هیچ شاعر فارسی زبانی دهان معشوق را از جهت خردی به دانهٔ شکر تشبیه نکرده و مطلقاً به یاد آن نیفتاده **[صحیح است]** اگر هست بفرمائید **[بنده غلط می‌کنم روی حرف استادی آنهم بدین قاطعیت حرف بزنم، تا همین جا هم از شکر خوردن خود پشیمانم]** ۳ــ تا وقتی غنچه گل سرخ هست هیچ آدم خوش ذوق از شکر سرخ بی شکل تیره‌رنگ به یاد لب و دهان معشوق نیفتاده، اگر افتاده بفرمائید **[خوب شد این شقّ سوم را حضرت استادی اضافه فرمودند، وگرنه تکلیف ما با رودکی وفرخی وحافظ وسعدی چه بود؟ اگر مسعود سعد می‌گوید:**

**گه مرا داد و شکّرش بوسه گاه گاه سروشَ مرا گرفت کنار**

**مشمول بند ۲ است که لاهوری بوده وصد البته «فارسی زبان» نبوده؛ اگر خاقانی می‌گوید:**

**سودا بَرد بنفشه و شکّر چرا مرا**
**ز آن شکّر و بنفشه به سودا رسید کار**

**یا نظامی می‌گوید:**

**بگشاد شکر به زهر خنده کای بر جگرم نمک فکنده**

**یا: خندهٔ خوش زآن نزدی شکّرش؛ یا: شکر درخنده کاین لب را مکن ریش، این هر دو عالی جناب هم بشرح ایضاً که یکی شروانی است ودیگری گنجه‌ای. سوزنی هم اگر گفته**

**به یک کرشمه و یک غنچه زآن دو شکّر خویش**
**هزار دل بربائی هزار جان شکری**

**اولاً سمرقندی است وثانیاً چه معلوم منظورش دوتا کلّه‌قند نباشد.**

**بله، حساب این غیرفارسی زبانها را طبق حکم شماره ۲ می‌توان رسید. اما اگر با حکم شماره ۳ تکلیف آدم‌های غیر «خوش ذوق» مثل فرخی، سعدی، خواجو، عبید، سلمان، جمال‌الدین و... را تعین نفرموده بودند کار مشکل می‌شد. مثلاً فرخی که گفته است: ای شکر زآن دوشکر روزی من کن شکری... و دیگرانی که بارها لب و دهان معشوق را به شکر تشبیه کرده‌اند ومتأسفانه فارسی زبان هم بوده‌اند این تشبیه البته زشت زننده محصول بی ذوق یا بدذوقیشان بوده است، و ازجمله همین رندِ به درد افلاطون گرفتار آمدهٔ شیرازی که: می‌چکد شیر هنوز ازلب همچون شکرش، با دعای شبخیزان ای شکر دهان مستیز، بجز شکر دهنی مایه‌هاست خوبی را، فریاد که آن ساق شکّر لب سرمست، با یار شکر لب گلندام و... بالاخره]** اختلاف به اندازه

درشرح بیت دوم همین غزل مرقوم فرموده اند:

طوبی ز قامت تو نیارد که دم زند　　زین قصّه بگذرم که سخن می شود بلند

**درخت طوبی جرئت ندارد که لاف برابری با قد تو بزند، از این حکایت صرفنظر بکنم که سخن دراز می شود.**

**طوبی را که درخت بهشتی است کنایه از خود بهشت و قامت معشوق را نماد عیش و عشرت این جهانی دانسته، می گوید از بحث و مقایسهٔ این دو صرفنظر می کنم زیرا سخن به درازی می کشد و سبب اختلاف عقیده و جنجال می شود.»**

به جای آنکه درخت طوبای بدان بلندی را جانشین بهشت بدان گشادی کنند و قامت ممشوق معشوق را به «نماد عیش و عشرت این جهانی» که بهر حال کوتاه و مختصر است تعبیر فرمایند، ایکاش خوانندهٔ مبتدی را متوجه معانی متعدد «بلند» می کردند تا لطف سخن دو پهلوی حافظ روشن ترشود[4].

درشرح بیت دیگر که:

گر طیره می نمایی و گر طعنه می زنی　　ما نیستیم معتقد شیخ خود پسند

کاش معانی لغت طیره را به دلالت شواهد متعدد توسعه می دادند تا مجبور نشوند نمودن را به معنی «کردن» گیرند و میان «آشفته خاطر کردن» و «سخن کنایه دار گفتن» رابطه برقرار کنند، آنهم وقتی که دهها شاهد صادق در ادبیات داریم، از جمله خود حافظ که: «شیخم بطیره گفت حرام است می مخور»، یعنی با خشم و تحکم، و از جمله سعدی که: «خشم بی حد مران و طیره مگیر»، یا: «بر او زد بسر باری از طیره بانگ»، یا، آنجا که جهود و مسلمان به جان هم می افتند و: «بطیره گفت مسلمان گر این قبالهٔ من ــ درست نیست خدایا جهود میرانم»... در اینها و شواهد دیگر بویی از آشفته خاطری و آزردگی به مشام ذوق نمی رسد. می ترسم حضرت استادی به برهان قاطع تکیه کرده باشند و معنی را از آنجا گرفته باشند[5].

در این بیت:

یک بوسه بخند که بنده گفته بودم با یک ذرّه بخند یا تبسّمی کن که شما معنی می‌کنید آنقدر نبود که قابل طرح و بحث شکرشناسی باشد **[شعرها را از حافظه نقل کردم، اگر تحریفی رفته باشد شرمنده ام]**

٤ «ای کاش بجای اینهمه لطایف و ظرایف دو کلمه حرف سرراست می‌زدند که بنده موضع اشکال را تشخیص دهم **[با عرض شرمندگی ازبیان نارسایم درمقابل فراست اشارت شناسانهٔ حضرت استادی]**

۵ «ظاهراً توجه ندارند که در این مثالها به طیره گفتن و طیره گرفتن آمده که معنی خشم و تحکّم در آنها صادق است و در بیت مورد بحث طیره نمودن است و معنی همان آشفته خاطرساختن است که آورده ام **[حالا توجه کردم، معذرت می‌خواهم]**.

ز آشفتگی حال من آگاه کی شود　　آنرا که دل نگشت گرفتار این کمند

منظور حافظ کمند عشق، یعنی کمند زلف یار نه آنچه استاد فرموده اند که **«این کمند همان دام شیخ خودپسند است»**.

*

گاهی هم ـ البته بندرت ـ مختصر لغزشهایی دست داده است که قطعاً زاییدهٔ خستگی ذهن استاد است در این کار مفصل دو هزار صفحه ای، وگرنه بعید است مردی با تسلط ایشان بر ادبیات فارسی متوجه این نکته نباشد که در متون کهن به جای «به» غالباً «با» به کار رفته است، قدیمها نمی گفته اند «بخانه رفتم»، می گفتند «با خانه شدم» و به جای اینکه بگویند «بر فیل سوار شد» می گفتند «با پیل نشست». اگر این خستگی نبود یکباره خط ترقین بر همهٔ نسخه های کهن نمی کشیدند و در شرح «یا رب این نودولتان را با خر خودشان نشان» کلمهٔ «با» را تبدیل به «بر» نمی کردند و نمی نوشتند[۶]:

**«در نسخهٔ خانلری و همهٔ نسخه بدلها «با خر خودشان نشان» آمده که ناچار باید چنین معنی شود: آنها را با خر خودشان هم‌نشین کن، که معنای بالنسبه تندی دارد. ضبط ما بر اساس حافظ قدسی صورت پذیرفته است.»**

نتیجهٔ همین خستگی است شرحی که بر این بیت نوشته اند که:

کفر زلفش ره دین می زد وآن سنگین دل　　در رهش مشعلی از چهره برافروخته بود

**کفری که بر اثر زیبائی زلفش ایجاد شده بود راه دین و ایمان را قطع می کرد وآن یار سخت دل برای چنین راهزنی از چهرهٔ خود مشعلی روشن افروخته بود. از روال سخن چنین مفهوم می شود که هنگامی که در شب راهزنان می خواستند به قافله حمله کنند یکی از ایشان پیشاپیش مشعلی به دست می گرفت و به سوی قافله می رفت و دیگر راهزنان از پشت سر می آمدند. در جنگهای شبانه نیز چنین مرسوم بود، در تاریخ آل مظفر آمده است: «چند نوبت از صبح تا شام محاربه می رفت و چون آفتاب غروب می کرد به روشنی مشعل جنگ می کردند». می گوید زیبائی زلفش مثل راهزنی به کاروان دین و ایمان حمله**

۶« اینجا بحث استعمال «با» بجای «به» مطرح نیست، سخن از مقایسهٔ با و بر است، مثلاً قدیمی ها هم همه نمی‌گفتند «با خانه شدم» بعضی شان هم مثل خواجه حافظ شیرازی به خانه رفتن گفته اند... ۲ـ به فرض که پذیرفتیم با خر نشستن هم معنایی معادل بر خر نشستن دارد نتیجه این است که در معنای بیت فرق حاصل نشده ۳ـ... سخن بر سر این است که خر حیوان تحقیر شده ای است اگر با خر نشستن از لحاظ دستوری هم درست باشد [استغفرالله!] استعمال آن عاری از ذوق و ظرافت است و.. اهل زبان به این نکته ها توجه دارند **[پدر این خر و هرچی خر دیگر است آمرزیده که نام نازنینش مایهٔ دردسر شد]**

**می کرد ـ مایهٔ کفر و گناه می شد ـ و او چنان سنگدل بود که به جای اینکه زلف خود را از یغما کردن دین بازدارد، با نور چهرهٔ درخشان خود، راه او را روشن می ساخت!»**

ورنه با حضور دزدان چراغدار زمانه چه حاجت بود که به سراغ تاریخ آل مظفر روند و «هندوی شبرو کافر کیش» زلف را به میدان جنگ بکشانند[۷]. و از همین مقوله است توضیحاتشان دربارهٔ این بیت که:

نقش می بستم که گیرم گوشه ای زان چشم مست
طاقت وصبر ازخم ابروش طاق افتاده بود

**خیال داشتم که از چشم مست او دوری کنم و به گوشه ای بنشینم، ولی صبر و طاقتم از دوری خم ابروی او به حالی بی نظیر افتاده بود».**

ورنه «طاق افتادن» به معنی «جدا و دور ماندن» نکتهٔ لاینحلی نبوده است که متوجه آن نباشند[۸].

هنوز در شهر متمدن شدهٔ ما وقتی مجلس جشنی برپا می شود یا شخصیت والایی به مهمانی می آید همسایه ها و اهالی محل پا به فرار نمی گذارند بلکه خلایق هجوم می آورند و از در و بام خانه بالا می روند تا تماشایی کرده باشند[۹]. در قرن هشتم هم اگر قضیه از این غلیظتر نبوده باشد رقیقتر هم نبوده است، بنابراین با خواندن:

پرتو روی تو تا در خلوتم دید آفتاب　　می رود چون سایه هردم بر در و بامم هنوز

ذهن متوجه بر بام آمدن و سرک کشیدن خورشید می شود نه:

**«از وقتی که آفتاب فروغ روی ترا در کنج خلوت من دید، مثل سایه گریزان شده و هنوز هر لحظه از در و بام من بالا می رود».**

و یا در شرح بیت ضرب المثل شده ای چون:

خواهی که روشنت شود اسرار درد عشق　　از شمع پرس قصه ز باد صبا مپرس

مرقوم فرموده اند:

**«اگر می خواهی اسرار سوز و گداز عشق بر تو آشکار شود، حکایت را از شمع بپرس، از باد صبا مپرس.**

۷« به حقیقت نمیدانم مقصود چیست، سخن چندان به لطایف و ظرایف آراسته شده که مقصود در آن گم شده [از گوشه ای برون آی ای کوکب...]

۸« وانگهی جدا و دورماندن صبر و طاقت عاشق از خم ابروی معشوق چه معنائی دارد؟ [هیچی]

۹« چه کسی در کشور مسلمان جرئت داشته از دیوار بالا بیاید و ناظر چنین خلوتی باشد.

**یعنی باد صبا گرچه پیام آور عشق ماست، وزشی خنک و مطبوع دارد و از سوز عشق بی خبر است، شمع است که سوختن را با تمام وجود احساس می کند. پس اگر می خواهی که بر تو روشن شود ما چگونه در عشق می سوزیم، قصه را از شمع بپرس.**
**حاصل معنی اینکه سوختن را در نظر بگیر تا حال ما را بدانی، نه وزش باد صبا را».**

و حال آنکه بعید می دانم قضیه مربوط به «خنکی» باد صبا باشد. وزش باد قاتل شمع است همانطور که جفای معشوق بلای جان عاشق. معشوق سرکش بی اعتنای جفا کار چه خبر دارد که بر عاشق دلسوخته چه می گذرد[10]. در همین غزل بیتی داریم که:

حافظ رسید موسم گل معرفت مگوی  در یاب نقد وقت وزچون وچرا مپرس

و آقای دکتر در شرحش نوشته اند:

**«حافظ، فصل بهار رسید، از حکمت و عرفان سخن مگوی، چون و چرا در مسائل را رها کن و از لحظه های عمر بهره ببر».**

و به دنبالش شرح مفصلی از تعریف «معرفت» در مصطلحات صوفیه و قلمبه گوییهای «علمایون».

این هم دلیل دیگری است بر خستگی مفرط ایشان در این کار سنگین لبریز از لزوم مالا یلزم، وگرنه ایشان بهتر از هر کس با اصطلاح «معرفت گفتن» آشنایند و آن بیت ــ البته بی ادبانهٔ ــ شاعر معاصر حافظ عبید زاکانی را به خاطر دارند که «هر معرفتی که مرد بنگی گوید...»[11]

جناب دکتر هروی گاهی هم دستخوش سلیقهٔ اهل زمانه شده اند، در بیت:

کس ندانست که منزلگه مقصود کجاست  اینقدر هست که بانگ جرسی می آید

حاضرم به صفای همان سینه ای که گنجینهٔ قرآن است قسم بخورم که قطعاً و حتماً ذهن شاعر هنگام سرودن این بیت متوجه این نکته نبوده است[12] که:

**«حارث بن هشام رسول (ص) را پرسید که وحی چون آید؟ فرمود: اوقاتی چنان باشد که آواز جرس و آن بر من گران بود وسخت، و اوقاتی فرشته بیاید به صورت مردی وآنچه گوید بشنوم وبدانم».**

۱۰« و بنده ابعد می‌دانم باد صبا که همیشه در حافظ بیمار است **[خدا شفا بدهد]** و کاهل رو اینجا نقش قاتل داشته باشد.

۱۱« هیچ معلوم نیست نظرشان چیست، این مصراع از عبید زاکانی را نقل فرموده‌اند «هر معرفتی که مرد بنگی گوید». از این اشارهٔ معمّا گونه هم بندهٔ کند ذهن **[اختیار دارید، امان از شکسته نفسی]** چیزی نفهمیدم **[در عین حال خوشا به حالتان]**

۱۲« سوگند خوردن روش تازه ای است در امر تحقیق **[بله، «تحقیق»]**

وهمچنین هنگام سرودن بیت:

خیز و در کاسهٔ زر آب طربناک انداز     پیشتر زان که شود کاسهٔ سر خاک انداز

به ایشان اطمینان می دهم که حافظ آنمایه کج ذوق و بی سلیقه نبوده است که از جمجمهٔ آدمیزاد «خاک انداز» درست کند و اگر هم آدمیزادهٔ خدازدهٔ کم عقلی پیدا می شده است که به علت تهی دستی و بی همتی نتواند از تکه سفال شکسته ای برای روفتن و جمع کردن خاکروبه های مزبلهٔ حجره نامش استفاده کند، و اصراری داشته است تا از اجزای وجود مرده وسیله ای برای دفع خاشاک بسازد، قطعاً به سراغ استخوان شانه می رفته است که پهن بوده و تا حدی قابل استفاده، نه اینکه جمجمهٔ چندسوراخه ای را به جای خاک انداز به کار گیرد[۱۳]. جناب دکتر نوشته اند:

**«در احوال بعضی ازصوفیان[×] نوشته اند که در کنج انزوای خود به حدی از وسائل زندگی محروم بوده اند که از جمجمهٔ مرده به عنوان خاک انداز استفاده می کردند و اینست مناسبت سربا خاک انداز دربیت».**

ایکاش مشخصات این «بعضی از صوفیان» را روشنتر مرقوم می فرمودند تا بنده تکلیفم را با جناب مرشد می دانستم.

حضرت استادی اگر بجای توغّل در تجاویف اسفار عظیمه ــ لاسیّما شرح سودی و برهان قاطع و خسته کردن خویش و خوانندگان گشتی در کوچه و خیابانها می‌زدند و تأملی در حال عاشق‌پیشگان ولگرد وطنی می‌فرمودند، زمزمهٔ فلان جوانک هرزهٔ محرومیت کشیدهٔ دنبال دخترک افتاده را می‌شنیدند که «اخم مکن که قربون اخمات برم، ناز مکن که جگر تو بخورم» با معنی این «که» آشنا می‌شدند، گیرم در دوران کودکی بچهٔ شروری نبوده اند و ناله و نفرین مادر نثارشان نشده است که «اینقدر شرّی نکن که نخلت به زمین بیاد، دماغت را به آستینت نمال که مرده شورت ببره». آری اگر توجهی به زبان متداول خلق‌الله می فرمودند، حتماً در این بیت حافظ هم:

مزن هردم به نوک غمزه تیرم     که پیش چشم بیمارت بمیرم

۱۳ «اگرتا این حدّ را بپذیریم [!] استخوان جمجمه هم معنای دوری نیست

× رجوع فرمائید به حاشیهٔ قبلی دربارهٔ شیخ المشایخ مولانا «خسرونیکروز» که دلقش ازدیبای چینی بوده است، آنهم دیبائی که بجای گل وتبه تصویر آدمیان داشته.

این «که» را جانشین «الهی که» می دانستند، و دیگر نمی نوشتند:

«از نوک مژگان بر دلم تیر مزن زیرا که پیش چشم بیمارت می میرم... امّا مصراع دوم را به دو وجه می توان معنی کرد: ۱ ـ به تیرزدن حاجت نیست زیرا من خود از زیبائی چشم بیمارت در برابر آن از خود بی خود می شوم و بخاطر آن می میرم ۲ ـ اگر تیر بزنی در برابر چشم بیمارت می میرم و مردن من سبب نگرانی و هیجان این بیمار می شود، پس تیرمزن...

٭

قصدم تخطئهٔ کار دکتر هروی نیست، که مردی بی تعارف زحمت کش است و فاضل. کار او از مقولهٔ حافظ خراباتی یا شرح لیلی ومجنون+ کذائی نیست که بکلّی از مرحله پرت باشد و امیدی به اصلاحش نرود، و بنده مجبور شوم با لحنی که شایستهٔ چونان «آثاری» است به سراغشان روم. خیر، دکتر هروی سواد و صلاحیتش را دارد و می تواند شرح مطلوبتری بر دیوان حافظ بنویسد. طرح دو سه نکته ای که منبعث از اختلاف سلیقه است و محصول تورق گذرا و تأملی در سی چهل صفحه ـ و چه بسا نظرات من بکلی خطا باشد ـ نه می تواند ارزیابی درست و منصفانه ای از کتابی دو هزار صفحه ای باشد و نه می تواند از ارزش زحمات این محقق کوشنده بکاهد. فضلایی از قبیل دکتر هروی در راه شناختن و شناساندن حافظ هر قدمی که بردارند مغتنم است، نکته هائی که عرض کردم محصول علاقه و ارادتی است که به او دارم و به امید اینکه چاپ بعدی این مجموعه به صورتی منقح تر و جمع وجورتر منتشر گردد.

+دربارهٔ لیلی و مجنون رجوع فرمائید به مقالهٔ «روستائی شَد...» در همین مجموعه، و راجع به حافظ خراباتی مقاله «ستاره ای بدرخشید» را در مجموعهٔ «درآستین مرقع» ـ اگر به دستش آوردید ـ بخوانید.

(کیهان فرهنگی ۱۳۶۷)

# هردوشیرازی*

دوست عزیزم! شمارهٔ اخیر آینده را دیدم و خواندم و لذت بردم، همین شماره ای را می‌گویم که به یاد شاعر ارجمند روزگارمان فریدون منتشر کرده‌اید و به قصد تجلیل از مقام والای هنریش. همه مقالات این شماره خوب و خواندنی بود، و از همه یک سر و گردن بالا تر مقالهٔ دوست مشترکمان دکتر مهدی پرهام با آن نثر لطیف و نکات تأمل انگیز و البته آمیخته به عواطف دوستانه اش. نرنجید و برنیاشوبید که «مگر شماره های دیگر آینده خواندنی نبوده است؟». البته که بود و هست و خواهد بود، منتها غالباً برای اهل تحقیق و تخصّص، نه در نظر عامی متوسط حالِ فارغ از تخصّص و بی خبر از فضل و تحقیق چون بنده. شمارهٔ اخیر آینده شباهتکی به غزلهای حافظ داشت، هم اهل فضل و اصطلاح پسندیدندش و هم عوام الناسی چون مخلص. دستتان درد نکند و دَمتان درین سرمای بی موقعِ بهاری گرم.

در مقاله جناب پرهام نکته های فراوانی بود و از آن جمله عبارتی توجه مرا به خود کشید که:

قوام السلطنه قطعه «ذیمقراط» توللی را که در رهبر چاپ شده است می خواند و رو به مظفر فیروز که وزیر کابینه اش ـ و به تعبیر درست پرهام «پا انداز» حزب دموکراتش ـ بود می‌کند که:

**«من و تو و این حزب همیشه باق خواهیم ماند. مظفر خواسته بود بنا به سیره تملق گویان این بقا را به درایت و کفایت جناب اشرف منتسب نماید، قوام با تبسم روزنامه رهبر را که جلوش گذاشته**

*مقاله ای خطاب به ایرج افشار، که فرستاده نشد

**بود و ذیمقراط با حروف درشت در آن چاپ شده بود نشانش می‌دهد. این را مرحوم حسن ارسنجانی برایم [مهدی پرهام] نقل کرد و می‌گفت قوام بکرات از این التفاصیل یاد می‌کرد و سفارش کرده بود که مراجع سانسور مزاحم فریدون نشوند.**

با خواندن این شهادت ارزنده آنهم از زبان شاهد عادلی که شخصاً درگیرِ قضایای آن روزگار بوده است، آشوب یادها طوفانی در خاطرم برانگیخت و به یاد صحنه‌های دیگری از دوران آریامهری افتادم و تفاوت رفتار مسندنشینانش با اهل ذوق و قلم. پرهام شهادت می‌دهد که مرحوم قوام‌السلطنه، با آن بگیر و ببندها و قدرت نمائی‌ها و تفرعنِ با شیر اندرون شده‌اش، مأموران سانسور جراید را از تندروی برحذر می‌داشت و نمی‌گذاشت فلان چاکرک تملق‌پیشه با قدرتِ مسلّطِ غیرقانونیش راه طنز و انتقاد بر فریدون و فریدونها ببندد و قلم توانا و گزندهٔ او را به جرمِ اینکه از مسندنشینِ قدرتمند زمانه انتقادی کرده است درهم بشکند.

شاید جوانان و میانه سالان امروزین ندانند که فریدون با چه لحن گزنده‌ای به جنگ قوام آمده بود و با چه نثر و شعر کوبنده‌ای جناب اشرفِ زمانه را مشت و مال می‌داد. از تأثیر نوشته‌ها و سروده‌های فریدون کسانی با خبرند که چهل سال پیش اهل مطالعه ـ و احیاناً مبارزه ـ بوده‌اند و هم اکنون در حوالی شصت سالگی می‌پلکند و به اقتضای حال و روزگار تماشاگرانِ مُهر بر لب زدهٔ معرکه‌اند؛ کسانی که شاهد کیا و بیای جناب اشرف بودند و جزب دموکراتش و قدّاره‌بندانِ معرکه گیرِ نفس کش طلبش*، آنهم در اوج قدرتی که به برکت پخته‌کاری و وطن‌پرستی با نرمشی جانانه سبیل استالین را دود داده بود و با وعدهٔ سرِخرمنی سایهٔ سنگین ارتش سرخ را از سر ملت جنگ زدهٔ پریشان حال ایران برگرفته و به تبعِ آن بساط پیشه‌وری را درهم پیچیده و مخالفان صاحب نفوذِ سیاسی را با زمزمهٔ «آی والله» به کیسه کردن ماستها واداشته بود. در همچو حال و هوائی فریدون تولّلی می‌نویسد و التفاصیل می‌نویسد و نوشته‌هایش در جراید بسیاری منتشر می‌شود و دست به دست می‌گردد و مردم می‌خوانند و به خاطر می‌سپارند که:

**«و اما اینکه بچه علت مسکوکات زرّین را اشرفی نامیده‌اند عقیدهٔ داعی چنین است که اتّخاذ این لغت از کلمهٔ اشرف است و اشرف خود مخفّف حضرت اشرف است* وسبب این**

* که در مقابل عربده‌جویان حزب توده وجودشان به هر حال توجیه‌پذیر می‌نمود.

* خوانندگان بالای پنجاه سال احتمالاً ظرایف و نیش‌های جانانه این قطعه را درک می‌کنند، اما برای جوانترها فعلاً این توضیح کافی است که لقب رسمی مرحوم قوام‌السلطنة جناب اشرف بوده است.

تسمیه آنکه اشرفان ملک عجم دستمزد خیانات خویش از کیسه بیگانگان بدین نقود ستانند:

حضرت اشرف رسید و اشرفی آورد تا که ببندد دهان مدّعیان را
مردم اوباش گرد خویش بخواند رام نماید به حیله خرد و کلان را...»

و هر مقامه‌ای از این قبیل در شکستن غرور قوام السلطنه بیش از دهها نطق پارلمانی مؤثر است و از میتینگ های چند هزار نفری مخالفان خطرخیزتر. با اینهمه قوام السلطنه به حکم ذوق ادبی و طبع هنرشناس خود از خوانندگان پر و پا قرص نوشته‌های حریف است و به سائقه تربیت دوران مشروطه‌خواهی از مدافعان سرسخت آزادی قلم. چه بسا بارها محرمعلی خان* و مسئولان و رئیسان شعبه مطبوعات شهربانی، روزنامه‌ای را به دست گرفته‌اند و به حضور جناب اشرف رسیده و گریبان چاکری چاک داده‌اند که «قربان، جسارت این ماجراجویِ خائنِ نوکرِ اجانب از بردباری ما افزون شده است و اگر ممنوع القلمش نکنیم چنین و چنان می شود»، و دلسوزی های جاسوس مآبانه‌ای از این قبیل. اما شنونده عاقل است و پخته کار و از اینها بالا تر پرورش یافتهٔ حال و هوائی دیگر. می داند که ایجاد محیط ارعاب و خفقان به فرض آنکه موقتاً تسکینی به اوضاع دهد، مسکّنی است مهلک، و عوارض جنبی اش هزاران بار زیان خیزتر از دردی که به هر حال تحمّل پذیر است؛ پرونده را زیر بغل «یارو» می دهد که: بردار و گورت را گم کن و با زدنِ داغ دیکتاتوری بر جبین اعمالم زیرپای مرا خالی مکن.

و از این مهمتر با پاسخی که به مظفر فیروز می دهد سند ذوق سلیم و هنرشناسی و شعر فهمی و بالاخره سیاستمداری خود را به بایگانی تاریخ می سپارد تا آیندگان بدانند که مردْ صاحبِ فرهنگ است و پروردهٔ معارف ایرانی. شعر و نثر خوب را می شناسد و با ادبیات و زبان فارسی چون اغلب صدراعظمهای پیش از خود آشنائی دارد.

*این مُحرّم‌علی خان را جوانان و حتی رجال امروزه احتمالا نمی‌شناسند، پیرمرد ملایم رفتاری بود که وظیفه دشوار سانسور مطبوعات را بر عهده داشت، آنهم در سالهائی که فی الجمله آزادی قلمی بود و احزاب گوناگونی. مرد نازنین در مواجهه با نویسندگان و مدیران جراید بیش از تیُز قدرت از لحن نصیحتگرِ خودمانیش کار می‌گرفت و با آتش مزاجان مطبوعات مدارائی جوانمردانه داشت. در دوران حکومتِ کانون مترقی و دولتِ امریکاپسند منصور جایش را به دکترا گرفتگان فرنگ سپرد که مملکت رو به نوسازی می‌رفت و پهلوی دوم رو به آریامهری. تا نویسندگان جراید ــ و از آن جمله خود بنده ــ به یاد عهد ـ محرّمعلی خانی آه حسرت کشیم و از کلنجارهائی که با پیرمرد رفته بودیم احساس خجلت و ندامت کنیم.

دریغا که از محل قبرش بی خبرم تا با تهیهٔ شمعی و نیاز فاتحه‌ای در دل خاک دلش شاد کنم

او می داند که نوشته های این جوانک صاحب قریحهٔ شیرازی با سر مقاله های «شاهنده» تفاوتش از زمین تا آسمان است، هم از نظرگاه فنّی و هنری و هم از حیث انگیزه نوشتن و نیّت نویسنده. انتقاد بیرحمانه فریدون نه به قصد انتقام گیری شخصی است که مال و مقامش را گرفته باشند، و نه به اشارت فلان سفارت خارجی، و نه برای کسب جاه و منصب. کار او با سمّ پاشی های فلان منتظرالوکاله و ممنوع الوزاره و مقاطعه گرِ شیّاد و دلّال سیاسی تفاوت دارد که آنهمه به قصد جلب منفعت است، و نوشته های این برخاسته از وطن خواهی و مبتنی بر عقیدتی، اگرچه تند و افراطی. او می داند که مدایح این قلم به دستان حتی در روز انتشار هم خریدار و خواننده‌ای ندارد، اما شعر و نثر فریدون بر صفحات تاریخ باقی می ماند و بعد از او هم گویند به دستانها.

میان کار هنری با هوچی گریهای وقاحت پیشگان تفاوت است، و این تفاوت را ذهن بیدار قوام السلطنه درک می‌کند که مرد در کار سیاست و امور مملکت داری پنجاه سال تجربه پشت سر نهاده و با اوضاع زمانه آشناست؛ از پشت پاچال بقالی یا از ناف فلان کالج امریکائی بی هیچ مقدّمه‌ای بر مسند حکومت نجسته است که بگیر و ببندش حدّ و مرزی نداشته باشد.

باری با خواندن مقاله پرهام و تجدید خاطرهٔ محوی از دوران زمامداری قوام و التفاصیل نویسی های فریدون، به یاد چند سال بعد افتادم که همین فریدون در همین تهرانِ علیه ماعلیه آواره و دربدر از سوراخی به سوراخی می خزید تا از پنجهٔ «عدالت» تیمسار آزموده جانی بدر برد، که کِشتی بان را سیاستی دگر آمده بود و کُشتنیان را هم سیاستی دیگر. مردم ــ به اصطلاح آن روزها «شرافتمند» ــ تهران قیام کرده بودند و آنهم چه قیامی. مصدق را از مسند رهبری و پیشوائی فروکشیده و بجایش زاهدی را نشانده بودند و سرلشکرِ ــ البته محبوبی ــ چون بختیار را و تیمسارِ ــ البته صاحب فضیلتی ــ چون آزموده را؛ و محمد رضا شاه پهلوی تبدیل شده بود به شاهنشاه عدالت گستر و می رفت که بر سریر آریامهری قدم گذارد و مناسب ترین قربانی این جلوسِ خسروی قلمها بود و ذوقها و به عبارتی کلّی تر مطبوعات.

لعنت خدا بر این تداعیِ مزاحم باد که به مناسبت طنز و هزل ــ و احیاناً هجوی ــ که در نثر و شعر فریدون موج می زد، در این روزگار بریدنِ از گذشته ها مرا به یاد روزنامهٔ توفیق

انداخت و هنرمندی نویسندگانش که غالباً صاحب‌ذوقانی دور از آلودگیهای متداول روزگار بودند* و حاصل کارشان در حکم دریچهٔ اطمینانی بود بلا گردانِ حادثات. مردمی که از نابسامانیهای اجتماعی و آلودگی صاحبان منصب و حرصِ عنان گسیختهٔ کاسبان شرکت‌ساز و... صدها منظره ناخوشایندِ عصیان‌انگیز، حیرت در نگاه و بغض در گلو داشتند، بدین دلخوش بودند که هر شب جمعه نسخه‌ای از توفیق به دست آرند و با خواندن متلکهای دلنشین آن به شیوهٔ سنّتی عقده‌ای خالی کنند و با لبخندی غمهای زمانه را به فراموشی سپارند. لطیفه‌پردازی و به قول امروزی‌ها جُک‌سازی تا بوده و نبوده حربهٔ اکثریت ایرانیان دل‌آزرده‌ای بوده است که از بیم جان یا غم نان طنز دلگشای غالباً بی‌خطر را بر اقدام مستقیم البته خطرناک ترجیح می‌دهند.

اگر اصحاب جامعه شناسی در عرصهٔ ادبیات ایران گشت و گذاری کنند شاید با شواهدِ متعدّد موفّق به تأیید این واقعیت شوند که هر وقت اختناق اجتماعی بیشتر بوده است و استبداد حکومتها سنگینتر، از میان انواع صنایع ادبی توجه نویسندگان و سرایندگان به دو صنعت بیشتر شده است یکی هزل و هجو، و دیگری بکار گرفتن زبان کنائی و به اصطلاح فرنگی مسلکان «سمبولیک». نمونه هایش نه ده نه صد هزارها، و از آن جمله نثر هزل آلود عبید زاکانی و شعر لبریز از کنایت و ایهام حافظ که هر دو محصول استبداد سیاه عهد مبارزالدین است و فترتی که در سلطنت شاه شجاع پیش آمد با حمله محمود و اراذل عراقی به سرزمین ذوق و ظرافت شیراز.

باری، دخالت در معقولات کافی است. روزنامه توفیق در آن روزگاران دریچهٔ

* نمیدانم این مطلب را جای دیگر هم نوشته ام یا نه. به فرض نوشتن تکرارش عیبی ندارد که:

یکی از دوستان بنده در آستانهٔ آریامهری شاه عضو کابینه بود و وزیر اطلاعات برایم تعریف کرد که قرار شده بود وجوهاتی به عنوان عطیهٔ همایونی بین روزنامه‌نگاران تقسیم کنیم سهم هر مدیر روزنامه‌ای را به تناسب موقعیّت و اهمیتش مشخص کردم و اسکناسهای درشت را توی پاکتها گذاشتم و روزنامه‌نویسان را بتفاریق و تک‌تک احضار کردم و پاکت هر کس را شخصاً به دستش دادم. همه گرفتند با این تفاوت که عده‌ای به عرض سپاسهای چاپلوسانه اکتفا کردند و چند نفری هم با شرح خدماتشان توقع عنایت بیشتری داشتند. در این میان یک نفر از قبول عطیه ملوکانه خودداری کرد با این که: «منظورتان از دادن این پولها چیست؟ اگر غرض این است که ما اسائه ادبی به مقام سلطنت نکنیم که این کار قانوناً جرم است و ما هم مرتکب جرم نمی‌شویم، اگر غرضتان کمک به روزنامه ماست روزنامه ما را مردم می‌خرند و خوب هم می‌خرند و نه تنها خرج و دخل می‌کنیم که چیزی هم اضافه می‌آید». و این مرد مدیر روزنامه توفیق بود.

اطمینانی بود بر فرق دیگ بخاری که آتش بیاران معرکه در کار تافتنش بودند و غافل از انفجارش. اگر در آن سالها بجای هویدای روشنفکرِ در فرنگ بالیدهٔ با دموکراسی غربی آشنا شده و اعضای کابینهٔ از آمریکا رسیدهٔ بر صندلی وزارت جهیده‌اش، مردی چون فروغی بر مسند بود یا چون قوام و مصدّق و حتی حکیم‌الملک و علاء و امثال اینان، محال بود فرمان توقیف چونان نشریه‌ای را صادر کنند و مردم را از این بازیچهٔ عقده گشای بی خطر محروم.

اما دوره دوره‌ای دیگر بود، دورهٔ شعر و شعارها و جوش و خروشها؛ دوران شهسوارانی که دروازه‌های گشودهٔ «تمدن بزرگ» دل از دست و عقل از سرشان برده بود و سمندِ دولتشان چنان سرکشیده می‌رفت که ضربه نعل اسبان بر صدای شکستن استخوانها غلبه می‌کرد*. متفکران و ایده‌پردازانِ رستاخیزی همه عقلِ کلّ بودند و داعیه داران حقِ مطلق در دیارِ اَلحقُّ لِمَن غَلَب، و غالبا در محاصرهٔ رندان فرصت‌طلبی که به حکم تربیتی دیرینه با نرخ روزانهٔ نان آشنائی داشتند و با جهت وزشِ بادِ قدرت نیز هم.

دو چیز آفت انصاف و مداراست: یکی عشق، و به تعبیری رساتر شیفتگیِ فرزند بیچارهٔ آدم ــ و باز هم به عبارتی بهتر: فرزند بیچارهٔ حوّا ــ به افکار و معتقدات خودش که مایه‌بخش نازکی خاطر لطیف او می‌شود تابحدّی‌که تاب از گل نازکتری ندارد، و نه تنها نفرین که دعای ملتمسانه را هم برنمی تابد؛ و دیگری احساس ضعف و سقوط که کار مسندپرستان را به جنونِ قساوت می کشاند، تا آنجا که ویرانی چهل میلیون را ضامنِ آبادی خود می دانند و برای

*امان از این تداعی مزاحم، سمندِ سرکش مرا به یاد خاطره‌ای انداخت گویا مربوط به بهار ۱۳۵۷. در دهلی بودم که شنیدم قرار است شاه ایران به هند سفر کند و مقامات انتظامی هند گرفتار بگیروببند ایرانیان بی آرامند تا سفر ملوکانه به خیر و خوشی برگزار گردد و قرار داد خرید سنگ آهن ــ که مایه‌بخش زمزمهٔ و شایعاتی بود ــ به مبارکی امضا شود. شهرداری دهلی دعوتی کرده بود در «لعل قلعه». دعوتی بدان حدّ همگانی که یکی از دعوتنامه‌هایش هم نصیب من شد، البته به لطف دکتر اظهر دهلوی. توفیق شرکت در مراسم نصیبم نشد، اما تماشای کارت دعوت عالمی داشت. نمی‌دانم ظرافتی رندانه بود یا تصادفی عبرت‌آموز. دریک سوی کارت مینیاتوری چاپ کرده بودند که ظاهراً صفحه‌ای از بوستان سعدی بوده است، و در کنار مینیاتور این ابیات با نستعلیق روشن و خوانائی که:

تو بر کرّهٔ توسنی بر کمر نگر تا نپیچد زحکم تو سر
که گر پالهنگ از کفَت درگسیخت تنِ خویشتن کُشت و خون تو ریخت

نمی‌دانم در جمع انبوه ملازمان رکاب همایونی آیا ذهن بیداری مانده بود که پیام را بگیرد و به عرض خاکپای مبارک برساند؟ حتماً نه اگر چنان می‌بود که چنین نمی‌شد.

دستمالی قیصریه ای را به آتش می کشند. و این هر دو عامل در آن روزگاران راه بر مروت ومدارایی ـ که آسایش دو گیتی در پناه آن خفته است ـ بسته بود.

جناب رئیس الوزراء از شوخی لطیف روزنامه توفیق بر می‌آشوبد و با یک فرمان تلفنی موسسهٔ چهل ساله ای را به کام نیستی می‌فرستد با دهها نویسنده و شاعر صاحب ذوق و ده‌ها هزار خوانندهٔ دلبستهٔ مشتاقش؛ و در پاسخ معدودی مصلحت اندیشان واقع نگر پای لجبازی بر زمین حماقت می‌کوبد و در پناه سپرِ «مصالح عالیه» و حفظ رژیم و مقدّ سات ملی، شمشیر «لِمَن الملکی» در خزینهٔ غرور می‌چرخاند.

سرنوشت نامبارک توفیق ها عبرت آموز دیگران می‌شود و در سکوت مرگباری که فضای مطبوعاتی مملکت را فرا می‌گیرد، تیراژ مشترکان اخبار شفاهی و در گوشی بالا می‌رود، تا آنجا که نتیجه اش را دیدید و دیدیم.

***

باری، سخن از شماره اخیر آینده بود و نوشته های دوستان فریدون و اشاراتی که غالبا به تحوّل حال او و گردشِ یکصد و هشتاد درجه ای راه سیاسی اش کرده بودند.

عقب گردِ فریدون ـ آنهم بدین شدّت ـ قابل دفاع نیست و گمان می‌کنم روزی که تلفن کردید و درباره تخصیص این شمارهٔ آینده به تجلیل از فریدون یادآوری فرمودید به عرضتان رسانده باشم که در نظر من تاریخ مرگ فریدون تولّلی شاعر بلندآوازهٔ اجتماعی مربوط به بیست سال پیش است نه امسال*. با اینهمه نه به قصد دفاع بلکه به عنوان تبصره ای خواستم سئوالی با خوانندگان مجلهٔ شما درمیان نهم، و آن بی هیچ مقدمه چینی اینکه:

تولّلی شاعری مبارز بود. در روزگار جوانی ـ که هر کس را از مقولهٔ افتد و دانی گرفتاریهاست ـ این جوان هنرمند شیرازی به یک عشق دل بسته بود و آنهم عشق وطن بود و ابنای وطن. و غیرت همین عشق او را به جنگِ قوی پنجگان بی رحمی فرستاده بود، از خان سرسپردهٔ قشقایی و مرشد مردم‌فریب شیراز و امیر قدرتمند ارتش گرفته تا فلان محتکر اجناس و فلان مقاطعه کارِ زدوبند چی و فلان داعیه دار سجاده‌نشین. فریدون در رهگذر این عشق

*در این مقوله تحلیل خواندنی جالبی دارد دانشمند شیرین کلام معاصر دکتر صاحب الزمانی در کتاب «دیباچه ای بر رهبری» که اگر نخوانده اید امیدوارم بیابید و بخوانید.

هم صادق بود و هم غیور، و دلیل صفا و صداقتش همین بس که با همه تعلق خاطری که چون بسیاری از جوانان پاکدل و اصلاح‌طلبِ نسل خویش به حزب توده داشت و همه خوشباوریهایش به شعارهای خلایق‌پسند سران حزب، و همه نفرتهایش از حرص عنان گسیختهٔ سرمایه‌داران و زراندوزان زمانه، بمحض آنکه ماجرای پیشه‌وری علنی گشت و دست جنایت استالینی را در کار تجزیهٔ وطنش احساس کرد، بی‌پروا از داغ ارتداد و سرنوشت تلخی که در آن بازار آشفتهٔ سیاست به انتظار مرتدّان سیاسی کمین کرده بود با شجاعتی شاعرانه فریاد «اِنّی لا اُحِبُ الخائنین» سر داد و با تنی چند از دوستانی که درعین شعاردادنها گوشهٔ چشمی هم به تفکر و تأمل داشتند از دستگاه حزب کناره گرفت و مرد مردانه به رسوا کردن اجنبی پرستان پرداخت*.

انشعاب جماعت «مرتدّان» از حزب توده، مصادف با سالهای پرهیجانی از عمر کشور کهنسال ما بود، واپسین سالهای سومین دههٔ قرن حاضر، سالهای جوش و خروش ملی و لغوقرار داد نفت و به مسند نشستن دکتر مصدق و آزادی قلم ها و زبانها. در این دورهٔ پر تب و تاب، فریدون جوان با قریحه وقلمش به دفاع از ملی کردن نفت برخاست و حمایت از مصدق و حمله به استعمار انگلیس. و درین رهگذر با خلوصی شاعرانه خدمت کرد، بی هیچ توقعی از دستگاه حکومت یا سردمداران ملت. نه از امکانات دولت برای کسب میز و منصب و ترقی مقام استفاده کرد و نه از علاقهٔ مردم برای جلوس بر کرسی بهارستان. در این سالهائی که بسیاری

*شاید جوانان امروز ندانند حزب توده با دستگاه جهنمی تبلیغاتیش و با عمّال ورزیدهٔ شایعه‌سازش چه قدرت مخوفی بود برای آنگ زدن و بدنام کردن مخالفان و برای برکشیدن و به نام و کام رساندن موافقانش. کافی بود متشاعر یا نویسندهٔ بی تجربه بی هنری گرایشی به حزب نشان دهد تا یک باره عکس و تفصیلا تش صفحات مهم جراید را زینت بخشد، و دعوتنامهٔ مسکو برای دریافت جوایز گوناگون لنینی و استالینی به نامش فرستاده شود. و درمقابل این کافی بود کلمه‌ای برخلاف منویّات البته مبارک سران حزب از قلم نویسنده‌ای صادرشود تا بلافاصله داغ باطله‌ای برپیشانیش گذارند ازقبیل: عامل استعمار، جاسوس انگلیس، نوکرسفارت، جرثومه فساد، و ایل وتبارش را به باد رسوائی دهند که پدرش فلان بوده است ومادرش فلان.

بریدن فریدون از حزب توده در اوج قدرتش البته عمل سنت‌شکنانه‌ای بود دور از عقل سلیم و منطق مصلحت‌اندیش که مذهب مختارقلم به دستان زمانه جز این است. به هجوممدوح پرداختن در دنیای شعر و نثرما ظاهراً خلاف جوانمردی و اخلاق نبوده است، علی الخصوص که هجو و انتقاد بعد ازسقوط ممدوحان باشد و زوال قدرتشان. اما عمل فریدون خلاف رای اولی الالباب بود که سران حزب توده بسرعت پلکان نردبام ترقی را پشت سر می‌گذاشتند و بسیاری ازمشتاقان قدرت بعد از تجزیهٔ آذربایجان به انتظار ایرانستان شدن ایران دقیقه شماری می‌کردند.

از گمنامان ــ و حتی بی مایگان ــ از برکت التهاب مردم معرکه گیرِ احزاب و کرسی نشینِ مجلس و قهرمان ملی شدند، فریدون بی اعتنا به مال و مقام همه نیروی خدادادهٔ‌اش را در راه بیداری مردم و دفاع از منافع ملی و حمله به سرسپردگان سفارت فخیمه مصرف کرد، با یک جهان آرزو در اشتیاق ایرانی آباد و آزاد و مترقی.

اما چرخ کهن به شعبه گشتی زد و دست قدرت انگلیس از آستین بلاهت امریکا بدرآمد و حلقوم ملت ستمکشیدهٔ ایران را درهم فشرد* و با یکی از بازیهایی که درین گوشهٔ جهان نه بی سابقه است و نه نامنتظر، مصدق و حکومت مشروطه اش * به بایگانی تاریخ سپرده شد و شهریار دموکرات تبدیل به شاهنشاه مستبد.

و فریدون که چون بسیاری خوشباوران اعتدالِ موقّتیِ هوا را طلیعهٔ بهاری دلکش پنداشته و بی هیچ بالاپوشی از نهانگاه گرم زمستانی بیرون خزیده بود، حیرت‌زده از تراکم ابرهای طوفان‌خیز و سوز سرمای ناگهانی، آواره از دیار خود از این سوراخ بدان سوراخ پناه برد، و در اوج ناباوری ها شاهد بغارت رفتن خانه و خانمان خویش گشت، آنهم در دیار هنرپرور شیراز و آنهم به دست گروهی از همین شیرازیها و در برابر چشمان بی اعتنای گروهی دیگر.

و این نخستین ضربه ای بود که روح حساس مرد شاعر تحمّل کرد، ضربه ای کاری و تحمل ناپذیر. منظره را در نظر مجسم کنید، تولّلی شاعر است و خیلی هم شاعر است، بهترین قطعات التفاصیلش را در شیراز نوشته و در جراید شیراز منتشر کرده؛ با طنز جانگزای خویش به جنگ جماعتی رفته که مورد نفرت مردم شیرازند، و نود درصد فارسی ها از تاراجگری ها و مردم‌فریبی ها و ستمکاریهای آنان دلِ پرخونی دارند؛ با نشر هر قطعه ای هزاران به‌به و چه‌چه از زبان مردم کوی و برزن ولایت شنیده است و این استقبال عمومی را پشتوانهٔ قدرت معنوی خویش پنداشته و سدّ فولادینی در هجوم حوادث روزگار. و اینک با یک ورق گردانی لیل و

*واقعه سقوط مصدق از حوادث تأمل انگیز است هم برای ما ایرانیان و هم برای امریکائیانِ واقعا ساده‌لوحی که در همه جای دنیا می‌خواهند همه مسائل را با قدرت زور و پول خود حل کنند. اکنون با گذشت زمان و انتشار اسناد و خاطرات گوناگون مسلّم شده است که طراح اصلی و حتی کارگردان صحنه های ۲۸ مردادی وزارت خارجه انگلیس بود و مأموران ایرانی گوش به فرمانش از قبیل رشیدیانها و امریکا ساده‌لوحانه سینه سپر کرد و سپر بلا شد و همه خشم و نفرتهای ملت ایران را به جان خرید.

*که با تصویب مجدد قانون اختیارات و معطل ماندن و بالاخره انحلال مجلس و در دست گرفتن قدرت نظامی می‌رفت تا به استبدادی سیاه بدل گردد، که مکان و مجال این بحث آشوب انگیز در اینجا نیست.

نهارشاهد هجومِ همین جماعت خلق‌الله است به لانه و کاشانهٔ خویش، که با من هرچه کرد آن آشنا کرد. مردِ هراسانِ حیرت‌زده هرچه به دور و بر خود می‌نگرد یا عربده‌کشان غارتگر می‌بیند، یا خلایق جازده‌ای که چشم خود را درویش کرده‌اند و با سیاست سر و کاری ندارند، و یا رقیبان پرمدعای حسادت‌پیشهٔ لبخندِ شماتت برلب نشسته.

فرار می‌کند و به سوادِ اعظم تهران پناه می‌آورد، و با فرو نشستن امواج فتنه به سرِ کار و زندگی خود برمی‌گردد، با دلی پرجوش و زبانی خاموش که تحفه روزگار اختناق است و دوران درهم شکستن ارزشها.

یارانی که تا دیروز همدم و همقدم او بودند و سنگِ آزادگی بر سینه می‌کوفتند و همصدای او از جور روس و انگلیس می‌نالیدند و در راه آزادی و استقلال دم از نثار جان می‌زدند، اکنون عقلِ مصلحت‌بین هشیارشان کرده است و به جبران عقب ماندن از کاروان منافع شخصی گرم تاختن اند و آنهم چه تاختنی.

مردی که تا دیروز هواخواه خلقهای درهم فشرده و توده‌های به زنجیر کشیده بود و شاه را عامل اجنبی می‌دانست و رژیم سلطنتی را یادگاری از عهد جاهلیّت، اکنون خادم بارگاه سلطان است و بجا و بیجا دادِ چاپلوسی می‌دهد که تشریف وزارت دلفریب است و دل از آن برگرفتن سختِ سخت است. فقیرزادهٔ تهیدستی که تا دیروز هرمالک و خان و ارباب را مظهر ستم می‌شمرد، اینک گربهٔ دست‌آموز سفرهٔ خان و امیر است، آنهم خان و امیری که تا هفتاد پشتش عامل سرسپرده و سرشناس امپراطوری فخیمه بوده‌اند. ادیبی که تا دیروز سرش به دنیی و عقبی فرو نمی‌آمد و کوس مناعتش گوش جهانی را کر کرده بود، اینک مدافع نظریهٔ البته مقبولی است از مقولهٔ چه فرمان یزدان چه فرمان شاه. در همچو حال و هوائی، فریدون مبارز اگر به می و مستی نمی‌زد، چه باید می‌کرد؟

به نظر من شعرهای سالیان اخیر توللی محصول این سرخوردگی اجتماعی است. البته علت دیگری هم در کار است، و آن تفریطی است که در عالم تجربه بر سر راه افراطی ها کمین کرده است. نمی‌دانم افسانهٔ منسوب به ابن سینا را شنیده‌اید یا خیر؟ می‌گویند جناب شیخ‌الرئیس با اینکه به مرض قولنج مبتلا بود در اواخر عمر علاقه بسیاری به تمتعات شهوی داشت و صحبت زیبارخان. شاگرد دلسوز و البته بلفضولی روزی به ملامتش پرداخت که «جناب استاد خود از اجلّهٔ اطبای زمانه‌اند و می‌دانند افراط در بعض امور آنهم در سنین آن

سوی چهل مایهٔ تشدید مرض قولنج است و کوتاهی عمر»، و جناب شیخ سخنش را برید که «فرزند، من به پهنای زندگی بیش از طولش علاقه دارم». جواب شاید حکیمانه نماید، اما برخاسته از غریزه است نه تعقلّ. در نظر کسانی که از روزن روانشناسی با تحوّلات نفسانی بشر آشنایند، معلوم است که جناب حکیم راهی غیر از این نداشته است. مردی که دوران کودکی و جوانیش منحصراً مصروف کتاب و بحث و تحقیق باشد وغرایز طبیعی را سرکوفته نگهدارد، ناچار در سالهای کهولت گرفتار انتقام طبیعت خواهد شد و از هرچه علم و بحث و مطالعه بیزار.

تولّلی هم که سالهای پرشور جوانیش را فدای مسائل سیاسی کرده است، چاره‌ای ندارد جز درپنجهٔ غرایزِ سرکوفته افتادن و سرِپیری به هوسهای جوانی روی آوردن.

نمونه این حالت به صورت معکوسش در زندگی شاعری دیگر از همشهریان فریدون مشهود است. دکتر حمیدی شیرازی را می‌گویم، شاعر توانائی که اخیراً با مرگ خویش جامعه ادبی ایران را داغدار کرد. همان گویندهٔ «اشک معشوق» وشعرهای آنچنانی روزگار جوانی که همه فکر و ذکرش وصف اعضا و جوارح محبوب بود و جنگ با رقیب، فارغ ازمسائلی که در کشورش می‌گذشت. سرتاسر دیوان چند صد صفحه‌ای اشک معشوق را نگاه کنید، تا بنگرید چگونه آدمیزادهٔ صاحبدل صاحب ذوقی می‌تواند دور از محیط زمین و گرفتاریهای زمان، لای ابرهای خیال زندگی کند و همه استعداد خداداده‌اش وقف عشق «مجازی» گردد و توصیف ساق و سر و سینهٔ دخترکی دلفریب. آنوقت همین حمیدی در سالهای این سوی چهل تبدیل به سراینده‌ای متفکر می‌شود و مبارزی بی‌پروا با استبدادگران و مفاسد جامعه.

این خاصیت افراط است و نمونه هایش در شؤون گوناگون زندگی فراوان.

زندگی این دو شاعر شیرازی شباهتهایی با هم دارد و البته کُپکی* . هر دو نیمی از

*اجازه دهید این اصطلاح محلی را بنده وارد ادبیات کنم به یادگار هم‌ولایتی با هوشی که موفق شد از اردوگاه اسیران جنگی در عراق پیامش را به گوش مردم ایران رسانَد. خلاصه داستان اینکه در ایام جنگ رادیوی بغداد با اسیران ایرانی مصاحبه‌ای داشت تا با پخش اظهار رضایت مبارزان اسیر ایرانی از رفتار البته نجیبانه وصد البته انسانی مأموران عراق به نفع خودش تبلیغی کرده باشد. نوبت مصاحبه به جوانی می‌رسد از قصبهٔ هوشمندپرور «زیدآباد» که «در اینجا به ما خیلی خوش می‌گذرد و رفتار برادران عراق با ما کاملا انسانی است، البته کُپَکی».
به خاطر داشته باشید که در تداول سیرجانیها کُپَکی یعنی معکوس و وارونه.

عمرشان را وقف عشق و شیدائی کرده‌اند و رنگ شعری بر هوسهای غریزی پاشیدن، و در شعر عاشقانه بخلاف اسلافشان از توصیفات کلّی تخیّلی به جزئیات محسوسِ احیانا ملموس پرداختن و درین رهگذر قدم به کوچه های متروک دریدگی نهادن و معشوقه را به نام و نشان رسوای خاص و عام کردن؛ منتها با تفاوتی مختصر، که طلوع و اوج این دوره در زندگی حمیدی مخصوص ایام جوانی است، و در تولّلی مربوط به سالهای بعد از چهلی که آغاز چل چل زبانی است.

این هر دو بزرگوار در شعر عاشقانه بخلاف شیوهٔ سنّتی ادبیات فارسی عمل کرده‌اند، در شعر سنّتیِ ما، عاشق خاک راه و سگ درگاه معشوق است، و طرفدار هر چه از دوست می‌رسد نیکوست. عاشقِ سنّتی موجود حقیر خواری‌پذیری است که در عین مظلومیت از ترکتازیهای معشوق لذتی خودآزارانه می‌برد، و خشم و عتابش را بجان می‌خرد که فحش از دهن توطیّبات است؛ و اگر خشم و عتابی داشته باشد نثار رقیب بدبختی می‌کند که به حکم وظیفه پاسدار عصمتِ محبوب است. و سرانجام همین شیوهٔ مرضیه است که بتدریج کار عاشق را از عشق مجازی ــ و به تعبیری روشن‌تر از عشق واقعی ــ به عشق معنوی می‌کشاند و بحکم المجاز قِنطرةُ الحقیقة محبوب فناپذیرِ مادی تبدیل به معشوق ازلی می‌گردد؛ و در هر دو مرحله کلمات و تعبیرات بحدّی کلّی است که می‌تواند از خاک تا افلاک را در بر گیرد.

اما حمیدی و فریدون نه اهل کلی گوئی و خیال بافی اند که سر از کوچه های پرپیچ عرفان درآورند، و نه اهل عجز و نیاز عاشقانه و خریدار ناز معشوق. هر دو با جسارت و خشونتی به سراغ معشوق می‌روند ناشی از خودباوری مفرطانه و غروری خودپسندانه. معاملهٔ فریدون با معشوق از قبیل رفتار گرگ خون‌آشام بیرحمی است که گوسفند بی‌دست و پای مظلومی به چنگش افتاده باشد ، و طرز خطاب حمیدی با معشوق یادآور کبریای شاهِ بر مسند قدرت نشسته ای است در برابر رعیت گنه‌کار پریشان روزگاری . هر دو در این رهگذر صادقند ومحق که خون‌خانی در عروقِ تولّلی جریان دارد، و شیوهٔ اغلب خوانین محترم یورش و ایلغار و کشتن و بستن؛ و غرور معلمی در سر حمیدی پیچیده است که پیشهٔ معلمان تحکّم است و همه را درحکم اطفال دبستانی پنداشتن و به امر و نهی پرداختن. باز هم با این تفاوت که فریدون با طبع تنوع‌پسندش در انتخاب معشوقکان غریبه و آشنا، مجاز و ممنوع نمی‌شناسد و با فتوای «به

هرچمن که رسیدی»، ازچپ وراست شمشیر می‌زند وعجبا که به هرطرف رو می‌کند موفق است و همه در مقابل طوفان هجومش چون برگ پائیزی به خاک می افتند؛ اما حمیدی همچنان ثابت‌قدم بر عشق نخستین ایستاده است و طرف را همیشه در همان جمال و جذابیت روزهای خوب دبیرستان می‌بیند، و گرچه تناسب درهم ریختهٔ اندامش با اخطار وحشت انگیزِ «بچه دیوی خود همین فردا برآرد شیون من» به آزار ذوق شاعرانه پردازد و تخریب فصاحت ادیبانه.

رفتار هر دو شاعر با معشوق شعریشان خشونت‌آمیز است، با تفاوتی مختصر که حمیدی نه تنها خود معشوقه که ایل و تبار و کس و کارش را هم به باد ناسزا می‌گیرد آنهم تا هفتاد پشتشان را که:

در نسل شما اصل زن و مرد دو تا نیست  مردان و زنان هر دو به شمشیر نیامید

و تولّی ضمن حمله به رقیب، همه خشونتهایش را به حجله گاه وصال می‌کشاند و دندان گزنده را جانشین لبان بوسنده می‌کند و این پدیدهٔ خشونت با معشوق ظاهرا از برکات خون ناب ایلیاتی البته قشقائی است که درعروق و شرائین شاعر لطیف طبع ما جریان دارد، وچه تشبیه مناسبی کرده است خود او در این باب که:

در خیل مه‌رویان من آن خونخواره گرگم  کز خیرگی افتد میان گوسفندان

وچه عطشی دارد برای مکیدن خونش که:

تشنه ام تشنه که خونت بمکم مست و در افتم  ای که بر جان من افتاده چنین در دو بلایت

وچه نشأه‌خیز است خونی که بجای بوسه از لب دلدار نصیب کام نشأه‌طلبش گردد:

جز خون فروزان لبت ای گل سیراب  کو بادهٔ نابی که کند سر خوش و مستم

وچه آسان خواننده را به یاد فیلم کذائی دراکولا می اندازد تجسّم این صحنه که:

خون در بن دندان گنه جوش دگر داشت  در چنبر خود گردن زیبای تو می‌جست

و گاهی هم بجای بوسهٔ مهرآمیز با گاز دردخیز به ارضای معشوقِ آزارجورفتن که:

نازم کن و دردمند گازم کن  کز ناز توام به تن شرار آید

و هر دو شاعر در مقولات عشق ممنوع اهل صراحتند، با این تفاوت که حمیدی به حکمِ چون وصال دوست نبود با خیالی هم خوشیم، حاضر نیست دست ازعشقبازی با یاد معشوق بکشد و به پاس خاطر همسری که زندگی و زیبائی اش را وقف او کرده است، دست کم

تظاهر به فراموشی کند، و با تجدید خاطره‌ها آتش حسد بر جانش نیفکند. ابداً، مرد نازنین اهل ثبات قدم است و به تعبیری دیگر لجبازی، و تازه دو قورت و نیمش هم باقی است که:

کشت از حسدها این زن پر کینه‌ام      نه شنبه‌ام بگذاشت نه آدینه‌ام
خواهد که یا از خانه‌ام بیرون رود      یا عشق دیرین را کند از سینه‌ام

اما گرفتاری همسر فریدون با شوهر هنرمندش بدین سادگیها نیست که مرد به اعتراف صریح خودش:

من تشنهٔ بیقرار آن ننگم      کز دامن پاک دودمان خیزد

و همسر نازکدل حسود ــ و البته حقگو ــ بر او می‌تازد که:

تا چتر هنر بر سر شوریده گرفتی      یارت به یسار است و نگارت به یمین است
من هر چه به شعرت نگرم شرح غمی نیست      تا هست سخن بر سرِ ناف است و سرین است

و مسائل دیگری که بازگفتنش نه مناسب روزگار است و نه کار قلم ناتوان کم جرأت من.

علاوه بر این هر دو بزرگوار اهل حق‌شناسی اند نسبت به مرغان از قفس گریختهٔ به دام آمده، منتها نوعی حق گزاری خاص خودشان یعنی به توصیف لحظات وصال پرداختن و شرح خلوتهای عاشقانه را بی محابا بر صفحهٔ کاغذ ریختن، باز هم با این تفاوت که حمیدی اهل نظر است و به شیوهٔ قیس بنی عامر در فاصله‌ای از آهوی رمیدهٔ بازآمده نشستن و به غزلسرائی پرداختن و با وصف عیش کام جانی از نصف عیش شیرین کردن که:

او گرم حرف و من ز سر مستی      گرم نگاه و گرم تماشایش
تا این زمان چه گفته نمی‌دانم      گوشم شنیده است از این جایش

اما امان از تولّلیِ به تمام معنی کلمه «اهل عمل» که لذتی می‌برد از رنج رقیب و رسوائی معشوق:

خواهم که گستاخانه بوسم نزد شویت      جامی بده تا وارهم از شرمساری

و امان از حیای بی جا که گاهی هم آلوده به نوعی ریا می‌شود:

با شوی تو می‌خواستم آن قصه بگویم      گفتم، نه بدان گونه، حیا را که خبر کرد


هر دو علاوه بر شاعری اهل بحث و محاجه بودند در کیفیت شعر و تحولات ادبی روزگار هم تولّلی در مقدمه دیوانها و احیاناً مقالات و مصاحبه هایش بدعتهای شاعران زمانه را به نقد و

بررسی گرفت و پاره‌ای را مطلوب و پاره‌ای را مردود شمرد؛ و هم حمیدی با سخنرانیهای بحث انگیزخویش و تعرّضهایش به نوجویان روزگار انگشت در لانهٔ زنبور کرد.

با این تفاوت که تولّلی از برکت هم‌نشینی با دوستان سخن‌سنجِ غالبا ملاّ تر از خودش هم به ضرورت تحوّل در شعر فارسی پی برده بود و هم خالی از تعصب با نهضت نیمائی آشنا شده و درکش کرده بود، اگرچه خود پس از تفنن هائی در این شیوه، بار دیگر به قوالب کهن رو کرد و تعبیرات تازه و ترکیبات لطیف خود را در اوزان سنتی گنجاند.

اما حمیدی با تعصب و شدّتی حیرت‌انگیز به انکار نوسرایان پرداخت و با قبول ظاهراً تعارف آمیز این واقعیت که به «شعر اگرچه کسی آشنا چو نیما نیست» به تخطئهٔ کار او پرداخت که «سوای شعر خلافی میانهٔ ما نیست».

و در این تفاوتها نمی‌توان هیچ یک را ملامت کرد. اگر حمیدی هم در همان محافل و محیطی می‌افتاد که در سالهای نقش‌پذیری نصیب تولّلی شده بود، چه بسا که راه او هم عوض می‌شد و شیوهٔ شاعریش نیز. در سالهائی که حمیدی گرم جرّ و بحث با معشوق و به عبارتی بهتر با خیال معشوق بود و سر دادن آه و ناله های عاشقانه و نبرد شاعرانه با رقیب فلان فلان شده، و خواندن اشعارش برای گروهی جوانان عاشق‌پیشه و پیرانِ جوان‌مانده و تحویل گرفتن به‌به غرورانگیز، تولّلی به بازیهای سیاسی روی آورده بود.

هر دو شاعر تا واپسین روزهای زندگی با شور و شوق می‌سرودند، اما فریدون از اواسط دوران شاعریش دل ازمسائل اجتماعی برگرفت و درخم زلف دلبران بست و اگر گاهی به گزارش اوضاع روزگار پرداخت، غالبا مضمون سخنش منحصر بود به انتقاد از فرصت‌طلبی های یاران دیرینه؛ و حمیدی بخلاف او در نیمه راه شاعری دست ازخطاب و عتابهای عاشقانه کشید و با توجه به مقولاتی والا تر از مسائل شهوی آثار دلنشینی به یادگار گذاشت.

هر دو شاعر به شهرتی دلخواه رسیدند، گرچه تأثیرشان درنسل جوان مملکت به یک اندازه نبود، که یکی با ابتکارات مطبوع و تعبیرات بدیعش بسیاری ازجوانان را به راه خود کشاند و از آن میان شاعران نام‌آوری قدم به عرصه ادبیات فارسی نهادند، و تأثیر دیگری با همه لطف کلام و استواری بیان بدین مرحله نرسید که صاحب سبک و مکتبی گردد.

از هر دو شاعر چند اثر برجسته ماندنی درحافظه ادب فارسی نقش بسته است که با گذشت سالها و شاید قرنها باقی ماند.

هر دو مرد شیرازی چنانکه باید اهل مفاخره‌اند و مدعی مکتب و علاوه بر شاعری صاحب فتوا در قوالب عروضی و مضامین شعری و مکتبهای ادبی. باز هم با این تفاوت که مفاخره‌های فریدون از ظرافت زیرکانهٔ دلنشینی برخوردار است که غالبا سخن مطلوب را در دهان البته ظریف محبوب می‌گذارد و گفتارِ خوش از کام و دهان و لبِ شیرین به هرحال ــ به حکم تجربه هم ولایتی اش سعدی ــ دلنشین است که:

فریدون توئی؟ شادمانم که بخت    مرا رهنمون شد به دیدار تو

اما، امان از حمیدی که در این رهگذر حدّ و مرزی نمی‌شناسد و متعصب‌ترین هواداران را هم اگر نه به اعتراض که به تأمّل وامی‌دارد، و حق با اوست، شاید اگر او هم خلقتی نظیر فریدون می‌داشت و چون او از موقعیتهای موفقیت آمیزی بهره‌مند می‌شد در این رهگذر تعدیلی می‌کرد. این از غرایز آدمیزادگان است که تحسین و تعریف دیگران و بخصوص صاحب نظران به وجدشان می‌آورد، اگرپیدا شوند کسانی که پا برسر میل غریزی نهند و عنان اختیار از کف ندهند و شخصا به نیابت هواخواهان و مدحتگران قبول زحمت نکنند باید سپاسگزارفهم نکته سنج و طبع نصیحت‌پذیر خود باشند و یاران مخلص بی پروا.

در تاریخ ادبیات فارسی رجزخوانیهای پرطنطنه خاقانی قرنها مقام بی‌رقیب والائی داشت، دریغا که ظهور حمیدیِ رکوردشکن حریف را بلامنازع نگذاشت، و در این رهگذر من خود از کسانی بودم که احساس غبطه ای می‌کردم، زیرا حمیدی بدانچه درستایش کار و آثار خود می‌گفت صادقانه معتقد بود، و کسانی که با مقولهٔ من آنم که من دانم آشنایند و خود را در مقایسه با دیگران صاحب نقص ها و عیب ها می‌بینند و با زمزمهٔ ما خود هیچ نه‌ایم از هستی بی حاصل خود شرمساریها دارند، می‌دانند چه حالت خوشی است خود را برتر از دیگران دیدن و با شهد خودستائی ها در این دنیای تلخی ها و ناتوانی ها کام جانی شیرین کردن. و خوشا به حال حمیدی که چنین بود و نه به عنوان معارضه با حریفان و همکاران که به حکم طبع سلیم و یقین قطعی خود را خدای شاعران سلف و خلف می‌پنداشت و با زمزمهٔ «داند که من از رودکی کندم بنای کودکی» در نشأهٔ لذت خیزی سیر می‌کرد. امان از مدعیان مزاحمی

که در این رهگذر با طنز و تمسخرهای خود به جانش می‌افتادند، و اگر نه این بود که تعریضهای منکران مایه‌بخش مفاخرات تازه‌ای می‌شد و تجدید لذتی، شاید خدای قاصم الجبارین بدین سادگی از گناهشان نگذرد.

آشنائی من با آثار تولّی از نخستین روزهای نوجوانیم آغاز شد، در دانشسرای کرمان بودم که قطعهٔ زیبای «بلم» به دستم افتاد و خواندم و حفظش کردم. سالها بعد که به تهران آمدم و در مجلهٔ خوشه گاهی چیزکی می‌نوشتم با انتشار «نافه» به قریحه مبتکر و طبع توانایش عرض ارادتی کردم، اما خود او را سالها بعد دیدم.*

اما با حمیدی حشر و نشری داشتیم در دو دورهٔ متمایز: یکی مربوط به آغاز جوانی و دوران دانشجوئی من و اوج شهرت او، که غالبا در محفل مرحوم معدل شیرازی می‌دیدمش و ندرتاً به خانه‌اش می‌رفتم. بعداً بی هیچ علتی رشته معاشرت و ملاقات گسسته شد، و سالها از هم بی‌خبر ماندیم تا سه چهار سال پیش. از سفری باز آمده و مشغول استراحت بودم که تلفن زنگ زد، و صدای خستهٔ حمیدی در گوش جانم پیچید که: پایم شکسته است و در بیمارستانم و با «آستین مرقّع» توسرگرم.

*وقتی که می‌خواستند محل دفن او را تعیین کنند همسر بردبار فرزانه‌اش در پاسخ متولیانی که می‌خواستند جنازه‌اش را به شیراز برند و در حافظیه به خاک سپارند، نکتهٔ نغزی گفت که «حمیدی در زمان حیاتش خود را صد مرحله از حافظ بالاتر می‌دانست، حالا می‌خواهید جنازه‌اش را ببرید و زیرپای او دفن کنید؟». دریغا که سخن زن ناشنیده ماند.

*آنهم یک بار و در شرایطی استثنائی. قرار بود جشنهای دو هزار و پانصد ساله در شیراز برگزار شود، رفیقی که از صاحب منصبان فرهنگ و هنر آن روزگاران بود، با استمزاج از خودم نامم را در فهرست مدعوّین گذاشت، با اعلام این مطلب که اسامی مهمانان به ساواک رفته است و درمیان فهرست دویست نفری، روی اسم توانگشت گذاشته اند که نباشد و من مسئولیتش را پذیرفته‌ام و ضمانت کردم که بی خطر باشی. روز موعود راهی سفر شدم، در هتل کوروش حیرت‌زده از اسرافها و تظاهرها گوشه‌ای گرفته بودم که رفیقی شیرازی از راه رسید و مرا برای پرچانگی های بعد از ناهار به محضر فریدون برد، با دو سه تنی از آشنایان. رفتیم، جلسه باصفائی بود، و بحث شعر و حالی که درمیان آمد در حکم نوعی غسل روحی از گردِ ملالی که برخاطر داشتم. در آن محفل غزلی خوانده شد از فریدون با مطلعی شبیه این که:

چشم هوسباز تو و آن لعل خندان  آتش زند بر جان ما زیباپسندان

وبیتی که از شیوهٔ عشق «خانی» او حکایتها داشت که:

در خیل مه‌رویان من آن خونخواره گرگم  کز خیرگی افتد میان گوسپندان

من که سالها با شعر و شاعری وداع کرده بودم بمناسبت چند بیتی پشت قوطی سیگارم نوشتم که: ←

و بالاخره هر دو شاعر طعم تلخ زندان چشیده اند و به جزای گناه ناکرده گرفتار آمده، باز هم با این تفاوت البته اندک، که زندان فریدون در سالهای جوانی است و روزگار پرشروشوری که سودائی در سر دارد و نیروی تحمّلی در تن، و زندان حمیدی مربوط به روزگار شکستگی و بیماری است و دوران وانفسای بی یاری...

→گر صد چراغان است و صد آئینه‌بندان تار است شهر از دود آه دردمندان
که همانجا خوانده شد و تنها نسخه اش تقدیم فریدون. هوا تاریک شده بود که برخاستیم و راهی هتل شدیم. دو ساعتی بعد، آمادهٔ خفتن شده بودم که تلفن زنگ زد و به دفتر هتل احضار شدم تا آقای بلند قامت شیک پوشی با یک جهان عتاب البته دوستانه به ملامتم پردازد که «شرط ادب نمک خوردن و نمکدان شکستن نیست»، و مطالبه اصل غزل، و نپذیرفتن حرف من که: تنها نسخه اش نزد میزبان است و شرری بود و در هوا افسرد؛ و بالاخره بقیه قضایائی که انصافاً به خیر و خوشی پایان گرفت و مزاحمت چندانی درپی نداشت. اما حیرت انگیزتر از سرعت عمل خبرچینان، سرعت پخش خبرها بود که دو سه هفته ای بعد دوست شاعرم محمد زهری بسراغم آمد با خواندن دو سه بیتی که «بقیه اش را بنویس و به من بده»، و چند ماهی بعد، دوست دیگرم هما مقدّم محبت کرد و متن کامل غزل را از پاریس برایم فرستاد.

# مدرسهٔ الٰهی*

سلام، سلامی چو بوی خوش آشنائی. فرموده بودید چیزکی دربارهٔ مرحوم «محسنی» بنویسم که باهمه اختلاف سن و سالها مونس البته «همدم» بنده بود و درویشی در اوج صفا و وارستگی. می خواستم حقه بزنم و بروم به سراغ یکی از این تذکره های مشایخ، مثلاً تذکرة الاولیای عطار و یکی از خطبه هائی که در مقدمه هر شرح حالی با عبارات مطنطنِ مسجّع آورده است بردارم و دستکاری کنم و اسم محسنی را بجای مثلا اسم شبلی و با یزید بگذارم و تحویلتان بدهم که این جماعت به مصداق کُلّهم نورٌ واحد همه از یک قبیله اند و صاحب صفات و خصوصیات مشترک. اما یادم آمد که با مرشد از این کارها نمی توان کرد. حیران ماندم که چه کنم. آخر عباراتی قالبی از این قبیل را تا کی می توان به خورد مردم داد که فلانی «عارفی با صفا بود و اهل ترک دنیا»؛ مثل اینکه عارف بی صفای دنیادار هم داریم، که ناگهان این نیروی ـ غالباً لعنتی ـ تداعی معانی به فریادم رسید. قدیم ها خوانده بودیم که تداعی محصول یکی از این چهار عامل است: تضاد و هم زمانی و مجاورت و... (می بخشید چهارمیش یادم رفته، از کتابهای دورهٔ دانشگاه هم چیزی در دسترسم نیست، یعنی راستش را بخواهید مخلص در عهد دانشجوئی هم لاکتاب بودم، درست مثل همین الآن)، و من نمی‌دانم چرا هروقت آقا محمود محسنی را می دیدم به یاد غنچعلی فراش مدرسهٔ الهی می افتادم، شاید علت کشش و دلبستگی هایم بدو نیز همین بوده است که چیزکی از خصوصیات مرحوم غنچعلی در وجود این درویش وارسته دیده بودم، بنابراین بهتر دیدم بجای شرح و توصیف های متداول، خاطره‌ای را که از غنچعلی دارم بنویسم و آن را به روح دوستِ به جانان پیوسته ام ـ مرحوم شیخ محمود محسنی سیرجانی ـ اهدا کنم.

* * *

* نامه ای است خطاب به دکتر نوربخش ( مجله صوفی ۱۳۶۹ )

اگر بتوانید حالت محکوم به اعدامی را مجسّم کنید در واپسین شب زندگیش که ناگهان درِ زندان گشوده شود و مردان انقلابی با چهره‌ای لبریز از شور و نشاط به سراغش آیند که «حکومت ستم ساقط گشت و تو آزادی» و هنوز هیجان این مژده در عروق و اعصابش ندویده، گروهی دیگر از راه برسند و با سلام و صلوات او را به عنوان رئیس جمهور یا پیشوای منتخب مردم بر دوش گیرند و با عزّت و احترام بر مسند فرمانروائی بنشانند؛ آری اگر بتوانید حالت همچو کسی را در همچو لحظه‌ای توصیف کنید، من هم می توانم به توصیف شور و نشاط هیجان‌آمیزم بپردازم در لحظه‌ای که پدر از راه می رسد و با دیدن چشمان اشک‌آلود و ناله های شکایت‌آمیزم از وحشت مکتب‌خانه لبخندی می زند که «بسیار خوب نمی خواهی به مکتب بروی، نرو!» و من که هنوز لذت این خبر را در مذاق جانم بخوبی مزمزه نکرده‌ام با شنیدن مژدهٔ بعدی که «یک ماه دیگر مدرسه ها باز می شود، می فرستیمت به مدرسه»، از شدت شوق بال و پر در می آورم و به سبکبالی پروانه‌ای دورِ حیاط خانه می چرخم و کف‌زنان نغمهٔ، «خدا جونم، خدا جونم» سر می دهم.

گوشه‌ای از اوضاع مکتب‌خانه را قبلا به مناسبتی دیگر برایتان تعریف کرده‌ام و موج وحشت و خشونتی که بر فضای غم‌زدهٔ ستم‌آلودش سنگینی می کرد، و ترکه های انار و تهدیدهای ملا و از همه بالاتر «کتِ مار و موشی» که بلای جانمان بود. در همان دوران شوم مکتب‌خانه بارها از پشت‌بام خانه حیاطِ گِل و گشاد مدرسه را دیده بودم و انبوه بچه هائی که در اوج شادی و سبکروحی با جیرّوویر خود گوش فلک را کر می کردند و با شور و نشاط بر سر و کول یکدیگر می پریدند؛ و چه شبها که در حسرت رفتن به مدرسه دست دعا به درگاه خدا برداشته بودم که به نحوی بر سرعت حرکت روز و شبها بیفزاید تا هر چه زودتر پا به حریم هفت سالگی بگذارم و بتوانم مثل بچه های دیگر بجای رفتن به مکتب‌خانه و تحمّل هول و هراسهایش، قدم به مدرسه بگذارم.

و اکنون این پدرم بود که با یک کرشمهٔ محبت دو مژده می داد: فرمان نجات از مکتب‌خانه و وعدهٔ رفتن به دبستان.

چه شب خوشی بود، شبی نشاط انگیزتر از بامدادِ نوروزی، شبی چنین درِ هفت آسمان به رحمت باز. آن شب از هیجان شادی نتوانستم بخوابم. تجسّم محیط شادی‌بخش دبستان، زمین ورزش، حرکات ژیمناستیک، مسابقهٔ ماچلوس، سرودهای دسته‌جمعی، بازیهای لذت‌بخشِ زنگ تفریح، نشستنِ پشت میز و روی نیمکتها، داشتنِ کتابی با عکسهای رنگین، بی قرارم کرده و خوابم را ربوده بود. تا لحظه‌ای که گلبانگ اللّهُ اکبرِ سیّدِ مؤذّن از گلدستهٔ مسجدِ دمِ بازار در فضا طنین افکند بیدار بودم و همچنان پهلو به پهلو می شدم، و سرانجام در لحظاتی که به خواب شوق‌آمیز کودکی فرو رفتم در خواب هم صحنه های لذت‌بخش آینده همچنان مونس جانم بود.

بامدادان با شور و نشاطی بی سابقه برخاستم. دنیای محدود کودکانه ام نور و جلای تازه‌ای داشت، دیگر مجبور نبودم راه مکتب‌خانه را با قدم ملالت گز کنم و با قیافهٔ ملاّی عبوس و میرزایِ ترکه به دستش روبرو شوم. دلم می خواست همه جهان را در شادیهایم شرکت دهم و به همین مناسبت ناشتائیم را با شتابی شادمانه خوردم و راهی کوچه شدم تا بچه های محلّه را از تغییر سرنوشتم با خبر کنم و از این مهم‌تر عباسویِ خاله عصمت را قُچّی بدهم* که من دیگر از ملاّ و مکتبش ترسی ندارم، و او هنوز باید همان خرِ سیاه باشد و گرفتار همان راهِ آسیا.

* * *

عکس العمل بچه های محله متفاوت بود، شاگرد مدرسه‌ای ها خوشحالی کردند و بچه مکتبی ها دمق شدند. اما، امان از «شیخو» که با سر تکان دادنِ تهدیدآمیز و خندهٔ معنی دارش چون لکّه ابر سیاهی در افق روشن آرزوهای من خودنمائی کرد: بعد از ظهر همان روز، در ساعتی که اهل خانه به چرت نیمروزی فرو رفته بودند و من با جیب پُر از انجیرم زیر درخت انار توی حیاط مشغول خوردن و بازی بودم، سر و کلّه اش پیدا شد و اولین عکس العملش با شنیدن خبر مدرسه رفتن من، گوشهٔ لب جمع کردنی بود و سر تکان دادنی و زمزمه‌ای که «ها تو بمیری، به خیالت رسیده، مدیر صد درجه از ملاّ بدتره»، و با دیدن قیافهٔ حیرت‌زدهٔ من بر

*می‌دانم در مقابل این کلمه مکثی دارید که یعنی چه؟ راستش را بخواهید هرچه گشتم کلمهٔ ادبی فصیحی نجستم که مفهوم پُز دادن توخالی کودکانه را برساند.

افاداتِ آگاهانه افزودنی که «مدرسه خانۀ خاله نیست، آنجا نفس بکشی می اندازندت روی خاک، پاهایت را می گذارند توی فلک و هی بزن».

حرفهای شیخو آب سردی بود که شعله های شور و شوق و حرارت را در وجودم کشت و دود نامطبوع وحشتی در فضای ذهنم پراکند. عجب، چه سرنوشت تلخی، از مکتب پر امر و نهی ملاّسکینه گریختن و به جهنّم مدرسه پناه بردن. با این حساب تکلیف چیست؟. چه می شد اگر نه مکتب‌خانه‌ای بود و نه مدرسه‌ای، و آدم می توانست از صبحِ آفتاب‌پهن تا تنگِ غروب توی کوچۀ امن و امان با بچه های محلّه شش خانۀ آتشی بکشد و چشم گریکا بازی کند. خدایا اگر ملا و مدیر نیافریده بودی عالمت کم و کسری داشت؟

قیافۀ آقای الهی، مدیر مدرسه را که دو کوچه بالا تر از خانۀ ما می نشست بارها دیده بودم، گذرش ازسر کوچۀ ما بود و هر وقت پیدایش می شد دوسه تائی از همبازیهای ما که بچه مدرسه‌ای بودند دست از بازی می کشیدند و سلام بلند بالائی تحویلش می دادند و صاف و بی‌سر و صدا سرِ جایشان می ایستادند تا مدیر رد شود و از خم کوچه بپیچد و بار دیگر کوچه لبریزِ سر و صدا شود. راستش را بخواهید تا آن روز مدیر مدرسه درنظرم آدمی زاده‌ای بود مثل دیگران، حتی از طرز لبخند زدن و جواب سلام دادنش هم بجدّی خوشم آمده بود که من هم بارها با بچه مدرسه ایهای محله هم صدا شده و به او سلام داده بودم. یک بار هم دستی روی سرم کشیده بود با این عبارت محبت آمیز که «علیک سلام پسرِ گلِ گلاب».

اما «افشاگری» شیخویک باره نقاب محبتی را که مردِ نانجیب بر چهرۀ مخوفش نهاده بود درید و عصر آن روز با دیدن مدیر که از پیچ کوچه پیدایش شد خودم را کنار کشیدم و به دالان خانه پناه بردم که تاب دیدن قیافۀ کریهش را نداشتم.

* * *

آن شب به تلافی شادیهای دوشینه، تمام شبم در هول و هراس گذشت و تمام هوش و حواسم صرف طرح نقشه ای شد برای فرار از مدرسه و نجات ازچنگ مدیر. چه خوب بود اگر مریض می شدم، حصبه می گرفتم وسه ماه مثل پسرِ بی بی خدیجه توی رختخواب می خوابیدم و از رفتن به مدرسه معاف می‌شدم. چطور است از همین فردا شروع کنم به ورهم خوراکی کردن، مگر نه این است که مادرم بارها گفته بود حسینو بی‌بی خدیجه بسکه پرخوری و ورهم خوراکی کرد ثِقل بالا آورد و تب کرد و افتاد توی رختخواب؟ نقشۀ بدی نبود اما اگر

مریض می‌شدم تکلیفم با دواهای تلخ دکتر خواجه حسین چه می‌شد؟ راستی چه عیبی دارد اگر یکی از همین روزهائی که به «صدرآباد» می‌رویم بروم سر یکی از این چاههای قنات و خودم را بیندازم توی چاه و راحت شوم. اما چرا چاه قنات؟ مگر چاه آب خانهٔ خودمان چه عیبی دارد. اما، نه، وقتی نعش باد کرده‌ام را از ته چاه بالا بیاورند مادر من هم ـ مثل گَل صغرایِ خیّاط که روی جنازهٔ باد کردهٔ دخترش فاتلو افتاده بود و جیغ می‌کشید و بر سر و سینه می‌زد ـ آنقدر توی سر و کلهٔ خودش می‌زند تا چشمهایش کور شود، عیناً مثل گَل صغرا.

درست به خاطر ندارم در کجای این صحنه سازیهای آینده صدای فِق فِق گریه، مادرم را از خواب پرانده بود که سراسیمه بسراغم آمد و سرم را از زیر لحاف بیرون کشید و در بغل گرفت و ضمن قربان صدقه رفتنهای بی دریغش شروع کرد به جستجوی استنطاق گونه ای که «پسرم، چه خوابی دیدی؟».

بامداد آن روز که با رنگ پریده بر اثر بدخوابی دوشینه سر سفره نشستم و لب به ناشتائی نزدم عزیز خانواده شدم و محلّ توجه دلسوزانهٔ پدر و مادر، و مایهٔ مناقشهٔ زن و شوهر که پدر نگران حصبهٔ در ولایت شایع شده بود و مادر ـ با ریختن مُشتی «دَشتی» روی منقلِ آتش ـ یقین قطعی داشت که چشم شورِ فاطمه سلطان کار خودش را کرده است و باید همین امروز به سراغ بی بی ماه جان بفرستد تا بیاید و تخم مرغی بترکاند و «نظرم» را بگیرد. بی آنکه احدی از خودم بپرسد که چرا ناگهان شور و شوقم فروکش کرد و شبم با گریه گذشت و صبحگاهم با بی اشتهائی.

ساعتی بعد با مُشتی نخود کشمش از اطاق بیرون آمدم و رفتم سرِ حوضِ وسط حیاط، شیخو با سینی برنج آمد و لب پاشویهٔ حوض کنارم نشست و ـ در حالیکه مشغول پیش کشیدن دانه های برنج و جدا کردن آت و آشغالها بود ـ با صدائی آهسته شروع کرد به دلسوزی و بازگوئی شمه ای دیگر از قساوتها و سخت گیریهای مدیر مدرسه ای که اکنون در نظرم چیزی از مقولهٔ شمرِ ذی الجوشن و یزید بن معاویه شده بود. اما خدای عالمیان اگر دردی را به جان خلایق می اندازد دوایش را هم آفریده است. درست است که مدیر آدم بی رحمی است، بی هیچ حساب و کتابی اطفال معصوم را زیر شلاق می اندازد، آنهم چه شلاّقی، شلاق سیمی؛ و آنقدر می زند تا پوست کف پایشان بترکد و خون فوّاره‌زنان روی زمین راه بیفتد. درست است که همین دو ماه پیش مدیر عصبانی شده و دو تا از بچه ها را دراز به دراز لب

باغچهٔ مدرسه خوابانده و سرشان را مثل مرغ بریده و توی سینی گذاشته و روپوشی هم انداخته روی سینی و فرستاده برای پدر و مادرهایشان، اما اگر آدم بچهٔ گوش به حرف کنِ با تربیتی باشد خیلی احتمال دارد که به چنگ غضب مدیر نیفتد.

خوب، اگر به روایت مردِ صاحب اطلاعی مثل شیخوبتوان با اطاعت و شیرین فرمانی از طوفان قساوت مدیر جانی بدر برد، باز جای شکرش باقیست. فقط باید مواظب باشم که انگشت توی دماغم نکنم و همشاگردیم را تیله ندهم و درسم را هم مثل آبْ روان باشم.

بار دیگر شیخو با شنیدن استدلالهای ناپختهٔ ساده لوحانه ام فیلسوفانه سری تکان داد و شروع کرد به ردیف کردن کارهائی که ممکن است موجب غضب مدیر باشد و بلای جان بچه مدرسه ای ها: آخر بچه را به مدرسه نمی فرستند که درس بخواند، می فرستند که آدم شود، و شرایط آدم شدن منحصر به اینها نیست. هر بچه ای که وسط زنگ کلاس دستش را بالا ببرد و با گفتن کلمهٔ «ادب» اجازه بخواهد، مدیر عصبانی می شود و همانجا می گیردش زیر باران مشت و کتک. راه علاجش این است که آدم کمتر آب بخورد تا کمتر محتاج «ادب» شود. آب هم همیشه روی آبادی می رود، خوردن چیزهائی از قبیل انجیر و خرما و نخودچی آدم را تشنه می کند. بچهٔ عاقل قید این آت و آشغالها را می زند و آجیلی را که مادر توی کیسه اش می ریزد یواشکی تحویل شیخو می دهد تا هم پرخوری نکرده باشد و با نوشیدن آب گرفتار ادب نشود و هم از استنطاق مادَر نجات پیدا کند که: چرا آجیل هایت را نخوردی؟

پیشنهاد بدی نبود و از همان روز و ساعت اجرایش آغاز شد، و شیخو حاضر شد در اوج ایثار فداکاری کند و نخود کشمش هایم را تحویل بگیرد و ببرد بریزد توی خرابهٔ پشت خانه تا بتدریج عادت آجیل خوردن از سرم برود.

روز دیگر شیخوی مهربان ــ البته بحکم علاقهٔ صمیمانه ای که به سرنوشت من داشت ــ درحالیکه خرماهای جیبم را تحویل می گرفت دلسوزانه به هشدار دیگری پرداخت که درست است مدیر آدم عبوس بی رحمی است اما کلید عقلش دست «مریم بگم» رختشوی محله است. اگر مریم بگم از بچه ای خوشش بیاید و تعریفش را پهلوی مدیر بکند، دیگر محال است مدیر با او چپ بیفتد و دخلش را بیاورد. کلید عقل مریم بگم هم در دست شیخوی خودمان است و علاجش آسان. بچهٔ آدم پولِ خُردی را که از پدر و مادرش می گیرد بجای آنکه برود پشمک بخرد و خودش را مریض کند، یواشکی تحویل شیخو می دهد تا شیخو ــ که شخصا اعتنائی نه

به خوراکی دارد و نه به پول سیاه ـ چیزی هم از حقوق خودش رویش بگذارد و بدهد به مریم بگم و مریم بگم هوای کار آدم را داشته باشد. منتها شرطش این است که پدر و مادرِ بچه بوئی از ماجرا نبرند والاّ همهٔ رشته ها و بافته ها پنبه می شود و همه نقشه ها نقشِ بر آب.

این هم کار چندان دشواری نبود، و البته انجام شد. بدرک که «آدم» حلوایِ تَق تَقو و لواشکِ آلو نخرد و نخورد، گذشتن از حلوای تق تقو آسانتر است یا زیر شلاق مدیر جان دادن و آنهم به جرم کارهائی که غالبا بی اختیارانه از آدم سر می زند. آخر آدم هر قدر تمرین کند بالاخره ممکن است روزی و روزگاری نقش خنده‌ای بر لبانش بنشیند و مدیری که حتی از تبسّم و لبخند هم نفرت دارد متوجهٔ این حرکت عنیف شود و آدم را بکشد بیرون و سوزن و نخی بردارد و جفت لبهای آدم را روی هم بگذارد و بدوزد، همانطوری که مشتی غلومِ دالان دار توی کاروانسرا لبه های جوال بادام را روی هم می گذارد و با جوالدوزش می دوزد. آدم هرقدر خویشتندار باشد بالاخره ممکن است روزی هوسِ بازی به سرش بزند و توی حیاط مدرسه گرگم به هوا بازی کند یا در پس کوچه دستش به گویَ و چفته برسد و خدای ناکرده چشمان تیزِ مدیر متوجهٔ جنایتش گردد و بفرستد از دکان حاجی غلامرضا قصاب ساطورش را بیاورند و دست آدم را از مچ و گاهی هم از آرنج قطع کند. وقتی که می شود همچو بلاهائی را با دو شاهی پولی که روزانه به آدم می دهند دفع و رفع کرد چرا باید غافل ماند و با جان خود بازی کرد؟

اما عیب کار مریم بگم این بود که اشتهایش زیاد بود وصنّار سه شاهی های روزانهٔ آدم کفافش را نمی داد. مریم بگم حرفی نداشت که وقتی برای شستن رخت چرکهای آقای مدیر می رود هوای آدم را داشته باشد، اما آمدیم و کلاغ خبررسان یک روز که روی داربستِ خانه نشسته است چشمش به آدم افتاد که دایرهٔ «عیدالزهرا» را برداشته است و با ترکهٔ انار روی آن می زند و به شیوهٔ شمرِ تعزیه رجز می خواند، یا متوجه شد که آدم چند تا دانه ای از شیرینی و آجیلی که قرار است تحویل شیخوبشود کِش رفته و توی دهنش چپانده است، یا دید که آدم دارد با دخترِ خالهٔ ده دوازده ساله اش حرف می زند و بازی می کند، یا خبر شد که آدم بجای اینکه مثل بچهٔ آدم آفتابه بردارد و درست و حسابی روی آجرهای دو طرف چاه بنشیند بعلت تنبلی و راحت طلبی مثل سگ ایستاده کارش را انجام داده است، یا از زبان مَردُزمائی که شبها دور و برِ رختخواب بچه ها می پلکد شنید که آقازاده دیشب جایش را خیس کرده

است، یا از آن بدتر بجای آنکه روی دست چپ و راستش بخوابد مثل سگ و گربه دُمِرو خوابیده است؛ بله، اگر کلاغ لعنتی اینها را ببیند و خبرش را به گوش مدیر برساند تکلیف چیست؟ مریم بگم در مواردی از این قبل حاضر به هیچ وساطت و شفاعتی نیست. و حق هم دارد، آخر او دیناری از پولها را خرج خودش که نمی‌کند، هرچه می‌گیرد صحیح و سالم تحویل مدیر می دهد؛ همانطور که خود شیخو هم لب به آجیل ها نمی زند و همه را می برد و می ریزد توی خرابهٔ پشت خانه. باید فکری اساسی کرد، وگرنه همین دو هفتهٔ دیگر است که مدرسه باز می شود و قیامت موعود فرا می رسد و مالک دوزخ یعنی مدیر کج خُلقِ بهانه گیر آلات و ابزار شکنجه اش را بر می دارد و به جان آدم می افتد، و دیگر در آن روزها کاری از دست کسی ساخته نیست.

و باز هم منّت خدای را ـ البته عزّوجل ـ که برای هر دردی درمانی آفریده است: اگر آدم هر شب که پدرش به خانه می آید و قبایش را تا می کند و توی طاقچه می گذارد و به نماز می ایستد، یواشکی به طاقچه نزدیک شود و به بهانه ای قبا را بردارد و سر و ته بگیرد تا پول خُردهای توی جیب پدر روی گلیم کف اتاق ولو شود، و آدم ـ در حالیکه مشغول جمع کردن سکه هاست ـ ده شاهی یک قرانی زیر لای گلیم بخزاند و صبح فردا آن را بردارد و برای رساندن به مدیر تحویل شیخو بدهد، تا جرایم خارج از مدرسه و توی خانه و زیر لحافش هم بخشیده شود چه عیبی دارد؟

عیبش این است که اسم این کار دزدی است و دزدی کار بدی است، دزد را بالاخره می‌گیرند و توی این دنیا می اندازند توی حبس و توی آن دنیا هم می‌برندش به جهنم. اینجاست که قدرت تصمیم گیری از آدم سلب می‌شود. درست است که طبق استدلال شیخو اولاً کش رفتن چند قران از کیسه پدر یا انگشتر و سکه ای از صندوقخانهٔ مادر اسمش را نمی‌شود دزدی گذاشت، ثانیاً دزدی هم باشد تا کسی نفهمیده است که عیبی ندارد و خطری ندارد، ثالثاً هرچه باشد عواقبش بهتر از آن است که مدیر با شنیدن خبر بازیگوشی ها و شکم شُلی های آدم اوقاتش تلخ شود و با چکش زنگ مدرسه آنقدر توی سر آدم بکوبد که فرق آدم بشکافد و خون از سر تا پایش همشار شود.

تجسّم منظرهٔ فرقِ شکافته و خونِ فواره‌زن لرزه‌ای در ستون فقرات آدم می افکند و شیخو که سکوت آدم را علامت تسلیم و رضا دانسته، می رود دنبال کارش تا فردا بیاید و با دیدن

دستِ خالی آدمِ البته ترسوی بی‌عرضه بار دیگر شروع کند به تقسیم‌بندی انواع جرایم و تعیین نوع مجازاتها و شکنجه‌ها، و آنقدر بگوید تا کاسهٔ صبر آدم لبریز شود و عنان اختیار از کفش رها گردد و صیحه‌کشان به دامان مادر پناه برد که «نمی‌خواهم، مدرسه نمی‌خواهم، مدرسه نمی‌روم»؛ و در پاسخ سئوال حیرت‌آمیز مادر که «چرا؟ پسرم، مدرسه که مکتب‌خانه نیست، آنجا از بگیر و ببند و کُتِ مار و موش و سیاه‌چال عذاب خبری نیست»، همراه سیل اشکِ بر گونه جاری شده بنالد که «مدرسه نمی‌روم، از مدیر می‌ترسم، می‌ترسم سرم را ببرد». و در مقابل سئوال «کی همچوغلطی کرده؟ کی گفته مدیر سر می‌برد؟ مگر نمی‌بینی حسنو و عباسو و میرزو با چه شور و شوقی به مدرسه می‌روند؟»، به فکر افشای منبع خبر بیفتد که در حال هق‌هق زدن و لب گشودن، شیخو خودش را داخل معرکه کند که «بی‌بی، بچه خیالاتی شده، نکند حسینو حاج تقی توی دلش را خالی کرده، بگذارید خودم می‌برمش و حالیش می‌کنم که مدرسه چه جای خوبی است». و دست آدم را بگیرد و از خانه بیرون برد و در اواسط کوچه شروع به سرزنش کند و با بیان فصلِ مشبعی از خطرات زبان‌شُلی و عواقبش ــ که بمراتب خطرناکتر از دُمِرو خوابیدن و ایستاده شاشیدن و گرگم بهوا بازی کردن است ــ آدم را سرِ عقل آورد و گریه‌اش را تبدیل به تفکری مآل‌اندیشانه کند، و بر قدرت تصمیم‌گیریش در مقولهٔ قبای پدر و سکه‌های مادر بیفزاید، تا بقیهٔ روزش صرف نقشه کشیدن شود برای دستبردی به هزارپیشهٔ توی صندوقخانهٔ مادر، یا قبای سهل الوصول پدر.

دریغا که حساب و کتابهای طبیعت نظم چندانی ندارد و شک و تردیدی که در روز ازل به عنوان بلای جانِ اندیشه‌مندان و فیلسوفان جهان آفریده شده است، گاهی راه را گم می‌کند و به سراغ سراچهٔ دلِ کودکان می‌آید، علی‌الخصوص وقتی که مادر دوتائی از بچه مدرسه‌ای‌های همسایه را صدا زده و به خانه آورده است و نقل و نباتی سرازیر جیبشان کرده تا در محاسن مدرسه و آزادی بچه‌ها و مهربانیهای مدیر بجدّی اغراق کنند که آدم وحشت‌زده همه حرفهایشان را از مقولهٔ دروغی مصلحتی پندارد که به اشارهٔ مادر سرِ هم کرده‌اند تا آدم را به دوزخ مدرسه بکشانند؛ و بناچار با تظاهر به قبول و باور، قدم در اولین مرحلهٔ ریاکاری نهد که لازمهٔ عروج به مرحلهٔ دوم است یعنی دزدی.

و روز بعد در حالی که با همه استتارها یک عدد دو قرانی چرخان در دست شیخو می‌گذارد با مشاهدهٔ برق رضایت و نشاطی که در چشمانش جهیدن گرفته است، همه

وحشتهای موهوم را از تهمت دزدی به دست فراموشی بسپارد و بار دیگر مستمع خوشباورِ نطق شیخو باشد در شرح مصائبی که لازمۀ مدرسه است و بار دیگر صفات درخشانِ همه چکمه پوشانِ صحرای کربلا را از شمر ذی الجوشن و سنان بن آنس و عبیداللّهِ زیاد گرفته تا قاتل طفلان مسلم و زندانبان موسی بن جعفر* در هیکل تراشیدۀ مدیر متراکم بیند، و روزهای بعد با تحویل هر سکه ای با صحنۀ تازه ای آشنا شود از جنایات این مالک طبقۀ هفتم دوزخ که افتادن و خیزان خودش را به دنیای دنی کشانده و بر مسند مدیریت مدرسه نشانده است.

اگر آجیل ها و شاهی و صنارهای دو هفتۀ اول به قرانیها و دوقرانیها و در موردی یک عدد پنج قرانی زبان گشا تبدیل نمی شد، محال بود بچۀ آدم پی بَرد که مدیرِ علیه ما علیه علاوه بر عذابهای کم رنگِ قبلی چه شکنجه هائی در چنته دارد، و محال بود بداند که همین چند ماه قبل به دستور او همین غنچعلی فرّاش مدرسه چگونه زبان بچه ای را که در زنگ تفریح آواز خوانده است از قفا، از پشت سر، از دهانش بیرون کشیده است، آنهم این جوری؛ محال بود با خبر شود که چگونه ریگ داغِ روی بخاری ذغال سنگی را با انبر برداشته و در کف دست بچه ای گذاشته و انگشتانش را تا کرده تا بوی گوشت سوخته بشدّتی در هوا پخش شود که گداهای دم بازار به خیال اینکه در مدرسه خرجی می دهند دم درِ مدرسه صف بکشند؛ محال بود بشنود که همین غنچعلی فراش چگونه لباس بچه ها را بیرون می آورد و آنان را با بدن عریان به پشت رویِ تختۀ میخ دار می خواباند و هاون سنگی را روی سینه شان می گذارد تا سرِ میخ ها از این طرف بدنشان بیرون زند.

و ظاهراً تجسّم همین صحنه های وحشت انگیز است که بار دیگر آدم را به طغیان می کشاند و به این فکر می اندازد که خودش را بکشد و جانش را از چنگ هیولائی بدین خطرناکی برهاند. و بر اساس همین فکر است که بار دیگر به یادِ چاه آبِ سی گزی گوشۀ حیاط می افتد و عزمش را جزم می کند که بعد از اذان مغرب، در لحظه ای که پدر و مادر به نماز ایستاده اند کار را یکسره کند.

خوب، تا غروب آفتاب و تاریک شدن هوا خیلی مانده است، حالا که تصمیم قطعی گرفته شده و قرار است آدم کلکِ زندگیش را بکند چرا این دو سه ساعت باقیمانده را به

*می‌خواهید بفرمائید: قاتل طفلان و جناب زندانبان اگر هم چکمه‌پوش بوده اند در صحرای کربلا نبوده اند؟. عیبی ندارد، مگر نمی‌دانید کلّ یومٍ یوم عاشورا و کلّ ارضٍ ارض کربلا.

تلخی و ناکامی بگذراند؟ حالا که دیگر ترسی از مدیر و مدرسه ندارد، چرا نان برنجی ها و انجیرهای سهمیهٔ امروزش را تحویل شیخو بدهد؟ چرا نرود و بچه های محلّه را مهمان نکند و این واپسین ساعات زندگی را میان دوستان و رفقا نگذراند؟ و از اینها مهمتر حالا که دیگر ترسی از بازخواست پدر و ضربه های نی قلیان مادر نیست، چرا آدم خودش را به گنجهٔ خوراکیها نزند و با انباشتن لیفهٔ تنبان و دامن پیراهنش از نخود و کشمش در سایهٔ دیوارِ کوچه ضیافتی حسابی راه نیندازد؟

و ساعتی بعد که ـ پس از اجرای ضیافت و تعمیر شکم ها ـ با تک و توک بچه های تُخسی که در اوج گرمای چلّه بزرگه و آفتاب سوزان تابستان پدر و مادرها را خواب کرده اند و خودشان به هوای بازی به کوچه زده اند، آدمِ از جان گذشتهٔ کارِ جهان به اهل جهان واگذاشته گرم بازی است، با پیدا شدن سر و کلهٔ غنچعلی همه وحشتهای جهان بار دیگر بر فرقش تلنبار می شود. بله این غنچعلی است که با ریشِ جوگندمی و کلاهِ تخم مرغی و قیافهٔ همیشه خندانش از خم کوچه پیدایش می شود و در حالیکه دستهایش را پشت سرش گره زده است، پیش می آید. و عجبا از حسینو بی بی فاطمه و قُلویِ قصّابها که بدون واهمه ای به استقبال پیرمرد می‌دوند و یکی از گردنش می‌آویزد و دیگری ریشش را می کشد که «مشدی غنچعلی، بیا برامان آواز بخوان»، و حال آنکه این هر دو بچه مدرسه ای هستند و باید با دیدن غنچعلی خشکشان بزند و زبانشان در دهن قفل شود. آدم ـ که ذهن ساده اش هنوز با مقولهٔ تناقضات فلسفی آشنا نشده است ـ در حالتی آمیخته از حیرت و وحشت به طرف خانه پا به فرار می گذارد و به سرعت برق و باد خود را در دالان خانه می اندازد و در را می بندد. اما غنچعلی که ول کن معامله نیست، با کف دستش به در بسته می کوبد که «میرزا، در را باز کن، کارت دارم». اما کار آدم از آن گذشته است که فریب زبان چرب و قیافهٔ خندان غنچعلی را بخورد، علاوه بر کلون کردن در، چفت شب بندش را هم می اندازد تا حریف به هیچ وسیله ای نتواند قدم به حریم امنیتش بگذارد. بار دیگر صدای غنچعلی به گوش می رسد که «میرزا، در را باز کن، یک چیزی برات آورده ام»، و همراه آن کوبهٔ در به صدا می آید و بر اثر آن مادر از خواب شیرینِ بعد از ناهار می پرد و به طرف درِ خانه می آید و بی اعتنا به گریه و التماس آدم در را باز می کند و غنچعلی بهمراه چند تائی از بچه ها قدم به دالان می نهد، و در این لحظه است که آدم با مشاهدهٔ جفت کفش هایِ نونوارش در دست غنچعلی متوجهٔ گناه

سنگین خود می شود و تهدید مکرّر مادر به خاطرش می آید که «این دفعه اگر کفشهایت را گم کردی ده تا نی قلیان بر کف پاهایت خُرد می کنم»، و تازه کف پایش بر زمین سرد دالان به یاد شن های گداختهٔ کوچه به سوزش می افتد.

غنچعلی کفش ها را پیش پای آدم می گذارد که «بپوش بابا، کفشهایت را سرِ کوچه ول می کنی و پا برهنه می دوی، نمی گوئی که دزدی، ولگردی، گدائی بیاید و کَفش ها را ببرد». و مقارن آن مادر می‌رسد با نی‌قلیان سیم‌پیچش که جای هرضربه‌اش باد می کند و تا چند روز آدم را از کار می اندازد. و اینجاست که صحنهٔ دیگری ذهنِ به تناقض گرفتار آمدهٔ آدم را تکان می دهد: غنچعلی با خندهٔ لطف آمیزش سپرِ بلا می شود و آدم را پشت سرش قایم می کند و شروع به التماس که «بی بی، این دفعه به خاطر ریش سفید من ببخشیدش، بچه است، همه بچه ها سربهوایند، اگر کفش هم گم شد فدای سرش». اما جوش و خروش مادر بدین سادگیها فرونشستنی نیست که «می‌خواهم سر به تن این جور بچه ای نباشد، درعرض همین امسال سه جفت کفش گم کرده، پدر بیچاره‌اش باید جان بکند و هی کفش بخرد و این جزِ جگرزدهٔ نخل به خاک آمده هی گم بکند»؛ و همراه این شعارهای پرجوش وخروش انقلابی، نی‌قلیان در هوا می‌چرخد و فرود می‌آید، اما نه بر سرو کلهٔ آدم که روی بازوی استخوانی غنچعلی و نالهٔ پُردردی در فضا می‌پیچد که «بی‌بی، از شما بعید است، اگر این ضربه توی سر بچه خورده بود که خدا نکرده سرش میشکست. وغرش دیگری بر می‌خیزد: «بدرک که سرش بشکند، خدا که به من نداده این را هم نمی‌خواهم، مردم نمی‌دانند که از دست این پَلْپُتَک زده چه زجری می‌کشم»، و صدای غنچعلی لحن ملایم موعظه می‌گیرد که «بی بی، کتک مالِ بچهٔ آدم نیست، مالِ گاو وخر است، کاشکی می‌آمدید وحرفهای آقای الهی را می‌شنیدید که هیچ بچه‌ای با کتک درست نمی‌شود». و بار دیگر سیلاب خشم و خروش سخن پیرمرد را قطع می‌کند که «دست بردار غنچعلی، تو هم دلت خوش است با اون آقای الٰهیت، از وقتی این مدرسهٔ تخت سر شده باز شده، بچه‌ها پرروتر شده‌اند، نمی‌دانی توی کوچه چه آتشی می‌پردازند، مدرسه ای که تویش چوب وفلک نباشد صنّار نمی ارزد».

با شنیدن این جمله حساب تناقض ها از دست آدم در می رود و نظم ـ البته منطق ـ ذهنش چنان در هم می ریزد که بکلّی ماجرای کفش ها و از آن بالا تر نی سیم‌پیچی قلیان

فراموشش می شود و گوش دل به پاسخ غنچعلی می سپارد که «نه، بی بی، این جور هم که شما فکر کرده اید نیست، بچه ها بدون شلاّق سیمی و چوب فلک و کُتِ مار و موش بهتر درس می‌خوانند و بهتر تربیت می‌شوند. من هم روزهای اول حرفهای آقای مدیر را قبول نداشتم، اما حالا می بینم هرچه گفته حق بوده».

حالا وقتی است که آدم وارد ماجرا شود و با سئوالِ «مشدی غنچعلی، توی مدرسه کتک نمی زنند؟»، نگاه محبت پیرمرد را متوجهٔ خود کند و بشنود که «ابدا پسرم، آقای الهی اگر بشنود معلمی دست روی شاگردش دراز کرده عذرش را می خواهد، مدرسه را که برای کتک زدن درست نکرده اند»؛ و در پاسخ این سئوال که «یعنی می گوئی زبان بچه ها را هم از پسِ کلّه‌شان بیرون نمی کشند؟ ریگ داغ کف دست بچه ها نمی گذارند؟»، چروک تحیّری بر چهرهٔ خندان پیرمرد بنشیند که «این حرفها یعنی چه بابا، مدرسه که سلاّخ‌خانه نیست، مدیر مدرسه که جلاّد حکومتی نیست»، و روی سخن به طرف مادر برگردد که «این حرفها را کی توی ذهن بچه کرده است؟» و اشارهٔ ابرو و لب گزیدنِ مادر را بنگرد و رفع و رجوع کردنش را که «بله، آنجورها نیست، زبان از کلّهٔ کسی بیرون نمی کشند، اما چوب و فلک که دارند، هر بچه‌ای که بی تربیتی بکند البته فلکش می کنند، هر بچه‌ای که بجای درس خواندن...»، و بلافاصله شاهد چهرهٔ درهم رفتهٔ پیرمرد باشد که «بی بی، عجب از عقل شما، بچه‌ای که از ترس شلاق و فلک درس بخواند و مشق بنویسد هیچوقت چیزی نمی شود، احترامی که با کتک و توسری بگزارند یک شاهی نمی ارزد؛ نه، توی مدرسهٔ ما اثری از شلاّق و ترکه و فلک و این حرفها نیست، بچه ها هم درسشان را می خوانند و خوب هم می خوانند، و آقای الهی مدیر مدرسه را هم بیش از پدرشان دوست می دارند، چون دوستش می دارند گوش به حرفش می کنند، ان شاء اللّه دو هفتهٔ دیگر مدرسه باز می شود، میرزا خودش می آید و می بیند چوب و فلکی نداریم، آقای الهی نه قصاب است، نه جلاّد و نه آدم خور، سر تا پا مهر و محبت است از پدر هم در حق بچه ها مهربانتر است». و بار دیگر آدم را مخاطب قرار دهد که «پسرم، این حرفها را کی توی کلّهٔ توجا داده؟ کدام شیّاد دروغگوئی ترا این جوری از مدیر و مدرسه ترسانده؟»

و اینجاست که آدم یکباره بند را آب می دهد و با بردن اسم شیخو، همسایه های از خوابِ نیمه روزی پریدهٔ دمِ خانه جمع شده را با آه هماهنگی به عکس العمل وا می دارد، و صدای

خاله عصمت را می شنود که «خدا بگویم چکار بکند این حاجی آقا محمد پیشنماز را، اگر آن روز صبحِ سحر وقتی که وارد محراب می شد صدای ونگ ونگ این نطفهٔ حرام را نمی شنید و زیر پایهٔ منبر چشمش به او نمی افتاد و با آیه و حدیث هایش دل آمیز محمد را به رحم نمی آورد، امروز همه اهل محل گرفتار دزد و دروغهای این ولدالزنا نبودند»، و در تایید آن صدای آشنای بی بی فاطمه که «بی بی سکینه، محض خدا پای این جانور را از خانه ات ببُر، تا حالا نگهش داشتی بس است، اصلا توی هر خانه ای پای آدم حرامزاده برسد فرشته ها تا هفت محلّه به آنجا نزدیک نمی شوند، به خودت رحم نمی کنی به ما و بچه هامان رحم کن»، و متعاقب آن نالهٔ نومیدانهٔ مادر که «الهی آتش ببارد از گور برادر شوهرم، این هم میراث بود که برای ما باقی گذاشت، تا خودش بود از دستش آرام و آسایش نداشتیم، حالا هم میراث وامانده اش بلای جانمان شده»؛ و در پی آن نالهٔ اعتراض بیوهٔ عمو را که: «بی بی، چرا پشت سرِ مُرده نفرین می کنی؟ آتش به گور معصومه کور و ببارد که شکم پُر کرد و مثل سگ ترکید و رفت نطفهٔ حرامش را گذاشت زیر پلّهٔ منبر».

# من واین کارها

دوست دیرینه دانشمندم جلال متینی مرا دعوت به نوشتن مقاله ای کرده بود دربارهٔ حافظ برای شمارهٔ مخصوص ایران‌نامه مردّد ماندم که چه کنم. دوست عزیزی بعد از عمری مقاله ای خواسته بود، اما برای مجله ای که با نفقه شبلی و با یزیدشدگان زمانه می‌گشت. بجای مقاله نامه ای نوشتم و فرستادم. تلفن زد که می‌خواهم چاپش کنم، گفتم لااقل اسم مرا بردار. به شیوهٔ حاجی آقای مرحوم که گفت «توپ را در کنید ولی یواش». و چنان شد. این تنها «مطلبی» است که من نوشته ام و بدون امضای صریحم منتشر شده است و با همه توجیه و تعلیل ها شرمنده‌ام که یا آدمیزاده خربوزه نمی‌خورد یا پای لرزش هم می‌نشیند.

منّت خدای را ـ البته عزّوجلّ ـ که در میان آنهمه خوانندگان ایران‌نامه مرد صاحب‌نظر اهل فراستی پیدا شد و با انتقاد ارزندهٔ خویش رشته های بنده را پنبه کرد و همگان را حیرت‌زدهٔ فهم درستِ اشارت‌یاب خویش. شما هم بخوانید:

«مایه تعجب مقاله ای بود که به صورت مراسله نوشته شده و نویسندهٔ آن معلوم نیست. اصولاً مراسله یا مقاله ای که نویسندهٔ آن معلوم نباشد در چنین مجلهٔ باارزش و متینی نباید درج گردد چه که از قدر مجله می‌کاهد. این نویسنده هر منظوری که داشته چرا این قدر لحن زننده و رکیک که در هیچ قاموسی پیدا نمی‌شود بکار برده است. جملات ضد و نقیض آن زیاد است. داستانهای مربوط به امیر مبارزالدین و کارهای ایشان بیشتر جنبهٔ افسانه دارد و قساوت قلبی او وحشتناک بوده... با عرض ارادت. حسین فاتح. الکساندریا، ویرجینیا ـ ۲۰ اکتبر ۱۹۸۸».

دوست عزیزم جناب دکتر متینی

تازه معنی یک «ها» و صد بلا را فهمیدم. از روزی که برای نوشتن چیزکی دربارهٔ حافظ بحکم ارادت به سرکار بله‌ای گفتم تا امروز سه چهار ماهی گذشته است و من هنوز در نخستین خم زجرآورِ کوچهٔ چکنم گرفتارم.

راستش را بخواهید این روزها در مملکت اسلامی‌مان جامعهٔ بی طبقهٔ توحیدی چنان رو به حافظ آورده‌اند که گویی می خواهند بجای آینهٔ جام نقش حوادث را در آینهٔ دیوان او تماشا کنند، و اکنون که از دو یار زیرک و از بادهٔ کهن دو منی ـ بحمدالله ـ نشانی در پهن دشت ایران زمین بچشم نمی خورد و حملهٔ هواپیماها و انفجار موشکها امکان فراغتی و کتابی و گوشهٔ چمنی باقی نگذاشته است، می خواهند با ناله های درفضای قرون پیچیدهٔ او غمهای خود را به دست فراموشی بسپارند.

در چونین حال و هوایی که تبِ حافظ خوانی و حافظ پرستی همه را به جان افتاده است، برای منی که علاوه بر بُزدلیِ ذاتی در مکتب زمانه درس احتیاط آموخته‌ام بیان عقیده ممکن است به دردسر انجامد.

آخر بنده از این مرد نام‌آور وطنمان یک جهان دلخوری دارم و دلم می خواهد حال و مجالی فراهم آید تا با او به شیوهٔ درویشان ماجرا کنم و پتّه‌اش را روی آب اندازم.

* * *

از این طرف دنیا قیافهٔ درهم رفتهٔ جناب عالی را می بینم با چروک بر گوشهٔ لب نشسته و ابروان گره خورده و سؤالِ از تنگنای سینه بر لب آمده که: یعنی چه؟ چه اعتراضی و ایرادی بر حافظ می توانی داشته باشی؟ پاسخ بنده این خواهد بود که: نه ده، نه صد، هزارها، و در رأس همه حق کشیهای برخاسته از انحرافات عقیدتی این شیرازی مغلطه کاری است که خود را در آمیختن لطایفِ حکمی با نکات قرآنی از حافظان زمانه

ممتاز می داند و شش قرن است که مردم غافل از واقعیتها تاج لسان‌الغیبی بر فرقش نهاده اند.

ملاحظه بفرمایید. این رند شیرازی با نفوذ جادویی سخنش چه به روزگار مسلمانِ مبارزِ متعهدی مثل امیر مبارزالدین مظفر آورده و چه داغ باطله ای بر نام نازنین مرد مؤمن زده است که هنوز هر جا صحبت محتسب می شود خلایق به یاد او می افتند و دوران حکومت او را از سیاهترین ادوار تاریخ ایران می پندارند؛ و حال آن که واقعیت درست برخلاف این است.

* * *

لطفاً ششصد هفتصد سالی در تونل زمان به گذشته برگردید و سری به شیراز جنّت طراز بزنید و ببینید جوان سی و چند ساله ای که بر آن سرزمین سلطنت می کند مرتکب چه جنایت هولناکی شده است که افعال شمر و خولی و سنان در جوارش ناچیز است و قابل گذشت. بله، شیخ ابواسحاق ظاهراً مسلمان و مسلمان‌زاده را می گویم که پدرش به تبرّک نام شیخ ابواسحاق کازرونی زاهد و عارف بزرگ زمانه، این نام را بر او نهاده است.[۱] و مادرش طاش خاتون هر غروب دوشنبه در مدرسه و مسجدی که در جوار مرقد مطهر شاه چراغ ساخته است بیش از دو هزار نفر روحانیان و سادات و علمای شیراز را به ضیافت چرب و شیرینی می خواند، و خودش به روایت قاضی جهانگردِ شریعتمداری چون ابن بطوطه در تعظیم علمای شریعت تا آن حد رعایت ظاهر می کند که در محضر مولانای اعظم به سبک مغولی دو لالهٔ گوشش را در دست می گیرد و زانوی ادب به زمین می زند،[۲] اما با اینهمه ظاهرسازیهای ریاکارانه خصم دین است و مانع ترویج شریعت سیّد المرسلین. چگونه؟ شرحش را در سفرنامهٔ ابن بطوطه بخوانید که با چه آب و تابی از زیبایی شهر و شیک پوشی مردان و زنان شیراز و تمیزی کوچه ها و فراوانی ارزاق و تنعم مردم سخن می گوید.[۳] می دانم زیر لب غرّشی دیگر آماده کرده اید که: آبادی ولایت و سیری مردم و وفور نعمت چه ربطی به خدا ناشناسی پادشاهش دارد؟ اشتباهتان همین

۱ــ ابن بطوطه: سفرنامه، ترجمهٔ موحد، جلد اول، تهران ۱۳۵۹، ص ۲۲۲.

۲ــ ابن بطوطه، ص ۲۲۹ و ۲۲۱.

۳ــ ابن بطوطه، ص ۲۱۶ و ۲۱۷.

جاست. غافلید از این واقعیّت مجرّب که انسان ظلوم و جهول در تندرستی و امنیت و رفاه، خالق خود را فراموش می کند و در طاعات و عبادات غفلت می ورزد؛ و تا نکبتی رو نکند و بیم جان و غم نانی در برابر نایستد، اغلب فرزندان ناسپاس و بازیگوش آدم نه اشک زاری و ابتهالی می ریزند و نه در محفل دعای کمیلی نالهٔ حاجت سر می دهند و نه یاد نذر و نذوراتی می افتند. و به همین دلیل مردم فرصت طلب و عشرت دوست شیراز ـ که موجبات انحرافشان از همه سو فراهم شده است ـ ترس از درکات دوزخ و آن مالک عذاب و عمودِ گران او را بر طاق نسیان نهاده اند و نه تنها مستحبات و نوافل را فراموش کرده اند و نمازهای واجبی را به تنبلی در آخر وقت می خوانند که بعضی از متجاهران به فسق بساط ساز و آوازی راه می اندازند و احیاناً دمی به خمره می زنند و بجای ناله های الغوث الغوث به ترانه خوانی مشغولند و بجای ترتیل قرآن به دکلاماسیون* غزلهای

* می دانم نگاهتان را روی کلمهٔ «دکلاماسیون» خیره کرده اید و می خواهید بگویید: این دیگر چه صیغه ای است. حق دارید و ملامتی بر شما نیست که سالها از وطن اسلامیتان دور افتاده اید و نمی دانید در این ده ساله چه تحولاتی در معیارهای فصاحتی روی داده است و چه انقلاب ادبی مبارکی ـ از برکت انقلاب فرهنگی ـ در راه است. مگر نه این است که معیار فصاحت کلمه ای استعمال بزرگان ادب است. و مگر نه این است که استاد شهریار شاعر ملی سابق و حسّانِ جمهوری اسلامی به تصدیق کسانی ـ که در آیین سلامها و مراسم رسمی و جشن هنرهای کذائی مستمع مدایح غرّایشان بودند ـ سر حلقهٔ اکابر گردنکشان نظم است و استاد شاعران زمانه. وقتی که شاعری به عظمت ایشان، که به روایت **کیهان فرهنگی** بیش از سیصد میلیون نفر مرید دلباخته دارد، این کلمهٔ زیبا را بکار می برد، چه جای ایراد است بر امثال بندهٔ وامانده. باری، بشنوید از کلام البته دُربار استاد شهریار که خطاب به اعضای کنگرهٔ شعر و ادب و جهاد دانشگاه کرمان فرموده اند:

درود ما به دانشگاه کرمان و جهاد او
که از شعر و ادب داده چهارم کنگره تشکیل
جهادی های دانشجوست از سر تا سر کشور
که با این کنگره خواهند از شعر و ادب تجلیل
دگر اولاد آدم جنگشان تا رفع هر فتنه است
قصاص خون هابیل است کو بستاند از قابیل

و سرانجام با نیشی جانانه به مظالم طاغوت ـ و البته بی هیچ اشاره به **کسانی** که در آن حکومت الحادی با مدیحه سراییها به آب و دانه ای و سر پناه و آشیانه ای رسیده بودند ـ یادی از شیطان می فرماید که:

به دورانهای طاغوتی چها کردند با اسلام
که شیطان بود سردمدار آن اوضاع هردمبیل

و با اشارهٔ غیر لازمی به پیری و تواضع شاعرانهٔ دلنشینی که: ←

عاشقانه. موجبات این فساد اجتماعی از سالها پیش فراهم آمده است که مغولان بت‌پرستِ عرق خورِ خاتون باز حرمت معابد را در هم شکسته اند و بازار علمای دین را از رونق انداخته اند. و بدنبال آن دار و دسته ای از صوفیان پدید آمده و با تلقیناتی بدآموزانه به آشفتن ذهن خلایق پرداخته اند که: جهان سفرهٔ انعام خداوند است و مشیّت الهی از آفرینش خوبیها و زیباییها و لذات، بهره‌وری ابنای آدم است؛ و با این زمینه‌چینیها مردم را به تلاش معاش انداخته اند و به هوای تنعّم و رفاه دنیوی از صبر بر فقر و فضایل ریاضت و ثواب آخرت باز داشته اند. آن هم در سرزمینی که شیخ صاحب کشف و کرامات و محبوب خاص و عامش درضمن توصیهٔ «برگ عیشی به گور خویش فرست» دل بلهوس مردم را هوایی کرده است و به آنان درس زیباپرستی و نظربازی داده و با فتوای: زمانی درس و بحث علم و تکرار، و زمانی شعر و شطرنج و حکایات، راه کسب کمال و دفع ملال پیش پایشان نهاده و تغییر ذائقه را لازمهٔ وجود آدمیزادگان دانسته است، و با استدلال اگر گویی نظربازی حرام است، گناه اول ز حوّا بود و آدم، بدین نتیجه رسیده است که نظر بر نیکوان امری است معهود.

خوب، با مقدماتی چنان، آن هم در دیاری چون شیراز که از در و دیوارش هوس عشق و طرب می بارد، اگر جوان ترگل ورگلی مثل شیخ ابواسحاق به سلطنت برسد و فی الجمله آبادی و رفاهی پدید آید، حاصلش چه خواهد بود، جز رواج کفر و غفلت از اسلام؟

از اینها بدتر توجه الحادآمیز این جوان بدمنصبِ خود گُنده بین است به ایران باستان و اکاسرهٔ خَذَلهم اللّهی که با شرک و مجوسیّت به دارالبوار رفته اند، آن هم در سرزمینی که ستونهای با وقاحت بر سر پا ایستادهٔ تخت جمشیدش خار چشم مسلمانان متعهدی است

← ندارم هرگز آن شور جوانی در سخن گفتن
فروکش کرده شعر من که پیری حُسنی از تعلیل

بدین سان پای دکلاماسیون را به شعر فارسی کشانده اند که:

خدا فرموده با ما رتّل القرآن ترتیلا
تو هم گو شهریارا دکلاماسیون‌ها شود ترتیل

تعمد شدو سه بیتی اضافه بر شاهد نقل کردم تا هم مذاق جانی شیرین کنید و هم با انبساط خاطری که حاصل خواهد شد سنگینی نامهٔ مفصل بنده را تحمّل.

که دلبستۀ خیمه گاه عربند و از طاق و رواق عجم نفرت دارند. دلیلش را از زبان همین ابن بطوطه بشنوید که شخصاً حاضر و ناظر بوده است که شاه بلهوس چگونه به فکر ساختن ایوانی نظیر طاق کسری می افتد و مردم عظمت پسند و منحرف عقیدتِ شیراز با چه شور و شوق داوطلب برآوردن پیهای عمارت می شوند و با پوشیدن جامه های فاخر و تهیۀ کُلنگهای سیمین و زنبه های چرمینِ ابریشم پوش در محل کار ـ و به عبارت رساتر بیگاری ـ حاضر می شوند و نه تنها روزها که شبها نیز با افروختن شمعهای کافوری به کندن زمین و چیدن خشت و آجر می پردازند.[۴]

در این حال و هواست که خلایق گرم عیش و نوش می شوند و مردان راه حق ـ که دردِ دین در اعماق دلشان خانه کرده است ـ خون می خورند و چشم امید به افق آینده می دوزند تا شهسواری پدید آید و بساط فسق و فجور را در هم ریزد و به فحوای حدیث مبارک نبوی مجدّدِ رأس مائة گردد.

* * *

در محیط آشفتۀ بعد از مرگ ابوسعید، که هر کس در گوشه ای از امپراطوری بهم ریختۀ چنگیزیان علَم استقلالی بر افراشته و بساط سلطنتی گسترده است، و مردم پیشوا پرست این سرزمینِ عجایب پرور دربدر به دنبال کسی می گردند کهٔ خونِ پاک مغولی در عروقش جریان داشته باشد تا او را به شاهنشاهی ایران برگزینند و سرودِ چه فرمان یزدان چه فرمان شاه در پیشگاهش سردهند، باری در همچو حال و هوایی، مرد محترمی که از بزن بهادرهای روزگار است و حکومت میبُد را بر عهده دارد به فکر بسط قدرت می افتد و سپاهی فراهم می آورد و به طرف یزد می تازد و حاکمش را آواره می کند و مرکز حکمرانی خود را بدان جا منتقل.

تا این جا کارها و فتوحات مرد به سائقۀ دنیاطلبی است و کسب قدرت. اما بعد از فتح یزد، داعیه رنگ دیگری می گیرد و مردی که مقدّر است در آینده ای نزدیک مؤسس سلسلۀ آل مظفر گردد، از اولیاء و اوتاد روزگار می شود و کار معنویت و روحانیتش به جایی می رسد که امروزه من و شما ناچاریم وقتمان را صرف نوشتن و خواندن شرح فتوحاتش کنیم، و حال آن که دهها و صدها حاکم و سلطانک دیگر در همان قرن هشتم و

۴ ـ ابن بطوطه، ص ۲۲۶.

در همین سرزمین حوادث خیز ایران وجود داشته اند که از نام و هستی هیچکدامشان به روی زمین یک نشان نمانده است.

بله، امیر مبارزالدین محمد پادشاه یزد که مردِ میخوارهٔ شاهد بارهٔ دنیاطلبِ عرقه‌ـ مزاجی است، درست در مرز چهل سالگی بر اثر الهامی ـ که چگونگیش از چشم کنجکاو اصحاب تاریخ هنوز پوشیده مانده است ـ به فکر آخرت می افتد و از ملاهی و مناهی توبه می کند[5] و با چماق تکفیر و تیز تعزیر به جان هم ذوقان و هم مشربان قدیمی می افتد، و به برکت تعصبی که در اجرای حدود شرعی نشان می دهد انگشت حیرت بر لب ساکنانِ زهد آشنای دارالعباد یزد می نشاند، و حال آن که چونین تحولی ـ که باصطلاح علما از مقولهٔ قلب ماهیت است ـ نه حیرت آور است و نه قابل انکار، که دیار ما سرزمین چرخشهای صد و هشتاد درجه ای است و صحنهٔ تماشایی یُخرج الحّی مِن المیّتِ وَیُخرِجُ المیّتَ مِن الحّی.

مگر نه این است که داروفروش قوی حال صاحب مالی، با یک نگاهِ درویش دوره گرد نیشابوری به ترک مال و منال و کار و کاسبی می گوید و در یک لحظه همه دریچه های عالم عرفان به روی دلش گشاده می گردد؟ مگر نه این است که روستایی بیسواد ساده لوحی با شکستن یخهای حوض مسجد همدان و غسل ارتماسی جانانه ای، بجای آن که سینه پهلو کند و بمیرد، در یک چشم بهم زدن به فحوای اَمسیتُ کُردیّاً اَصبحتُ عَربیّاً، زبان شکسته بستهٔ لُریش تبدیل به عربی فصیح می شود و آوازهٔ رباعیات عارفانه اش در گنبد افلاک می پیچد؟ مگر نه این است که شاگرد خمیر گیرِ کچل بوگندویی با روشن کردن شمعی در حرم شاه چراغ، در یک لحظه نطقش باز می شود و با اعلام: دوش وقت سحر از غصه نجاتم دادند، نه تنها معشوقه ای چون شاخ نبات خاک پایش را توتیای چشم نیاز می کند که غزلیات لوندش ترانهٔ صبوحی قدسیان عرش اعلی می گردد؟

خوب، در چونین سرزمین معجزخیزی چه عجب اگر مردِ میخوارهٔ یکه بزنی که به قول نویسندهٔ **مواهب الهی**، عمری «ندای هات الرّاح» در می داده، ناگهان «گوش به منادی حیّ علی الفلاح کند»، و چهرهٔ نازنینی را که «افروختهٔ جام مدام بود» با سَفنهٔ

۵ـ کتبی محمود، **تاریخ آل مظفر**، بکوشش نوائی، تهران ۱۳٦٤، ص ٤۲.

سجده و عبوسِ زهد زینت بخشد، و بعد از چهل سال هم پیالگی خراباتیان و اوباش محله با یک توبهٔ خطا شوی به محتسبِ خُم شکنی مبدّل گردد که عیش رندان عزا کند و بزم طرب ماتمسرا، و از هر خانه‌ای که نغمهٔ سازی بر شود بنایش را چنان با خاک یکسان نماید، که به روایت **مطلع السعدین** «کسی را دیگر یارا نباشد که نام ملاهی و مناهی برد»، و با انقلابی فرهنگی دکان معلمان حکمت و طب و کیمیا و ریاضی و ادب را تخته کند، و با شعار پر محتوای

علم دین فقه است و تفسیر و حدیث
هر که خوانَد غیر از این گردد خبیث

«مردم را به علوم شرعیه ترغیب» فرماید و ریشهٔ خبث را از جهان براندازد.[۶]

باری، مرد میبدی با این چرخش ناگهانی، شمشیرِ اسلام پناهی به دست می گیرد و به قصد ترویج شریعت غرّای محمدی ــ و نه به فکر بسط ملکت و کسب قدرت ــ شروع به جهانگشایی می کند، آن هم با شعار مؤثرِ شهادت‌طلبی که باز هم به روایت مورّخ دربارش «بر مرقد مطهّر مولا علی به دعا از خدا فیض شهادت خواسته است»، و همه آرزویش این که در جنگهای بی‌وقفه‌ای که با کفار و مرتدان و مفسدان می کند همردیف شهدای راه دین صدرنشین درجات بهشت گردد.[۷]

بنابر این دیگر خونریزیها و جهانگشاییهای مرد میبدی از مقولهٔ جاه‌طلبیهای سفّاکان تاریخ نیست، که مقصد و مقصود مردْ شهادت است و تشنگان شربت شهادت را چه تعلق به امور جهان و مُلک جهان، که خاک بر سر دنیا و زندگانی دنیا.

مرد برای اعلای کلمهٔ حق و شستن لکهٔ کفر از چهرهٔ زمین شمشیر به دست گرفته است و پیروزی و شکست در نظرش یکسان، بکشد و یا کشته شود برندهٔ واقعی است. دلیل صدق ادعایش واقعهٔ کرامت آمیزی که بلافاصله رخ می دهد و زبان مدّعیان و منکران را در کام می خشکاند:

۶ــ سمرقندی کمال الدین عبدالرزاق: **مطلع السعدین و مجمع بحرین**، بکوشش نوائی، تهران ۱۳۵۳، ص ۲۷۰.

۷ــ در اثنای کر و فر [با اوغانیان] از اسب خطا شد، پهلوان علیشاه بمی... فرود آمد و اسب خود پیش کشید، امیر مبارزالدین سوار نمی شد و گفت بیست سال پیش از این در حضرت مقدس امیرالمؤمنین علی... عزت شهادت طلب کرده‌ایم. (کتبی، ص ۵۳).

خلاصهٔ ماجرا این که در شهر بم سید جلیل القدری است به نام شمس الدین علی، این مرد بزرگوار مالک گنجینه ای است گرامی تر از همه غنایم عالم هستی، و آن تار مویی است از حضرت رسول. خانهٔ سید بمی از برکت این موی مقدس چون بیت الحرام مطافِ مؤمنان است و زایران، و مصبِّ سیلِ نذورات و هدایا. امیر مبارزالدین با کبکبهٔ سلطنت آهنگ بم می کند و با جلال و جبروت شاهانه در آنجا فرود می آید و موی مبارک را از سیّد طلب می فرماید. جواب معلوم است: نمی دهم که نمی دهم. امیر نازنین می تواند بایک اشارت ابرو، نه تنها خانهٔ سیّد لجباز که همهٔ بم را با خاک یکسان کند و موی مبارک را بدست آرد. اما مرد خدا اهل خشم و خشونت نیست، الاّ با ملحدان و کافران و فاسقان. نه می خواهد سید آزاری کند و نه می تواند دل از تار موی مبارک بر گیرد. او بر اصرار می افزاید و سید بر انکار، که ناگهان بامدادی غلغله در شهر می افتد و طبل و نقّاره به صدا در می آید و جارچیان مردم را به دارالسیاده می خوانند، و سید در برابر چشمان حیرت زده ــ و احتمالاً اشک آلودــ خلایق در ایوان خانه ظاهر می شود با جعبهٔ محتوی موی مبارک و رو به امیر مبارزالدین می کند که «حضرت به خوابم آمد و گفت موی محمد به محمدِ مظفر ده»[۸]. تجسم منظره و توصیف هالهٔ تقدسی که با این رؤیای البته صادقه گِرد سرِ امیر میبدی می چرخد از عهدهٔ من خارج است.

بعد از مراسم دعای شهادت‌طلبی و توبهٔ چهل سالگی، این سومین قدمی است که راه مرد نازنین را درعروج به مدارج تقدس و اعلای لوای شریعت هموار می کند و زنگار انکار از دل مردم می زداید، و او را تبدیل به المؤیّد مِن عندِالله می سازد.

این هالهٔ تقدسی که بر گرد سیمای نورانیش درتشعشع است چنان حوزهٔ مغناطیسی پر جاذبه‌ای ایجاد می کند که مرد و زن، پیر و جوان کار و زندگی خود را رها کرده به سپاه جهادگر او می پیوندند. علی الخصوص که علاوه بر موی مبارک، وجود دو میراث گرانبهای دیگر ضامن تأییدات غیبی است و فتوحات حتمی آینده. مورخان اشاره‌ای کرده‌اند به وجود مقدس مولانای جلیل القدری که شمشیر خالدبن ولید سردار بزرگ سپاه رسول الله را در دست دارد و رکاب مبارک حضرت رسول را بر گردن آویخته است[۹]

۸ــ کتبی ص ۶۰، امیر شکرها کرده چند رقبه از خالصجات نرماشیر به اقطاع سید مقرر فرمود (وزیری: تاریخ کرمان، بکوشش باستانی، جلد اول، تهران ۱۳۵۸، ص ۵۰۷). ۹ــ کتبی، ص ۷۷.

و قدم به قدم همراه سپاهیان شهادت‌طلب مبارزالدین است و بمحض گرم شدن معرکهٔ جنگ برفراز تپه ای می رود و شمشیر مبارک را ازغلاف می کشد و در هوا می چرخاند و با حرکت آن، سرهای جنگاوران سپاه مخالف مثل برگ خزانی بر زمین می ریزد. و چه دلیلی بر حقانیت راه و عظمت قدر امیر اسلام پناه از این بالا تر که حتی در عهد حضرت رسول هم چنین معجزه ای سابقه ندارد.

مرد بعد از تصرف کرمان و توسعهٔ قلمرو اسلام ناب و ساختن مسجد با شکوهی که هنوز چشم و چراغ دیار خاموشان و فراموشان است، و آوردن پیشنمازی از دارالعباد یزد و سپردن حل و عقد امور شرعی کرمانیان به دست او، با قدم البته مؤثر دیگری نیّات خیر و خداپسندانهٔ خود را بر عرصهٔ تحقق می نهد؛ و آن گشودن دارالسیاده است در گوشه و کنار شهر کرمان و از آن مهمتر آوردن جماعتی سادات صحیح النسب، باز هم از یزد به کرمانِ ازسیّد تهی مانده.[۱۰]

ظاهراً انصراف خاطر مرد نازنین از مزخرفات و عناوین عاریتی دنیوی باعث می گردد تا بجای القاب پوچ و بی اثری از قبیل سلطان و خاقان، با انتخاب عنوان «صاحب قران الملک و الدین، مبیّن مناهج الحق و الیقین» خلایق را متوجه مأموریت الهی و معنویت مقام خویش کند، تا بعداً با افزودن عناوین دیگری چون «آیة الله بین بریّته، المجتهد فی اِعلاء کلمته» و بالاخره «موعود المأة السابعة»،[۱۱] مردم بدانند که مردِ پا به رکاب آورده نه از مقولهٔ شاهان و امیران معمولی زمانه است و نه هدف و غرضی جز اجتهاد در اعلاء دین خدا دارد.

و برای آن که از محمود غزنوی کم و کسری نداشته باشد سفری هم به غزای بت‌پرستانی می رود که به اسم قبایل اوغانی و جرمائی بیخ گوشش در حوالی جیرفت اقامت دارند، و گرچه با دادن دختری با او پیوند سببی یافته اند، اما چون ازمغول زادگان بی سر و پایند و به روایتی «جالغ داشته اند که شبیه بت است و تعظیم آن می کرده اند»[۱۳]

۱۰ ــ در کرمان... مسجد جامع بنا فرمود و... مولانا عفیف الدین را از یزد استدعا رفت تا در جمعهٔ اول خطبه بخواند... و نزدیک قصر همایون دارالسیاده عمارت کرد... و سید صدرالدین آوجی را با فرزندان از یزد طلب داشت و در جنب آنجا مقیم گردانید (کتبی ص ۵۷).

۱۱ ــ دکترغنی، **تاریخ عصر حافظ**، تهران ۲۵۳۶، ص ۱۸۰.

۱۲ ــ کتبی، ص ۵۲؛ سمرقندی، ص ۲۱۹.

طبق فتاوی معتبر علمای اسلام کافر واجب القتل مهدور الدمند. باری مرد خدا به جنگ کفار می رود و علاوه بر کشتن کافران حربی، زن و بچهٔ آنان را نیز طعمهٔ شمشیر جهادگر می سازد، زیرا به برکت الهامات غیبی یقین دارد که عاقبت گرگ‌زاده گرگ شود، و بچه بت‌پرست سرانجام رو به بت‌پرستی می نهد و مهلت دادن و امان بخشیدن به چونین موجوداتی از گناهان نابخشودنی است. باری از برکت این جهاد فی سبیل الله و کشتار جانانه، هم به فیض ثواب اخروی می رسد و هم با تشریف لقب «غازی» سرفراز دنیا می گردد.

اکنون که یزد و کرمان به قلمرو حکومت اسلامی درآمده است، تکلیف دینی پادشاه غازیِ المؤیّد مِن عندالله هجوم به شیراز است و راندن شاهِ فسادپرورِ عاری از درد دین و تعصب اسلامیّتی، چون شیخ ابواسحاق. شیراز با همه زرق و برقش و با همه نای و نوش مردم عشرت‌طلب و گریزان از جنگش، در مقابل سپاهیان اسلام مقاومت می کند. شاید شیرازیان از حدّت شمشیر خونچکان و طبع بی گذشت امیر درغزواتش با خبر شده اند، و شاید هم شنیده اند که امیر نامدار هنگام فتح بم چه سوگندهای غلاظ و شدادی یاد کرده و به اخی شجاع الدین حاکم آن ولایت امان داده بود که در صورت تسلیم شهر خود و خانواده اش در امانند، و بعد از ورود به شهر همه را گردن زد[۱۳] و شاید هم از ماجرای خندق کندن دور یزد و به بیگاری افکندن پیر و جوان خبری به گوششان رسیده است.[۱۴] و اگر از این خبرهای راه دور بی نصیب مانده باشند قطعاً از ماجرای فتح قلعهٔ سربند فارس که بیخ گوششان بوده است بیخبر نبوده اند که بعد از گرفتن قلعه، مرد و زن و خرد و بزرگ اسیران را «به تیغ انتقام» گذرانده به نحوی که رودی از خون راه افتاده است،[۱۵] و حتی برای این که از فیض ثواب محروم نماند، پسر خردسال حاکم قلعه را «که درسن هفت سالگی بود... به دست خود مقتول گردانیده» است.[۱۶]

۱۳ــ کتبی، ص ۴۵. اگرچه معین الدین میبدی بواسطهٔ آن که مداح این سلسله بوده نخواسته است خلاف عهد و پیمان و قول و سوگند مبارزالدین را اظهار کند، از قتل اخی شجاع الدین طفره رفته و اسم نبرده، اما ازسایر کتب تواریخ مفهوم می شود که اخی شجاع الدین بحکم مبارزالدین بقتل رسید (وزیری ص ۴۸۵).

۱۴ــ دکترغنی، ص ۱۶۰.

۱۵ــ کتبی، ص ۶۱؛ سمرقندی ص ۲۶۳ [حواشی نوائی نقل از موهب الهی].

۱۶ــ سمرقندی، ص ۲۶۳؛ کتبی، ص ۱۴۴ [حواشی نوائی نقل از جامع التواریخ حسنی].

آری، شیرازیان این خبرها را شنیده بودند و می دانستند که امیر غازی برای کندن ریشهٔ الحاد و ارتداد چه سعی مشکوری دارد، وازطرفی به سیئاتِ اعمال خود آشنا بودند و فسق و فجوری که در آن غوطه می خوردند، به همین دلایل در مقابل او ایستادگی کردند؛ دروازه ها را بستند وبرج و باروها را به نیروی دفاعی مجهز کردند و حصاری شدند.

امیر غازی ـ که فتح شیراز و تنبیه مرتدان و فاسدان را تکلیف شرعی خود می دانست ـ دور تا دور شهر را محاصره کرد و «در تضییق دوایر محاصره اجتهاد نموده مداخل شهر را فروبست»[17] و این وظیفهٔ دینی را با چنان شور و شوقی دنبال گرفت که حتی مرگ فرزند رشیدِ شمشیر زنش هم مانع کارش نشد و از انجام تکلیف الهی بازش نداشت[18]؛ و از این بالاتر، وقتی که خود او بر اثر طول محاصره بیمار شد و حالش رو به وخامت رفت سرداران سپاه را نزد خود خواند، با این وصیت که اگر من در گذشتم تابوت مرا بردارید و پیشاپیش سپاه حرکت دهید و شهر را بگشایید.[19] اما توفیقات لاریبی ـ و شاید هم نوای دلکش شیپور جنگ، و بوی مطبوع خون ـ حالِ به وخامت گراییده اش را بهبود بخشید و بعد از هفت ماه محاصره موفق شد شهر را با کمک نگهبانان دروازهٔ «موردستان» بگشاید[20] و شیخ ابو اسحاق فاسد را ـ که در اوج محاصره دست از عیش و عشرت بر نداشته بود ـ وادار به فرار کند[21] و خود با موفقیت بر تخت سلطنتِ مُلک سلیمان نشیند ، پس از تسویه حساب جانانه ای با کسان و بستگان ابواسحاق فراری، و از جمله پسرِ خیره سر شیخ که نتوانسته بود همراه پدر بگریزد، و در پاسخ امیر فاتح که «شنیده ام خط خوب می نویسی» بقصد هنرنمایی این بیت را نوشته بود که «سعادت ز بخشایش داور است ـ نه در چنگ و بازوی زورآور است»[22] به تکلیف دینی خود

۱۷ ـ سمرقندی، ص ۲٦۱. ۱۸ ـ کتبی، ص ٦۲.

۱۹ ـ کتبی، ص ۱٤٥ [نقل از جامع التواریخ حسنی]. ۲۰ ـ کتبی، ص ٦۳.

۲۱ ـ کتبی، ص ٦۳؛ سمرقندی ص ۲٦٦.

۲۲ ـ امیر مبارزالدین [با دیدن بیتی که نوشته بود] گفت مار بچه است (**جامع التواریخ حسنی**، دکتر غنی، ص ۱۰٤) علی سهل به مرضی که داشت سپری شد (**مواهب الهی** ص ۲٦٤) [بر پدر دروغگو...]. در آن وقت که امیر شیخ از شیراز بیرون می رفت، پسر او علی سهل که در سن ده سالگی بود او را نتوانست برد، در خانهٔ سید تاج الدین واعظ پنهان کردند. جمعی از مفسدان نشان دادند. طفلک را از آن جا بدر آوردند... و آن طفل را شهید کردند (کتبی، ص ٦٤). نیز رجوع شود به (دکتر غنی، ص ۱۰٤).

پرداخت، و «سادات و علما را معزز داشت و در امر به معروف و نهی از منکر به نوعی سعی نمود که کسی را یارا نبود که نام ملاهی و مناهی بَرَد»[۲۳] و به مجازات کسانی پرداخت که روزی و روزگاری دامن لب به می آلوده بودند و پردهٔ گوش به امواج غنا سپرده. و در ادامهٔ خدمات فرهنگی و منحصر کردن دروس مکاتب به فقه و تفسیر و حدیث، اقدام به کار خداپسندانهٔ دیگری کرد که اگر پس از او هم دوام یافته بود هرگز مملکت ایران نیازمند خونریزیهای مکرر نمی شد. آری شاه غازی فرمان داد تا همهٔ کتب محرمة الانتفاع را به آب بشویند[۲۴] و چهرهٔ لطیف کاغذ را از نقشِ کفر و زندقه پاک کنند، و البته که چنین کردند.

از آن پس خدمات مرد در شیراز اوج می گیرد. محتسب خدا به بازار می آید و مأموران منکرات در کوچه و برزن راه می افتند. شیرازی که به روایت ابن بطوطه در عهد شیخ ابواسحاق هزار و چهارصد و اندی سادات مستمری بگیر داشته است،[۲۵] اگر چه نویسندگان تواریخ اشارتی نکرده اند، اما می توان احتمال داد که تعدادشان ده برابر می شود. و باز هم به احتمالی دیگر بوده اند در گوشه و کنار شهر زاهدان و شریعتمدارانی که به اعتماد معلومات ناقص خود در شیوهٔ اجرای حدود و تعزیرات ایراد می کرده اند، اما بار دیگر تأییدات غیبی به یاری مرد خدا می رسد و هیأتی که چندی پیش روانهٔ مصر کرده است تا از امیرالمؤمنین ـ المعتضد بالله عباسی[۲۶] ـ عهد و لوا بیاورند، از راه می رسد، به همراه نمایندهٔ خلیفه و با فرمانی از مقام خلافت دایر بر نیابت امیر مبارز الدینی[۲۷]

۲۳ ـ شاه شجاع را در این معنی رباعیی هست: ... رندان همه ترک می پرستی کردند ـ جز محتسب شهر که بی می مست است (سمرقندی، ص ۲۷۰).

۲۴ ـ کتبی، ص ۷۱؛ دکتر غنی ص ۱۸۶.

۲۵ ـ ابن بطوطه، ص ۲۲۹.

۲۶ ـ آخر بعد از هجوم هلاکو به بغداد و نمدمالی تاریخ اش، که منجر به مرگ المستعصم بالله شد و بی شوهر ماندن هفتصد زن زیبا و ۱۲۰۰ خادم و مطرب و دلقک [اقبال: **تاریخ مغول**، ص ۱۸۴ نقل از **رسالهٔ فتح بغداد**] عده ای از فرزندانش به مصر رفتند و در آن جا دعوی خلافت کردند، البته بی هیچ دم و دستگاهی که از سواری افتادن ربطی ندارد به از قچی افتادن.

۲۷ ـ و امیر مبارزالدین به قلعهٔ ماروانان نزول کرد و با وکیل خلیفه امیرالمؤمنین المعتضد بالله ابوبکر العباسی بیعت کرد و در سنهٔ ۷۵۵ خطبهٔ اسلام در بلاد عراق که از مدت هجوم لشکر سلاطین مغول الی هذاالیوم از زینت ذکر خلفای عباسی عاطل مانده بود به ذکر القاب خلیفه... مشرف شد، و از غرایب معجزات نبوی آن که به ←

اکنون نایبِ امام و پیشوای زمان یعنی خلیفه رسول الله با یکی دو واسطه با خدا مربوط شده است، هرچه بر زبانش جاری شود الهام الهی است و هردم و قدمی که بزند و بردارد در راه خدا، و هر کس به هر نحوی بر خلاف منویات او نه تنها عمل که تفوّه کند به حکم مفتیان و علمای شریعت نه فقط خونش حلال و زنش مطلّقه و مالش مباح است که خون بستگان و اقربا و ایل و عشیره‌اش به شرح ایضاً. صغیر و کبیر و مرد و زن فرق ندارد.

جهاد در رکاب غازی مجاهدی بدین بزرگواری مثل جهاد در رکاب رسول الله است که مرد نایبِ جانشینِ پیغمبر است، و با نایب پیغمبر در افتادن در حکم مخالفت با رسول الله است، و مخالف رسول الله محارب با خدا.

از این لحاظ نایب بر حق پیغمبر ناچار است بیش از پیش در امحاء منافقان و مرتدان و ملاحده ساعی باشد و همین احساس تکلیف باعث اشتباه بعضی مورخان شده است. نویسندگان ساده لوح تواریخ که به قساوتها و خونریزیها اشارتی کرده‌اند نمی دانسته‌اند که آدم کشیهای او با کشتارهای فاتحان و جهانخوارگان فرق دارد. نمی دانسته‌اند که او تیغ از پی حق می زده است و در کشتارها بندهٔ حق و مجری احکام الهی بوده است.

نمونه‌اش مجازات همین شیخ ابواسحاق فراری شکست خورده است، که به سعی خواهرزادهٔ امیر در اصفهان دستگیر شده است و با صد سوارِ محافظ[۲۸] به شیرازش آورده‌اند.

مرد متدین که می داند شیرازیهای عشرت‌پرست رفاه‌طلب در دورهٔ شیخ روزگار خوشی داشته‌اند و در این یکی دو سالهٔ حکومت او بعلت اجرای مقررات شرعی غرولندشان بلند شده است، از بیم هجوم عوام چنین شهرت می دهد که می خواهم او را در فلان قلعه زندانی کنم[۲۹]. البته دلش هم می خواسته که شخصاً از خون خصم دیرینه بگذرد، چون اصلاً، اهل خونریزی و انتقام گیری نیست؛ اما چه کند، شیخ بدبخت در

← حکم حدیث انّ الله تعالی یبعث لهذه الامّة فی کل مأه سنه من یجدد لها دینها... از واقعهٔ بغداد تا این زمان صد سال بود (کتبی، ص ۶۷).

۲۸ـ و به قول نویسندهٔ **تاریخ کرمان** با سیصد نفر (وزیری، ص ۵۱۳).

۲۹ـ عوام شیراز داعیهٔ غوغایی داشتند. آوازه در انداختند که او را به قلعهٔ فهندز می برند (کتبی، ص ۷۵).

ایام سلطنتش فرمان به قتل یکی از سادات داده بوده است و قصاص طبق قوانین شریعت بگذر ندارد. به همین دلیل دنبال فرزندان سید می فرستد. می آیند. پسر بزرگتر بدین بهانهٔ ناموجه که «شاه بوده است و مصلحت ملک اقتضای سیاست داشته» از خونخواهی می گذرد، اما پسر کوچکتر ـ که ظاهراً بچهٔ باهوشی بوده و از خطوط چهرهٔ مبارک نایب امیرالمؤمنین نکته ای دریافته ـ دست به شمشیر می برد و گردن شیخ بیچاره را می زند.[۳۰]

شاه غازیِ اسلام گستر اکنون نایب امیرالمؤمنین است و دیگر نمی تواند به کرمان و یزد و شیراز و اصفهان قناعت کند. وظیفهٔ مجاهد فی سبیل الله جنگیدن با کفار و فجار و از آن بالا تر بدعت گذارانی است که با بحثهای کلامی و احیانا وسوسه های فلسفی می خواهند شانه از زیر بار خلافت خالی کنند، با این تصور باطل و مفسده انگیز که دوران خلافت عباسیان صد سال پیش با هجوم هلاکو به بغداد سپری شده است. غافل از این که وجود نازنین مبارزالدین مجدّدِ رأس مائة است و تکلیف شرعی اش تجدید بساط خلافت، و در درجهٔ اول باید به حساب ملحدان تبریزی برسد. و وظیفهٔ شیرازیان عیّاش و کرمانیان تن پرور و اصفهانی های حسابگر این است که یا تیغ و تبر بردارند و در سپاه مبارزی و زیر علم اسلام به جنگ تبریزیان روند یا هزینهٔ مجاهدان را تأمین کنند.

کوس رحیل کوبیده می شود و لشکر اسلام به فرماندهی نایب امیرالمؤمنین و با حضور سرداران مردافکنی از قبیل شاه شجاع و شاه محمود فرزندان امیر و سلطانشاه خواهرزاده اش رو به تبریز می نهند، و پس از کرّ و فرّی شهر به تصرف قوای امیر مبارز در می آید، و شاهِ تبریز چاره ای نمی بیند جز فرار بطرف نخجوان. اما امیر بزرگوار به تصرف شهر و فرار حریف قانع نیست، او نظری به توسعهٔ خاک و بسط قدرت ندارد، همه جد و جهدش ریختن خون مدعیان و مخالفان است که با سر پیچی از احکام او از دایرهٔ شریعت قدم بیرون نهاده اند و داغ ابدی ارتداد بر پیشانی بخت خود دارند. ریختن خون مفسدان فی الارض و محاربان با خدا امر واجبی است که به هیچ بهانه ای نمی توان در اجرایش تعلل ورزید. و بحکم همین ضرورت اجرای احکام شریعت است که به فرمان امیر، دو پسر و خواهرزاده اش مأمور می شوند شاه فراری را تعقیب کنند و سر بریدهٔ او و همراهانش را به

۳۰ـ پسر بزرگ گفت امیر شیخ پادشاهی عادل و باذل بود هرگز دست به خون او نیالایم، پسر کوچک محض خوشامد امیر محمد سر آن پادشاه... از بدن جدا کرد (وزیری، ص ۵۱۲).

حضور آورند. جوانانِ چشم بر حکم و گوش بر فرمان در پی خصم فراری می تازند و تا نخجوان پیش می روند، اما به گردش نمی رسند و قدم سست می کنند، و به بهانهٔ دشواریهای کوه و کتل و خستگی راه با اطراق دوسه روزه ای در نخجوان ـ و غافل از این که زیر علَم مبارزی بسر می برند و در سایهٔ حکومت اسلامی ـ بساط نای و نوشی راه می اندازند و ساز و آوازی و احیاناً رقص و تماشایی. پیداست که رسیدن این خبرها به گوش نایب خلیفهٔ رسول الله چه لهیب خشمی بر جانش می افکند و درد دین و تعصّب در اجرای احکام شریعت وادارش می کند که بمحض باز آمدن سه نوجوان در برابر چشمان حیرت‌زدهٔ سرداران و سپاهیان به باد تعنّت و دشنامشان گیرد[۳۱] و وعده کند که در نخستین لحظات ورود به اصفهان چشمان هوس باز و تماشا طلب و زیبا پسندشان را از چشمخانه بیرون کشد.[۳۲] گر چه مورخان این خشم و خروش را محصول ناکامیابی سرداران در دستگیری وقتل شاه فراری تبریز نوشته اند، اما بحکم قراین می توان دریافت که غضب مبارزی ریشه در جای دیگری دارد. مردِ مسلمان متعهدی که برای ترویج شریعت و اجرای دقیق حدود و تعزیرات شرعی خواب و آرام را بر خود حرام کرده است چگونه می تواند شرح بزم عشرتِ کسان و فرزندانش را بشنود و چشمانی را که تماشاگر اندام ظریف و حرکات دلفریبانهٔ رقاصان بوده‌اند به حال خود بگذارد که بار دیگر مرتکب معصیت شوند.

ظاهراً همین تهدید و آشنایی محکومان به خوش قولیهای پدر در چونین مواردی، باعث می شود که بمحض رسیدن به اصفهان توطئه‌ای ترتیب دهند و امیر دین‌پناه را در حال قراءت قرآن دستگیر کنند و چشمان نازنینش را میل کشند و به دوران سلطنتش پایان دهند[۳۳] و هفت سال تمام از زندانی به زندانی ببرندش تا سرانجام داعی حق را لبیک

۳۱ـ امیر مبارزالدین فرزندان را به سخنان سخت برنجانید... و در خلا و ملا به کلماتی که نه مناسب بزرگان باشد ایشان را مشوش می داشت (کتبی، ص ۷۸) امیرمبارزالدین فوق العاده بدمنش و تند خو و بد زبان و فحاش [بود] و به قول حافظ ابرو: دشنامهایی می گفت که استربانان نیز از گفتن آن خجالت کشند (دکتر غنی، ص ۱۸۶).

۳۲ـ در راه [تبریز به اصفهان] همراه به کنایت تخویفی می نمود به گرفتن بعضی و کور کردن و کشتن بعضی. (کتبی، ص ۷۹).

۳۳ـ کتبی، ص ۷۹.

اجابت گوید و جهانی را از درک حکومت عادلانهٔ به شریعت آراستهٔ خویش محروم گذارد.

* * *

خوب، احساس شما نسبت به مردی بدین نازنینی و صاف اعتقادی، و جهادش در راه حق چیست؟ هر مسلمان مکتبی متعهدی با زمزمهٔ یا لیتنا کُنّا مَعَه، تأسفش این است که چرا روزگار برکت خیز حکومت مقدس او را در نیافته است و با چشم خود شاهد دقت وسواس آمیز مرد در اجرای احکام الهی نبوده است تا ببیند چگونه لبهایی را که بجای گریه و انابه به خنده گشوده می شوند می دوزد، و چشمانی را که هوس تماشای زیبائیها دارند بیرون می کشد، و تنهای گناه‌آلودی را که بی تجویز شرعی بهم رسیده‌اند سنگسار می کند.

با این مقدمات انتظار شما در دوران حکومت اسلامی امیر مبارزالدین از شخصی چون خواجه شمس الدین محمد که حافِظ **قرآن** است و دلبستهٔ دین مبین چه می تواند باشد؟ جز این که روز و شب در مدیحش داد سخن دهد و در مساجد و تکایا از جلالت قدر و حقانیت راه او دم زند و مخالفان و معاندانش را از جملهٔ مفسدان فی الارض و محاربان با خدایی توصیف کند که باید بمحض رؤیت و احراز هویت شکمشان را سفرهٔ سگان کرد و لاشهٔ مردارشان را در مدفوع خران سوخت.

و حال آن که جناب خواجه دقیقاً بخلاف این رفتار کرده است، و در طول پنج سال حکومت اسلامی امیر مبارزالدین نه همین به آستانش نرفته و قصیده و مدیحه‌ای نیاز درگاهش نکرده، که به هر بهانه‌ای با کنایاتی روشنتر از تصریح به جنگ او رفته است و به جنگ مشایخ عظام و علمای کرامی که در اجرای احکام اسلامی مددکار او بوده‌اند، و انگیزه‌اش هم این که: آتش زرق و ریا خرمن دین خواهد سوخت.

ایراد بنده و هر مسلمان مکتبی متعهدی به همین شیوهٔ ناپسندیده و رفتار خلاف شرع و اخلاق حافظ است. مرد محترم بجای آن که شمشیر جهاد بردارد و در رکاب نایب امیرالمؤمنین به شوق شربت شهادت جانفشانی کند تا سعادت دنیا و آخرت نصیبش گردد، با طبع خداداد و کلام دلنشین چنان داغ باطله‌ای بر پیشانی اعمال مرد خدا زده است که صد رحمت به فرعون و شدّاد و ضحّاک ماردوش.

شاعری بدین بی انصافی با آن اسلام التقاطی و احیاناً انحرافیش، به نظر شما شایستهٔ تجلیل است یا به محاکمه کشاندن و به داوری نشاندن که:

جناب خواجه شمس الدین، تو چگونه مسلمان و حافظ قرآنی هستی که نمی خواهی زیر بار حکومت اسلامی بروی، و با دیدن صحنه های مجازات فاسقان و عیّاشان و منحرفان و رفاه‌طلبان ــ که جز با تازیانه زدن و سر بریدن و سنگسار کردن نمی توان به راهشان آورد ــ روی درهم می کشی و باستناد این که همه کرامت و لطف است شرع یزدانی، بر می خروشی که جفا نه شیوهٔ دین‌پروری بود، حاشا؟ می گویی امیرمبارز چه کند، او هم مثل شیخ ابو اسحاق پیه بیدردی بر تن مالد و به بهانهٔ شریعت سهل و سَمِح تشکیل مجالس عیاشی و روزه خوارهای ماه مبارک و استماع موسیقی را ندیده بگیرد و با زمزمهٔ وَالعافینِ عَنِ النّاس حدود و احکام الهی را به دست فراموشی بسپارد، تا فاسقان جری‌تر شوند و با زمزمهٔ «جز قلب تیره هیچ نشد حاصل و هنوز ــ باطل در این خیال که اکسیر می کنند» تلاشهای خداپسندانهٔ نایب امیرالمؤمنین را در اصلاح اخلاق جامعه منکر گردند؟

در کارمردی که از حد و تعزیر نزدیکترین کسانش درنمی گذرد، و با فرمان قتل عام سرکشان و طاغیان و باغیان می خواهد تخم الحاد را از بسیط زمین بر چیند، و شدت تعصبش در اجرای فوری احکام الهی بحدی است که درحین تلاوت قرآن بمحض رسیدن محکومان، مصحف شریف بر هم می نهد و به دست مبارک خویش گردن یکایک را می زند و بلافاصله قراءت را از سر می گیرد،[۳۴] چه رنگ ریایی دیده‌ای که با شایعهٔ منافقانهٔ ما از برون درشده مغرور صد فریب، در اعتقاد خلایق رخنه می افکنی. و با زمزمهٔ آه از این جور و تطاول که در این دامگه است، اذهان ساده‌لوحان را متوجه روزگار گذشته می کنی و ناز و تنعم دوران کفرآمیز بواسحاقی را به رُخشان می کشی؟

۳٤ــ و بسیاری بود که در اثنای قراءت قرآن... جمعی را حاضر کردندی، به دست خود ایشان را بکشتی و... به تلاوت مشغول شدی. شاه شجاع از پدر سؤال کرد که: هزار کس در دست شما کشته باشد؟ گفت که: هفتصد هشتصد آدمی باشد (کتبی، ص ۱۳۹: حواشی دکتر نوائی از جامع التواریخ). البته معلوم نیست این سؤال و جواب در چه زمانی صورت گرفته است، بنده تصور می کنم در اوایل حکومت شیراز آن مرحوم باشد و آغاز مأموریت الٰهیش.

حکومت اسلامی امیرمبارزالدین محمد چه هیزم تری به تو فروخته است که با توصیهٔ به بانگ چنگ مخور می که محتسب تیز است، داغ جاسوس بازی و اختناق بر پیشانی آن زده‌ای و با سفارش در آستین مرقع پیاله پنهان کن، مرد را به خونریزی و سفاکی شهرهٔ آفاق کرده‌ای؛ و شاه غازی خُم شکنی با این مایه اخلاص را به ریاکاری متهم داشته‌ای که: مست است و در حق او کس این گمان ندارد؟ و با آن لحن گزنده به جان نازنینش افتاده‌ای که: خدا را محتسب ما را به فریاد دف و نی بخش.

اگر در نامهٔ اعمالِ لبریز از حسنات امیرمبارز، گناهی وجود داشته باشد همین است که بمحض تصرف شیراز جناب اجلّ عالی را در ردیف هزاران مفسدِ فی الارض گردن نزد و در طول حکومت پنج ساله با نادیده گرفتن خیره‌سریهایت به گوشمال اقتصادی مختصری قناعت کرد، تا مگر فشار بیکاری و بی نانی به تنگت آرد و به دایرهٔ عاقلان و مصلحت اندیشانت کشاند؛ غافل از این واقعیت که تنی نازنده از زندان چه ترسد، و آدمیزاده‌ای که عمری در فقر و قناعت زیسته است به دنیای رنگینِ خیال پناه می برد و با دیدن قدح لاله از شراب موهوم سرمست می شود و عربده‌اش رساتر می گردد که: چشم بد دور که بی مطرب و می مدهوشیم. آری گناه مبارز همین بود و بس که تو را زنده گذاشت تا با طبع روآن و طبیعت لجبازت چنان لکهٔ جنایت و آدم کشی و ریاکاری و تزویری بر چهرهٔ نورانی مرد خدا نهی که پس از گذشت قرنها، امروزه بندهٔ ناتوان برای غبارزدایی از آن جمال ملکوتی به دردسر افتم و احیاناً ترک سر.

در شیراز قرن هشتم که خبری از بدآموزیهای استکبار جهانی و ترّهات ابله فریبی بنام اعلامیهٔ حقوق بشر نبود تا بگویم شستشوی مغزی شده‌ای و با مفاهیم باطلی ازقبیل آزادی و حق حیات آدمیزادگان و ممنوعیت تفتیش عقاید و امثال آن خو گرفته‌ای که با شعارهای انحرافیِ مباش در پی آزار و هر چه خواهی باش، و با دوستان مروّت با دشمنان مدارا، می خواهی تیشه به ریشهٔ ملک و ملت زنی.

اصلاً جناب خواجه بفرما ببینم حرف حسابت چیست؟ می گویی مردم امیرمبارز و حکومت بی گذشتِ متظاهر به شریعتش را دوست نمی داشتند و به همین دلیل بمحض این که پایش را از شیراز بیرون گذاشت دار و دستهٔ کوچکی از هواداران ابواسحاق شهر را گرفتند و اگر همراهی شیرازیان نبود موفقیتشان محال بود؟ اولاً خودت بهتر از من می دانی

که این شبه کودتا دوامی نکرد و فداییان امیر مبارز به شهر برگشتند و به یاغیان چنان گوشمالی دادند که هوس طغیان برای همیشه از دل شیرازی رفت. ثانیاً بفرض این که مردم به تنگ آمده بودند گناه امیر مبارز چیست؟ می گویی احکام الهی را اجرا نکند که خلایق می رنجند؟ مگر احکام آسمانی با مشورت خاکیان وضع شده است که با مخالفتشان ملغی گردد؟

می گویی مردم بی دل و دماغ شیراز از لشکرکشیها و جهانگشاییهای امیر مبارز چنان به خاک سیاه فقیری نشسته و داغدار عزیزان از کف رفته بودند که صد هزاران گل شکفت و بانگ مرغی برنخاست؟ باز هم اولاً مگر معجزات شمشیر مبارک خالد بن ولید و امدادهای غیبی را فراموش کرده‌ای؟ با حضور سیدی بدان جلیل القدری امکان داشته است قطره خونی از دماغ سپاهیان اسلام فرو ریزد؟ هرچه کشته می شده‌اند منافقان و مرتدان و ملحدان بوده‌اند. ثانیا گرفتم چند صد هزارنفری هم کشته شده باشند، جان آدمیزادگان در مقابل هدفی بدان تقدس و عظمت ارزشی دارد؟ وانگهی در رکاب مجاهدی مثل امیر مبارز کشته شدن و مستقیماً بی هیچ سؤال و جوابی به بهشت رفتن بهتر است یا چند سالی با فقر و نکبت زیستن و مرتکب معاصی گشتن و سرانجام به درک اسفل واصل شدن؟

می گویی با شیوهٔ حکومت مبارزی بازار عوام بازی و ریاکاری رونق گرفته است و از سیاهکاری صومعه‌نشینان و به خلوت رفتن واعظان و اشک ریای زاهدان شکوه داری؟ اولا خوب و بد در هر صنفی هست، ثانیاً توقع داری واعظ و شیخ بدان نازنینی بروند و گوشهٔ خانه بنشینند تا دیگران بیایند و ته ماندهٔ بساط را چپاول کنند؟ ثالثا یک سر موی عوام الناس جن داری که غالبا هدف طعن و تمسخر جناب عالی اند می ارزد به وجود همه خاصان راحت‌طلب پر توقعی که سرِ پر فتنهٔ شمشیرطلبشان به دنیی و عقبی فرو نمی آید.

نکند گرمی بازار حریفان و مقایسهٔ زندگی پر رونق و تنعمشان با زندگیِ گنج در آستین و کیسه تهیِ خویش، کارت را به حسادت کشانده است؟ اگر واقعاً چنین است و آرزوی ناز و نعمت داشتی، چرا از راه عاقلانه وارد نشدی و بجای مدح حاکم منصوب آن هم شاه غازی و خسرو گیتی ستانی چون امیر مبارزالدین که بقول خودت از شمشیرش

خون می چکد، و به اقرار خودش بیش از هفتصد هشتصد نفر را با دست مبارک به درکات جهنم فرستاده است، بخلاف مذهب مختارِ زمان به هر مناسبتی یادی از شاه شکست خوردهٔ فراری بی پشت و پناه کردی، و دم از دولت مستعجل بو اسحاقی زدی، و به یاد بزمگه انس و ادبش ناله سر دادی؟ هر چه امیر مبارز از ذوق و هنر بی بهره باشد این قدر می فهمد که میان تو و همکارانی از قبیل خواجوی کرمانی و عماد فقیه و سلمان ساوجی و دهها شاعر دیگر تفاوت از زمین تا آسمان است. اگر واقعاً طالب صلهٔ ملوکانه و زندگی تجمل آمیز بودی، چرا ارادتی ننمودی تا سعادتی ببری؟

حضرت خواجه، تو را به همان قرآنی که اندر سینه داری بگو ببینم مردی بدین نازنینی و شریعت گستری و اسلام پناهی چه هیزم تری به تو فروخته است که در طول پنج سال تسلطش بر شیراز نه فقط پا به دربارش نمی گذاری و چون دیگر شاعران شیرازی به مدیحه گریش نمی پردازی، که از چپ وراست نیشهای گزنده نثارش می کنی؟ انصافت کجا رفته است مرد عزیز؟ امیری بدین نازنینی را که جز اجرای احکام خدایی هدفی ندارد با کنایاتی ابلغ من التصریح هجو کردن کار خداپسندانه ای است؟ عقل مصلحت بینِ زمانه شناست چه شده است که خودت را از بساط سلطنت کنار می کشی و میدان به حریفان می دهی تا به آب توبه بشویند جامه ها از می و با مدایح غرّا به کسب صله های جانانه موفق شوند و جناب عالی ناله و زنجموره سر دهی که: گل به جوش آمد و از می نزدیمش آبی، و کاسهٔ گدایی برداری که: وجه می می خواهم و مطرب که می گوید رسید.

خواجه هستی باش، شاعر هستی باش، لسانی الغیب هستی باش، اما بدان که نه علم زندگی بلدی و نه حساب و کتاب سرت می شود، بیهوده با سیلی صورت خود را سرخ مکن و شانه متکان که رند عالم سوز را با مصلحت بینی چه کار. مصلحت بینی شرط عقل است. تا دیروز بساط شیخ ابواسحاق گسترده بود بسیار خوب، مگر ندیدی ورق برگشت و روزگار عوض شد و با عوض شدن خان حاکم یکباره سلیقه ها هم دگرگون گشت و درِ خمخانه ببستند و گیسوی چنگ بریدند و موسم ورع و روزگار پرهیز فرا رسید؟ خوب در همچو حال و هوایی این هم شد شعر که اگر چه باده فرح بخش و باد گلبیز است؟ خدا پدر امیر مبارز را بیامرزد که دستور نداد زبان از ته حلقت بیرون کشند و سینه ات بشکافند و

دل پر جرأتت را در معرض تماشای خلایق بگذارند.

می خواهی بگویی من شاعرم و شاعر از زشتیها نفرت دارد و هیچ زشتی به قباحتِ زهدِ ریایی نیست. می خواهی بگویی از تظاهرات خنک فرصت طلبان دلت بهم خورده است ونتوانسته ای الواط و قوّادان شهر را در لباس نهی از منکر تماشا کنی و زنان بدکارهٔ بدنام را در منصبِ عفت الزمانی؟ می خواهی بگویی نمازی که از ترس شلاق محتسب بخوانند به دوشاهی نمی ارزد و خدا ز آن خرقه بیزار است صد بار که صد بت باشدش در آستینی؟ حرفهایت را قبول ندارم. همین یک نفر تو شاعر بودی. مگر دیگران نبودند و این صحنه های را نمی دیدند، چه شد که تو و عبید زاکانی سپر بلا شدید و از وجود خودتان مایه گذاشتید؟

می خواهی بگویی: من علاوه بر شاعری آزاده ام و مرد آزاده سر می دهد و بخلاف هوای دلش سر نمی دهد، مرد آزاده گرسنگی می کشد و سر تسلیم در برابر سفّاکان فرو نمی آورد، مرد آزاده به استقبال مرگ می رود و تحمل زندگی ننگ آلود نمی کند. محض خدا بس کن، همین حرفها را زدی که حتی سالها بعد از مرگت محمد گلندام نمی دانست برای جمع آوری اشعارت چه توجیهی علَم کند و با زبان ایما و اشاره از «غدر ابنای روزگار» سخن گوید.

دوست عزیز،

معذرت می خواهم که به حکم «صنعت التفات» خطابم از جناب عالی متوجه حافظ شد و خشم و خروشهایم را بر فرقش ریختم. مرد شایستهٔ این ملامتها و بدتر از اینهاست. بنده هر چه صاحب گذشت و اهل اغماض باشم نمی توانم او را ببخشم و ضدیتهایش را با امیر نازنین شریعت مآبی چون مبارزالدین نادیده بگیرم. اگر به دستم می افتاد برای کسب ثواب اخروی هم بوده باشد با چنگ و دندان قطعه قطعه اش می کردم. آن وقت جناب عالی توقع دارید بیایم و در تجلیلش مقاله بنویسم؟ من و این کارها، خدا نکند. به همین دلیل با کمال شرمندگی از قبول دعوتتان معذورم، با این که می دانم بخلاف عقیده نوشتن سهل است و آزردن دوست دیرینه ای چون جناب عالی از جهل، رنجشتان را بجان می خرم و مرتکب معصیت مقاله نویسی در تجلیل حافظ ــ با آن اسلام انحرافیش ــ نمی شوم که نمی شوم.

# احمدو

هم‌ولایتی بلند آوازهٔ ما احمدو را نه شما تهرانی ها می‌شناسید و نه حتّی با تلفّظ درست نام نامیش آشناییید. لطفاً آن لبخند تمسخر را از گوشهٔ لبتان مرخص فرمائید و زمزمهٔ اعتراضتان را هم قطع کنید که «تلفظ درست یعنی چه؟ احمدو، احمدو است». خیر قربان احمدو احمدو نیست. تلفظ صحیح احمدو هنری است که نزد ما کرمانیان است و بس. ما ساکنان دارالامان کرمان کلمهٔ احمد را درست به همان صورتی تلفّظ می‌کنیم که نود و نُه درصدِ شما هم‌وطنان فارسی زبانان (یک درصد باقیمانده را به جماعتی اختصاص دادم که اخیراً از برکت روزگار حاضر، مشق تجوید کرده‌اند و حای حطّی را با چنان غلظتِ خ مانندی تلفّظ می‌کنند که دلِ در خاک پوسیدهٔ مرحوم یعرب بن قحطان غنج می‌رود). با عرض معذرت از این معترضهٔ مزاحم، عرض کردم کلمه احمد را ما کرمانیها به همان صورتی تلفظ می‌کنیم که شما تهرانیها و خراسانی ها و حتی رشتیها، اما بمحض اینکه حرف دال مختصر تکانی خورد و به قول نحویّون حرکتی به خود گرفت میمِ سرافرازِ قبل از خود را دچارِ سرافکندگی می‌کند و بازهم به تعبیر اهل اصطلاح فتحه‌اش را به کسره مبدّل می‌سازد، آنهم چه کسره‌ای که خدا نصیب هیچ حرفی از حروف الفبا نکند. اگر آشنائی، همسایه‌ای از هم‌ولایتیهای بنده دم دستتان هست همین الآن صحّت عرایضم را می‌توانید امتحان کنید. روی یک ورقهٔ کاغذ بنویسید «نمد ـ کبد ـ حسن ـ جعفر» و امثال اینها؛ صفحه را جلو چشم مبارکش بگیرید و بخواهید

کلمه ها را جدا جدا تلفظ کند تا ببینید که اندک اختلافی با دیگران ندارد. سپس در مرحلهٔ بعدی همین کلمات را به نحوی بنویسید که حرف آخرشان متحرک شود مثلاً «نمدِ چوپانی ــ کبدِ از کار افتاده ــ حسنِ اصفهانی ــ جعفرِ رمّال...»، و بار دیگر کاغذ را مقابل چشم ــ باز هم البته مبارک ــ طرف بگیرید و ببینید چه بلائی بر سرِ نمد و ب کبد و س حسن و ف جعفر می‌آید.

خوب، اکنون که بدین سادگی با یکی از رموز لهجه‌شناسی آشنا شدید، اسم نازنین احمِدو را مثل ما کرمانیها تلفظ کنید و قبول کنید که پیش از این در جهل مرکّب غوطه می‌زدید، و این منم آنکه از این مصیبت نجاتتان داد، و به شکرانهٔ آن اخلاقاً موظّفید بقیّه روده‌درازیهایم را تحمّل کنید و به روی مبارکتان نیاورید.

باری احمِدوی ما از آن لعبتان نازنینِ زمانه بود، و به حرمت همین شخصیّت استثنائی، هم ولایتی های بنده هرگز اسمش را بدین سادگی بر زبان نمی‌آوردند، اسم پدر و مسقط الرأس آبا و اجدادیش را هم بدنبال نامش اضافه می‌کردند و می‌گفتند «احمِد و اصغر ماهونی»، که پدرش اصغر سالها پیش از ماهان به سیرجان مهاجرت کرده و این تخمِ دُلدل را هم با خودش به ولایت ما آورده بود. شغل پیرمرد دلاّلی قالی بود. مبادا با شنیدن ترکیبِ دلاّلی قالی تصویری از فرش فروشی های سابق خیابان سابق تخت جمشید سابق در نظرتان مجسّم شود و تاجران صد البته محترمِ پشت میز نشسته‌ای که ارقام حساب بانکی شان با رقمهای نجومی پهلو می‌زند. ابدا، ابدا. ز آب خُرد ماهی‌خُرد خیزد. سیرجان چهل پنجاه سال پیش با پنج شش هزار نفر کور و کچل که تخصّصشان گرسنگی خوردن بود و شکر خدا بجای آوردن، دلاّلی فرشش هم چیزی بود در سطح مشاغل دیگرش. مردِ در چهل و چند سالگی به پیری رسیدهٔ سیه‌چردهٔ لاغر اندامکی را در نظر مجسّم کنید با یک عدد قالیچهٔ دو سه متریِ از طول تازدهٔ روی شانه انداخته، و کلاه دوره‌دارِ چرک اندودی تا محاذی گوشها پائین کشیده، و چپق درازی در نیفهٔ تنبان تپانده، که حوزهٔ عملش بازارچهٔ منحصر به فردِ ولایت است و از این سر تا آن سرش را مثل شترهای آبکش می‌رود و برمی‌گردد و جلو بعض مغازه‌ها پائی سست و چپق چاق می‌کند، تا اگر صاحب دکان نگاه عنایتی به قالیچه انداخت، با وقاری ملازم نشأهٔ از شیره برخاسته، قالیچه را در مقابل دکان روی زمین پهن و با نوازش دستی چروکش را صاف کند و رو به قبله بایستد و با سوگند صادقانه‌ای بر شکّ دستوری مشتری بیفزاید که «حضرت عباس

وکیلی، همین امروز صبحی شصت تومن پولش را دادم»؛ و با استمداد از دست بریده و تیغ برّان حضرت ادّعا کند که «دو تومن به ما حلال، اگر بیشتر بخواهم الهی آزارِ آتشک بشود و به جون زن و بچه ام بیفتد».

ظاهراً در یکی از همین معاملات پیرمرد بیچاره قسم دروغی خورده بوده است که لقمهٔ حرامش به آزارِ آتشکی تبدیل شده و بجای آنکه به جان زن و بچه اش بیفتد به جان خودش افتاده بود، آنهم آزار آتشکی به نام احمدو که خدا نصیب هیچ پدر و مادری نکند، حتی کافران حربی مفسد فی الارض.

احمدو متخصص فتنه چاق کردن بود و یکی از فضایل بی شمارش کتک خوردن و رجز خواندن. بعضی آدمیزادگان اول رجز می‌خوانند و عربده می‌کشند و مبارز می طلبند و در پی آن کتک می‌خورند، اما احمدوی ما هنرش این بود که بعد از کتک خوردن شروع می‌کرد به رجز خواندن.

جوان نازنین با آرامش و سلامت کینه ای ذاتی داشت و به قول ما سیرجانیها عاشق «دعوا مرافعه» راه انداختن بود، آنهم بی هیچ قصد و منظوری و بی احتمال اندک فتح و فایدتی. دعوائی صرفاً به خاطر دعوا، از مقولهٔ هنر برای هنر. دو سه نفر را در نظر آورید که در حاشیهٔ کوچه ایستاده اند و با هم گرم اختلاطند، احمدو از راه می‌رسد و بی آنکه قصد انشائی داشته باشد همراه فحش غلیظی تنهٔ محکمی به یکی از آنان می‌زند. طرف برمی‌گردد و با سؤال عتاب آمیز «مگر کوری؟» زمینه ای فراهم می‌سازد تا احمدو یک نیمه لگدی نذر حریف کند، و به پاداش این ایثار جوانمردانه پذیرای مشت و لگد های جانانهٔ حریفان شود و با اولین ضربه ها مثل نعش بهزاد فرشِ کف کوچه گردد و همراه هر ضربه ای که بر سر و صورتش فرو می‌آید فریاد رجزخوانیش در فضا پیچد که «خوب دخلت را آوردم، بخور نوش جونت»، و رهگذران تماشاگر را در مقابل این سؤال بغرنج قرار دهد که مخاطب احمدو کیست؟ حریفی که می‌زند و بیدریغ می‌زند و کاری می‌زند، یا خودِ عالی جنابش که می‌خورد و حسابی می‌خورد و رجز می‌خواند؟

این عربده کشیدنها و کتک خوردنها اگر چه با رجز خواندنی همراه بود و نفسِ رجزخوانی تا حدّی از تلخی احساس ضعف و تحمّل کتک می‌کاست، اما احمدوی ما هم بالاخره آدمی زاد بود و با همه کندی ذائقه، طعم نا دلپذیر کتک را احساس می‌کرد و با هر ضربه ای

گرهی بر عقده‌های در سینه پیچیده‌اش افزوده می‌شد؛ و این وجود سراپا عقده در انتظار روزگاری بود که بتواند حسابی عقده گشائی کند. در انتظار روزگاری که وسط میدان بایستد و ضامن دارش را در هوا بچرخاند و پایش را بر زمین بکوبد و با نعرهٔ هول انگیز «آهای نفس کش» مبارز بطلبد، و خلایق نه تنها جرأت قدم پیش گذاشتن نداشته باشند که حتی از بیم اطلاقِ «نفس کش» نفسِ در سینه فرو برده را هم برنیارند. وآن روزگار مبارک سرانجام فرا رسید:

***

تاریخ صعود احمدو بر مسند قدرت مقارن سقوط رضاشاه است از تخت سلطنت، که دو پادشاه در اقلیمی نگنجند، و سقوط رضاشاه نیز مقارن بود با ایام البته فرخنده فرجامی که سربازان هندی زیر لوای امپراطوری بریتانیا مثل مور و ملخ به جنوب ایران سرازیر شدند؛ و فوجی هم از این جماعت نصیب ولایت بی نصیب ما سیرجان شد. غالب سربازان هندی سیکها بودند و این مردم سلحشور چنانکه می‌دانید از حسنِ طلب و لطفِ سلیقه‌ای خالی نیستند که دلبستهٔ زنند و جگر خستهٔ شراب. از برکت قدوم میمنت لزوم مهمانان ناخواسته شهرک خاموش ما قیافهٔ تازه‌ای پیدا کرد. علاوه بر عرق فروشی عباس آقا که اکنون جنبهٔ رسمی و علنی پیدا کرده بود، جهودان ولایت هم بازار کسب و کارشان رونق گرفت، و عرقهای دستکشِ ملاّ هارون و ملاّ سلیمان یهودی در کام سیکهای می خواره مزّه کرد، بی آنکه در پناه سرنیزهٔ سربازان هندی از برخورد غضب آلود و نگاه نفرت مردم پروائی داشته باشند. پیش از ورود سیکهای هندی در سرتاسر ولایت ما اثری از عشرتکده نبود، اما ورود چند هزار سرباز مسافرِ مجرّدِ بیگانه در شهرکی پنج و شش هزار نفری با مردمی بشدّت پای بندِ دین و عفّت، مسائلی ایجاد کرده بود، که به همت مشکل گشای احمدوی نازنین حل شد. هم زنان و دختران شهر از تعرّض بدمستان بی حفاظ رستند و هم احمدوی ولایت ما نه تنها به نوائی رسید که صاحب کیا و بیائی شد. مردِ کاردان با دسته‌های اسکناسی که فرماندهٔ هندیان در اختیارش گذاشته بود سوار اتوبوسی شد و پس از دو روزی اطراق در «شقویِ» بندرعباس چند تائی از لگوری‌های آنجا را برداشت و با خود به ولایت آورد و در خرابه‌های متروک جنوب شهر منزل داد و مشغول پذیرائی از مقدم ــ البته گرامی ــ میهمانان عزیز شد.

اکنون احمدوی ما در پناه بیرق امپراطوری فخیمه و حمایت سرنیزهٔ سیکهای هندی

احمدخانی شده بود و آنهم چه احمدخانی. آجانهائی که تا دیروز برق کلاهشان رنگ از رخسارهٔ احمدو می‌ربود اکنون از سایهٔ احمدخان رم می‌کردند و بمحض شنیدن عربدهٔ او از آن سرِ بازار، یا راهشان را کج می‌کردند و سر به کوچه های پرپیچ و خم می‌گذاشتند، یا در پاچال دکان بقالی چمباتمه می‌زدند و سرشان را پناه می‌گرفتند تا خطر بگذرد.

ملازمان روزافزونِ موکب احمدخان تعدادشان از ده نفر گذشته بود، و همه فدائیان جان بر کفی تا به یک اشارهٔ «خان» مغازه‌ای را غارت کنند و دمار از روزگار نفس کشانِ ولایت برآورند. در فاصله‌ای کمتر از یک ماه هیبت احمدو چنان وحشتی در دلهای مردم افکنده بود که حتی فکر مقابلهٔ با او در ذهن پهلوانان ولایت هم نمی‌گذشت تا چه رسد به مشتی کسبهٔ پریشان روزگاری که شیشهٔ عمرشان موجودی دکانشان بود.

مسألهٔ مشکل در برخورد با احمدو بلاتکلیفی مردم بود. اگر سرشان را فرو می‌افکندند و می‌گذشتند، نعره‌اش برمی‌خاست که «سلامت چه شد؟». اگر سلامش می‌کردند، شروع به فحاشی می‌کرد که «مرا دست انداخته‌ای؟».

هر روز نوبت یکی از سرشناسان شهر یا کاسبکاران بازار بود که احمدو مستِ لایعقل به سراغش رود و بعد از نثار مجموعه‌ای از فحش های ابتکاری حق و حسابش را بگیرد. شیوهٔ تلکه کردن احمدو تنوّعی داشت. یک روز جلوِ کلّه‌پزی حاجی عبدالله آشپز سبز می‌شد و فرمان می‌داد تا همهٔ کله و پاچه‌های دیگش را در قابلمه‌ای بریزد و به عشرتکده‌های او بفرستد. روز دیگر مقابل مغازهٔ آسید حاجی عطار شروع به عربده‌کشی می‌کرد و چون دار و دواهای سیّد بکارش نبود به چند عدد اسکناسِ ــ بقول خودش پشت گُلی ــ قناعت می‌نمود. روز دیگر سینی پشمک حاجی اسماعیل قناد را به تاراج می‌داد. و روزی هم مقابل سردرِ بلندِ خانهٔ اشرافی حاجی نجد شروع به عربده کشی می‌کرد که «حاجی اگر آبروی خودت را می‌خواهی زود یکی از آن صیغه ها را بفرست که لازم دارم»، وحاجی نازنین که هرگز کمتر از یک دوجین دختران صیغه خواندهٔ فقیرِ خوبرو در حرمسرایش نبود مجبور می‌شد با زمزمهٔ «دهن سگ به لقمه دوخته به» دستور احمدو را به مرحلهٔ اجرا بگذارد.

در نظر کیمیا اثر احمدو بابی و دهری و فکلی و درویش و سنی همه از یک قبیله بودند و همهٔ ایل و طایفه‌شان واجب القتل و از آن مهم‌تر همه مال و منالشان واجب الغارت. توی بازار چرخی می‌زد و هر مغازه‌ای را که رنگینتر می‌دید پا سست می‌کرد و اگر دستهٔ اسکناس دیر

می‌رسید فرمان غارتش در سقفهای گنبدی بازار می‌پیچید و در یک لحظه ملازمان به نوائی می‌رسیدند. هر بامداد سری به خانهٔ ملایزقیل می‌زد و با عرق سگی های دو آتشهٔ قدرت خانم ـ زن خوش دست و پنجهٔ ملا ـ نشاط و نیروئی می‌گرفت و سر به کوچه و بازار می‌گذاشت وعلاوه بر اعضای رسمی دارودسته، انبوهی از بیکارگان و تماشاچیان ولایت در التزامش.

***

اگر از فلکهٔ مرکزی ولایت ما به بازارِ کهنه سرازیر شوید و از میان انبوه جماعت رنگارنگی که غالباً به عنوان نوعی وقت کشیِ فضای بازار را انباشته اند بگذرید و در انتهای بازار روی دست چپ بپیچید، به میدانی می‌رسید که روزگاری بزرگترین میدان عالم بود و امروزه ـ بی آنکه در و دیوارش تغییری کرده باشد ـ محوطهٔ تنگِ توسری خوردهٔ محقّری است که گلوگاه جنوبی اش به بازارچهٔ کج و معوجی می‌پیوندد، و این بازارچه به میدان دیگری منتهی می‌شود که اسم امروزینش را نمی‌دانم، اما در روزگار کودکی من به «میدان شیوه کشها» معروف بود. وضع ظاهر این میدان هنوز هم تغییر چندانی نکرده است جز اینکه انتهایش که در ایام کودکی من به آخرِ دنیا می‌پیوست اکنون به خیابان نوسازی محدود شده است. در دهنهٔ جنوبی میدان نخستین کتابفروشی بی مشتری محقری بود، با پیرمردی که از کسادی کالا غالباً نشسته چرتی می‌زده و پسربچهٔ فضول کنجکاوی که مجبور بود به در و دیوار خانه راحت باشی دهد و هر بامداد همراه پدر از خانه درآید، و در هر فرصتی خود را به میدان شیوه کشها برساند و به تماشای جالب ترین هنرنمائی های روی زمین مشغول شود.

میدان شیوه کشها تماشاگه اسرار بود و دکانهای اطرافش لبریز از مناظر تماشائی و جلوه های آفرینندگی. برای کودک چهارساله چه منظره‌ای دلنشین‌تر از کارگاه کوزه گری که به چشم خود می‌بیند چگونه قطعه‌ای گل بر سطح چرخان کارگاه زیر پنجه های نقش آفرین گَل میرزا می‌چرخد و جان می‌گیرد و نازک می‌شود و به شکل کوزه‌ای و کاسه‌ای درمی‌آید، چه منظره‌ای دیدنی‌تر از دکان شیوه کشی که کهنه ها و تریشه های پارچه تا می‌خورَد و کنار هم قرار می‌گیرد و با ضربهٔ مشتهٔ شیوه کش تبدیل به تختِ کفشی می‌شود به انتظار رُواری که رویش را فرو پوشاند و به عنوان ملکی و گیوه به بازار عرضه گردد، چه صحنه ای هیجان انگیزتر از کورهٔ مشتعل آهنگری و اُستای در پاچال ایستاده‌ای که با انبر درازش قطعات آتشین آهن را از کوره بیرون می‌کشد و بر سندان می‌گذارد تا ضربه های پتکی

که به مدد بازوان قوی شاگردان بر او فرو می‌آید تبدیل به بیل و کلنگش کند.

میدان شیوه کشها بخلاف میدان اولی همه صحنه هایش دیدنی است، اما دیدنی تر از همه دکانِ بست‌زنی آسید احمد است با یک جهان ابزار و اسبابی که روی میز کوتاه پایهٔ سیاه رنگی چیده اند از انبرک های کوچک و بزرگ گرفته تا سیم های نرم و باریکه های حلبی و پیالهٔ محتوی آهک و تخم مرغ سوراخ شده و متّه ای که با کشیدن کمانی می‌چرخد و سطح لغزان ظروف چینی را سوراخ می‌کند، و دست ورزیده‌ای که با مهارت و حوصله قطعات چینی شکسته را کنار هم می‌گذارد و بست می‌زند، و از آنهمه مهم تر مرد خوشروی مهربانی که پشت میزک روی تخته پوستی نشسته است و گرم کار خویش است و بی اعتنا به وجود مزاحمی که در برابر سکوی دکانش ایستاده و حلوایِ تَقْتَقونیش می‌زند و مایعِ ژلا تینی از بینی سرازیرشده را با آستین پیرهن پاک می‌کند و با همه وجودش محو تماشای چرخش متّه است و سوراخ کردن بشقاب و بهم چسبانیدن قطعات شکسته، با فرو کردن سیمی در سوراخها و پوشاندن دور و بر بست از مخلوط آهک و سفیدهٔ تخم مرغ، و هنرهائی از این قبیل که در نظرِ البته صائب کودک چیزی از مقولهٔ جادوگری است. مرد جادوگر نه تنها تماشاچی بلفضول را از برابر دکانش نمی‌راند که گاهی هم با دعوت محبت آمیز «خسته می‌شوی میرزا، بیا بالا بنشین» به او اجازه می‌دهد که از سکوی دکان بالا رود و کنار دستش بنشیند و با هزار و یک سؤال کنجکاوانه در صدد کشف اسرار جادوگری باشد که لوله شکستهٔ قوری را به بدنه اش وصل می‌کند و کاسهٔ چینی دو قطعه شده را به کمک مفتولهای ظریف بهم می‌پیوندد.

کودک قطعاً هفته ها و ماهها کنار دست سیّد نشسته است، اما کهن ترین صحنه ای را که به خاطر دارد مربوط به روزی است که قرار است به سفارش مادر به سراغ سیّد رود و دربارهٔ قوری شکسته ای که دیروز برایش فرستاده اند سؤال کند که آیا آماده است یا نه، و اگر آماده بود به پدر خبر دهد تا برود و تحویلش گیرد.

و طفل مغرور که مأموریتی نیمه کاره را دون شأن خود می‌داند در پیام مادر تغیرکی می‌دهد و قوری را که با انگشتان هنرمند سیّد لبه لوله اش چسبانده شده است از سیّد صحیح و سالم تحویل می‌گیرد تا شخصاً به خانه برد و به مادر ثابت کند که در دقّت و مواظبت چیزی از پدر کم ندارد. اما وقتی که می‌خواهد از سکّوی دکان سیّد پایش را پائین بگذارد، امانت نفیس از دستش رها می‌شود و قطعات در هم شکسته اش نقش زمین. تا این صحنهٔ فراموشی

ناپذیر ساها بر لوح ضمیرش باقی ماند که سیّد نازنین با لبخندی از جایش برمی‌خیزد و اشک از چهرهٔ کودک وحشت‌زده می‌زداید و قطعات پراکنده قوری را با کمک جاروب و خاک اندازش جمع می‌کند و با تأئید بر اینکه «اتفاقی نیفتاده است، بار دیگر می‌چسبانم و درستش می‌کنم، به مادرت بگو رفتم و آماده نبود، سیّد گفت صبح زود خودم می‌آورمش».

و علی الصباح روز بعد در حال پوشیدن کفشها و آماده شدن برای همراهی پدر است که درِ خانه گشوده می‌شود و سیّد با لبخند همیشگی اش وارد می‌شود و قوری را توی سینی کنار منقل می‌گذارد. کودک در نهایت حیرت می‌بیند که قوری قطعه‌قطعه شدهٔ دیروز اکنون همه جایش سالم و صحیح است بجز لبهٔ لوله اش که مختصر اثری از چسباندن برخود دارد، کودک آماده دُرفشانی و کنجکاوی شده است که از یک سونگاه سیّد کلام بر لبش می‌خشکاند و از سوی دیگر سخن مادر مجال دخالت از او می‌گیرد که «آسیّد احمد مثل اینکه قوری ما عوض شده؛ این خط طلائی دارد، مال ما خط طلائیش پاک شده بود». و سیّد شانه‌ای می‌تکاند که «بعید می‌دانم، شاید هم، آخر دیروز دو سه تا قوری دیگر هم این و آن آورده بودند، دو تا از قوری ها مالِ ده‌یادگاری ها بود، شاید با آنها عوض شده؛ اگر پس آوردند خبرتان می‌کنم، اگر هم نیاوردند که فرقی ندارد».

این نخستین صحنهٔ روشنی است که به استحکام نقش حجر در خاطر من نشسته است. بی آنکه بعداً هرگز مجالی پیدا شود که از سید در این باره سؤالی کنم یا خود او اشاره‌ای کند.

در بین هم ولایتی های بنده کمند کسانی که پنجاه همین درکات ملال انگیز زندگی را طی کرده و از برکت ضخامت جلد هنوز باقی مانده اند و قیافهٔ آسید احمد بست‌زن را فراموش کرده باشند. هیأت و هیکل سیّد با چشمان سبز و موهای بور و پوست سرخ و سفید بشره و استخوان‌بندی درشت و حرکات وقارآمیزش در میان سیه‌چردگان جنوبی داد می‌زد که متاعی وارداتی است و نه از تولیدات محلّی. منتها کی و از کجا آمده و چرا در میان آنهمه شهرهای آباد جهان به ده کورهٔ ما پناه آورده بود از معماهائی است که هنوز هم برای من در ردیف اسرار آفرینش است؛ وخود سیّد هم تمایلی به معما گشائی نداشت.

دربارهٔ افکار و عقاید آسیّد احمد رأی مردم مختلف بود گروهی سیّد را مردی لاابالی می‌دانستند در امر مذهب که نه تنها در نماز جماعتی و مجلس روضه‌ای و زیارت امامزاده‌ای

پیدایش نمی‌شد بلکه با ارباب فریدون زردشتی و از آن بدتر با نورانی سگ بابی سلام وعلیکی داشت و گویا رفت و آمدی، وچه معلوم که در این معاشرتها با خارج از مذهب همکاسه نشده و لقمهٔ نجس نخورده باشد؟.

آقای متقیان که رئیس اوقاف محل بود و اهل کتاب و روزنامه آگاهانه سری تکان می‌داد و از بی خبری مردم تأسف می‌خورد که نمی‌دانستند سیّد از آن انقلابی های دو آتشه ای است که با تحکیم قدرت رضاشاهی بساط مشروطه خواهیش را جمع کرده و از ترس تعقیب مأموران حکومت با لباس مبدّل و شاید هم اسم عوضی از آن سر ایران راه افتاده و در گوشهٔ ده کورهٔ سیرجان اطراق کرده است تا بقیهٔ عمرش را دور از شر و شورهای سیاسی بگذارند، و ملانقلعلی با استناد به همین استنباط رئیس اوقاف یقین داشت که یارو هم مثل دیگر مشروطه خواهان پالانش کج است و از آن بابی های دهری هُرهُری مذهب، وطبعاً دستش به هر چیز مرطوبی بخورد نجس است، علی الخصوص که چند باری خود ملاّ نزدیکیهای غروب آفتاب او را حوالی دکان عرق‌فروشی عباس آقا دیده است و بدین نتیجه رسیده که لامذهب سگ بابی اگر از آن نجسی ها نمی‌خورد این طور سرخ و سفید و سرحال نبود».

اما عقیدهٔ فضّهٔ رختشو ــ صاحبخانهٔ سیّد ــ بکلّی از لونی دیگر بود. عقیده‌ای برخاسته از یقین قطعی که: سیّد با از ما بهتران سر و کار دارد. خود او بیش از ده بار دیده است که سیّد توی اطاق تک و تنهایش دارد با کسی حرف می‌زند و او هم جوابش را می‌دهد، و وقتی سیّد بیرون آمده که برود سر کارش، خودِ فضّه با پای خودش رفته و چهار کنج اطاق را گشته و احد الناسی را آنجا ندیده که ندیده.

حاجی ملا حسین منکر رابطهٔ سیّد با اجنّه نبود، اما در این نکته پافشاری داشت که سیّد اگر هم با از ما بهتران رابطه ای داشته باشد حتماً کفّار اجنّه اند نه جن های مسلمانِ مؤمن، و دلیلش اینکه سیّد تارک الصلوة است و آدم تارک الصلوة از سگ نجس تر، آدمی که احدی نه مسجد رفتنش را دیده و نه نماز خواندنش را چطور ممکن است علم تسخیر جن داشته باشد.

در مقولهٔ ترک نماز سیّد پروندهٔ درخشانی نداشت. چند نفری از آشنایان مدعی بودند که بارها سرزده وارد اطاق سیّد شده و او را در حال نماز دیده‌اند، اما شهادت فضّهٔ رختشو اعتبار دیگری داشت که در غیاب سیّد شخصاً پاشنهٔ درِ اطاقش را از جا بلند کرده و داخل اطاق شده و زیر و روی بساطش را گشته بود نه چشمش به مُهر نماز و تسبیحی افتاده بود و نه

جانمازی و شانه و آینه‌ای. علاوه بر این همین چند سال پیش دست کم ده دوازده نفر از کسبهٔ روی میدان دیده بودند که وقتی کربلائی عباس مُهر و تسبیح تربت را به عنوان سوغات سفر کربلا به دست سیّد می‌دهد، سیّد سوغاتی تبرّک را عیناً به میرزا قاسم می‌بخشد که آمیرزا اینها بیشتر به درد تو می‌خورد، و در جواب غلومو کوزه گر که می‌پرسد «آسیّد احمد مگه خودت لازمش نداری، مگه نماز نمی‌خوانی؟». خنده‌ای بر گوشهٔ لب می‌نشاند که آمشتی غلومعلی من چارقُل می‌خوانم پدرنماز:

از همه جالبتر اظهار نظر قاطع آقای فولادی بود، هر وقت صحبت سیّد به میان می‌آمد آتشِ به انبر گرفته را در خاکستر می‌مالید و بر لبهٔ منقل می‌گذاشت و همراه حلقه‌های دودی که در فضا رها می‌کرد فیلسوفانه سری تکان می‌داد که «کار خودشان است، خودشان فرستادندش اینجا و خودشان هم نگهش می‌دارند، شما از سیاست انگلیسها غافلید»، و در رد نظر میرزا محمود که «می‌گویند با هیتلر پیغام و پسغام دارد» لبخند عارفانه‌ای تحویل می‌داد که «امان از نعل وارونه».

در میان این همه مدّعی و مفتّش و بدگو، سیّد یک مرید دوآتشه‌ای داشت که آنهم مادر خود بنده بود. کسی جرأت نداشت در حضور بی‌بی سکینه اسم سیّد را بدون طهارت ببرد. یک بار که خاله هاجر از زبانش در رفت و گفت «سیّد احمدِ بابی»، بی‌بی مثل اسفندی که روی آتش ریخته باشند منفجر شد که «استغفرالله، دهانت را آب بکش خواهر، پشت سر سیّدِ اولاد پیغمبر این حرفها را نزن»؛ و در پاسخ نوعی رفع مسئولیتِ خاله هاجر که «والله، ما چه می‌دانیم، مردم می‌گن»، صدایش را دوپرده بالا تر گرفت که «مردم غلط می‌کنند، به گور پدرشان می‌خندند، صد بار تا حالا گفتمتان که خودم به چشم خودم کشف و کرامتش را دیده‌ام، آن سال حصبه‌ای پاهایم را رو به قبله کشیده بودند که دیدم آسید احمد وارد شد، سر تا پا سبزپوش آنهم با چه نور سبزی دور سرش، آمد بالای سرم، جام شربتی دستش بود گرفت جلو دهنم و گفت بخور، هنوز شربت از گلویم پائین نرفته بود که چشمهایم باز شد و پا شدم توی رختخواب نشستم. همه دوروبری‌ها که داشتند آشهدم را می‌گفتند خشکشان زد، و من که تبم قطع شده بود دیگر نخوابیدم که غروب همان روز رختخواب مریضی ام را جمع کردند سه روز بعدش هم روی پای خودم بلند شدم و راه افتادم. بابی می‌تواند به خواب آدم بیاید و مریض حصبه‌ای دم مرگ را شفا بدهد؟».

با اینهمه شایعهٔ بابی گری سیّد رواجی روزافزون داشت، و چندان هم بی راه نبود. آخر آدم مسلمان ممکن است توی کوچهٔ پشت مدرسه پسرِ رخساره خانم بابی را از زیر مشت و لگد بچه مسلمانها نجات بدهد و دستش را بگیرد و ببرد به خانه، و بعد هم با کمک رمضان خان آجان ببردش و بسپارد دست پدر و مادرش؟

ظاهراً احمد و هم از همین دسته بود که هر وقت در کوچه یا بازار چشمش به سیّد می افتاد فوری فکر مصرفِ اسافل اعضا به سرش می‌زد و حواله ای بی دریغ به ایل و طایفهٔ منکران امام زمان.

روزی که احمدو در میدان شیوه کشی پیدایش شد، من کنار دست آسیّد احمد نشسته بودم و تماشاگر تلاش مرد زحمتکش بودم که با دقت و مهارت همیشگی اش دستهٔ شکستهٔ گلابپاشِ بارفتنی را به بدنه اش می‌چسباند. عربدهٔ «نفس کش» احمدو در میدان پیچید و جماعت ولگردان صحنه میدان به انبوه ملتزمان رکابش پیوستند. احمدو از دهنهٔ شمالی میدان وارد شد، از مقابل چند دکان شیوه کشی و کوزه گری گذشت. هنوز چند مغازه‌ای تا دکان سیّد احمد فاصله داشت که با نعرهٔ «آهای سیّد بدبابی، امروز یک بطر از آن عرقای دو آتشه ات میخام». سیّد بی آنکه سرش را بالا گیرد بطری عرق نعنای خالی شدهٔ کنار دستش را برداشت و داد به دست من و با صدائی شبیه زمزمه گفت «میرزا، پاشو اینو بگیر ببر از کوزه آبش کن بیار بگذار زیر پای من، زود بجنب و بپّا کسی نبیند». برخاستم به پستوی مغازهٔ سیّد رفتم، با زحمت و مرارتی بطری را از کوزهٔ آبی که به دیوار تکیه داشت پر کردم و در حالیکه آنرا پشت سرم گرفته بودم آوردم و کنار پایهٔ میزک سیّد گذاشتم. اکنون احمدو و فوج همراهانش به وسط میدان رسیده بودند. چشمان احمدو از شدت مستی دو پیالهٔ خون شده بود و زبانش تپق می‌زد و پاهایش در هم می‌پیچید. بار دیگر فریادش در فضا پیچید که «آهای سیّد بابی گفتم یک بطر از آن عرق سگی هات رد کن بینم». سیّد همچنان مشغول کارش بود. احمدو تلوتلوخوران به دکان نزدیک شد.

هم چراغ سیّد کل میرزا کوزه گر از پشت کارگاه کوزه گری صدایش را بلند کرد که «احمد آقا، خجالت هم خوب چیزیه، اگر آسید احمد بابی باشد پس یک مسلمان توی همه شهر سیرجان نیست». اما فریاد غلومو بر صدای او غلبه کرد که «اگر بابی نیست چرا با فکلی ها

نشست و برخاست می‌کند»، و صدای دیگری به یاریش آمد که «این سیّد جد به کمر زده اصلا دهری هرهری مذهبه، نه خدایی را قبول دارد نه پیر و پیغمبری را»؛ و سیّد روتی روضه‌خوان بدآوازِ ولایتمان به استدلال برخاست که «اگر واقعاً دین و ایمانی داشت سالی یک بار هم بود سری به مسجد می‌زد»، و صدای خراشیدهٔ مشتی زینب به گوش رسید که «مسجد سرش را بخوره، تو مجلس روضه‌خوانی هم پایش را نمی‌گذاره»، و متلک غلومو جمعیت را به خنده انداخت که «می‌ترسه اگر پا بگذاره دماغش خون بشه». احمدو همچنان تلوتلوخوران پیش می‌آمد و انبوه جماعت برایش کوچه می‌دادند. به سکّوی دکان که نزدیک شد بار دیگر با کلماتی که از غایت مستی نامفهوم می‌نمود از سیّد مطالبهٔ پول عرق کرد. سیّد در حالی که همچنان سرش پائین بود و مشغول کارش از زیر ابروان پرپشت نگاهی بر چهرهٔ افروختهٔ احمدو انداخت، سپس سرش را بالا گرفت و با لحنی ملایم پرسید «احمد آقا چی می‌خواهی؟». احمدو که درعین مستی از هیبت نگاه سیّد رنگ وحشتی درچهره‌اش دویده بود صدایش را پائین آورد که «پول یک بطرعرق رد کن ببینم». سیّد گفت «فقط یک بطری یا بیشتر؟». و احمدو بار دیگر لحنش قوّتی گرفت که «فعلاً پول یکی را بسُلف باقیش طلبمان». سیّد دستش را دراز کرد و بطری را از زیر میزک پیش پایش برداشت و بالا آورد و به شیوهٔ عرق‌خوران تکانی بدان داد و رو به احمدو کرد که «بیا، این هم عرق، بشرطی که خیلی نخوری و مست‌بازی راه نیندازی».

با این حرکت سیّد سکوتی پهنهٔ میدان را فرا گرفت، شاید سکوت حیرت‌آمیز خلایق بیش از یک دقیقه طول نکشید اما در نظر من یک سال نمود. بتدریج زمزمه هائی که از گوشه و کنار برخاست بر سکوت غلبه کرد و صداهای درهم و برهمی به گوشم رسید، و در آن میان عباراتی از قبیل: نگفتم؟، خودش از آن عرق‌خورهای حسابیه، والله آدم دیگه به کی می‌تونه اعتماد کنه، راستی که دورهٔ آخرالزمونه، پناه بر خدا مردم می‌گفتند و ما باور نمی‌کردیم، چی می‌گی خواهر من می‌دونستم که روزی یک بطر از این نجسی ها زهرمار می‌کند، همین ها را می‌خوره که هورماهور می‌گه، ای جدّت بزنه بکمرت نا سیّدِ عرق‌خور.

و من لحظه‌ای از تماشای جمعیت به احمدو پرداختم که چوب پنبه را از سر بطری جدا کرده و با حالتی مستانه شیشه را سر دست گرفته بود و در حالی که با دست دیگرش مردم را به سکوت دعوت می‌کرد صدای لرزان از مستی اش در فضا پیچید که «بسلامتی هر چه مرده» و

به دنبال آن مبلغی از اسافل اعضای خود را به «ایل و ناموس» بی معرفتان جهان حواله داد و دهنهٔ بطری را به دهان نزدیک کرد و یک نفس بیش از یک پنجم محتوی بطری را نوشید و در حالی که آروغ صداداری در فضا رها کرده بود بطری را روی پیشخوان مغازهٔ سیّد گذاشت و خودش با یک خیز از سکوی مغازه بالا رفت. ظاهراً هوس نطق و شعاری به سرش زده بود، اما بمحض اینکه آمادهٔ رجزخوانی شد، سیّد بی اعتنا به انبوه جماعت و ملامتهای اوج گرفته، بار دیگر سرش را بالا گرفت. و در این لحظه بود که من برای اولین بار با مصداق نگاه آتشبار آشنا شدم، موج غضبی از چشمان سیّد شعله می‌زد، وظاهراً احمدو نیزبا همه مستی عظمت نگاه را دریافته بود که ناگهان خشکش زد، رنگ از چهره‌اش پرید، دستش را که مطابق معمول برای حواله دادن اسافل اعضا بکار افتاده بود بالا آورد و روی جناغ سینه‌اش گذاشت و بی آنکه کلمه‌ای بر لب آورده باشد مثل فانوس خم شد وتا خورد و بر زمین افتاد.

و سیّد بار دیگر سرش را پائین انداخت و با انبر دست ظریفش بستی را که آماده کرده بود روی کاسهٔ چینی شکسته گذاشت و با انگشت شصتش فشاری بدان داد و با سر چاقوی ظریفی اندکی از خمیر آهک و سفیدهٔ تخم مرغ برداشت و در محل پایه‌های بست مالید، گوئی که در برهوت خالی از آب و آبادی بسر می‌برد و نه احمدوئی نقش زمین شده است و نه همهمه «چطور شد» در فضا پیچیده است؛ و نه این که احمدو را به پشت خوابانده و نبضش را در دست گرفته میرزاحسین‌آجان است، و نه آن که می‌گوید «تمام کرده» آسیّدحاجیِ مرده‌شور که درفش پینه‌دوزیش را به زمین گذاشته و به عنوان طعمه‌ای تازه بسراغ جسد بی جان احمدو آمده است.

و من درعالم کودکی چنان دستخوش آمیزه‌ای از حیرت و وحشت شده بودم که مطلقاً به خاطر ندارم بعد از اعلام قطعی آسیّدحاجی مرده‌شور چه گذشت. دوروبرم سر و صداهای مبهمی حس سامعه‌ام را می‌آزرد بی آنکه با ادراکی همراه باشد، اگر صدای سیّد با لحن آمرانه‌اش به گوشم نمی‌رسید که «میرزا، تو هم بردار و یک قُلُپ بخور، بشرطی که مست نکنی»، شاید درهمین حالت بهت زدگی می‌ماندم. صدای سیّد تکانم داد، به طرف بطری که هنوز روی پیشخوان کارگاهش بود اشاره می‌کرد و به تصور اینکه قصد تمرّدی دارم باردیگر بر قدرت صدایش افزود که «مگر نگفتم بردار و بخور». و من هنوز بطری را به لبم نزدیک نکرده بودم که دستی قوی آن را از پنجه‌ام بیرون کشید. و این حاجی ابوالقاسم ریش سفید میدان

بود که با لحن عتاب آمیزی رو به سیّد کرد که:

ـ می‌خواهی طفل معصومی را هم بکشی؟ او که خورد و مُرد بس نبود؟

و صدای اوج گرفته سیّد به عتابش خاتمه داد که «پس خودت بخور، ببین چه عرق دو آتشه ای است» و با مشاهدهٔ تردید حاجی لحنش رنگ آمرانه گرفت که «می‌گویم بخور، گناهش به گردن من»، و حاجی چند قطره‌ای از محتوی بطری در کف دست لرزان و مردّدش ریخت و با نوک زبانش به آزمایش پرداخت پس از دو بار مزمزه رو به سیّد کرد که «این که آب است» و به دنبال گفتن این جمله بطری را به دهان برد و جرعه ای نوشید و آن را به دست میرزا حسین آجان داد. اکنون بطری دست به دست می‌گشت و مشتاقان آزمایش فراوان شده بودند که سیّد از جایش برخاست و بطری را که دو سومش خالی شده بود از دست ششمین مرد کنجکاو گرفت و چوب پنبهٔ بر زمین افتاده را برداشت و درش را بست و به دست میرزا حسین آجان داد که «بگیر و نگهش دار، شاید مأموران عدلیه و نظمیه لازمش داشته باشند»، و خودش در حالیکه با قامت استوار روی سکوی مغازه‌اش ایستاده بود نگاهش را بر فرق جمعیت پاشید، و همراه گسترش موج نگاه اوسکوت سنگینی فضای میدان را فرا گرفت. این نگاه و آن سکوت چند ثانیه یا دقیقه یا ساعت طول کشیده باشد نمی‌دانم، اما این صحنه هنوز پیش چشمم روشن و جاندار است که سیّد رو به انبوه مردم کرد که «بازی تمام، بروید دنبال کار و زندگیتان آقایان متدیّنِ محترمِ با شرف» و روی این سه کلمهٔ آخر چنان مکث و تکیه‌ای کرد که گوئی از شدّت غضب بعد از هر کلمه دندانش کلید می‌شود و مجالی برای ادای کلمهٔ بعدی نمی‌دهد. و آقایان متدیّنِ محترمِ با شرف در حالیکه پس پس می‌رفتند از برابر دکان سیّد حریم گرفتند، و سیّد رو به کسبهٔ میدان و آمیرزا حسین پاسبان کرد که «بردارید این بدبخت فلک زده را ببرید کفن و دفنش کنید».

***

از این ماجرا نزدیک ۵۰ سال گذشته است. و من با اینکه در این سالیان دراز مرگ مفاجای بسیار دیده‌ام و از رابطهٔ الکل و قلب هم بی‌خبر نیستم، هنوز وقتی که به یاد نگاه غضب بارِ سیّد می‌افتم نمی‌توانم به تحلیلات علمی گردن نهم. هر که هر چه می‌خواهد بگوید، من به چشم خودم دیدم که چه برق جوّاله‌ای از اعماق چشمان سیّد شعله زد و مثل گردباد آتشینی هیکل جوانک را در خود گرفت.

پیوست‌ها

## پیوست ۱

### مربوط به مقالهٔ «عرصه سیمرغ»، صفحهٔ ۷۷

چون اشارات بنده به اصل مقاله مختصر بود و در مواردی مبهم می‌نمود، بهتر دیدم متن گزارش کشفیّات ــ البته محیّرالعقول ــ پروفسور مصری امریکائی را عیناً از شماره بهمن‌ماه ۱۳۶۵ «کیهان فرهنگی» در اینجا نقل کنم:

# قرآن و راز ۱۹

**مدیر محترم مجلهٔ گرامی کیهان فرهنگی**

**با معذرت از تصدیع، اخیراً اطلاع حاصل نمودم که وسیلهٔ آقای رشید خلیفه که اصلاً مصری است و پروفسور در رشتهٔ مکانیک و کامپیوتر و استاد دانشگاه آریزونا در آمریکا می‌باشد حدود ۵ ماه قبل سخنرانی ارزنده‌ای تحت عنوان:**

**«THE COMPUTER SPEAKS" GOD,S: MESSAGE TO THE WORLD»**

**در دانشگاه .U.C.L.A لوس آنجلس ایراد نموده که چون موضوع برایم بی‌سابقه و جالب آمد و مرجعی مناسبتر از آن مجلهٔ شریف نداشتم لذا بدینوسیله زحمت افزا شده و مراتب زیر را در این باره به استحضار می‌رسانم.**

**در این سخنرانی از راز پوشیدهٔ قرآن در سورهٔ المدثر (سوره ٤ از نظر نزول و ٧٤ از جهت ترتیب سوره) پرده برداشته شده است. می‌دانیم که بنابرریاضیات جدید، هرعددی که با ۹ یا مضارب آن جمع شود در حقیقت خودش باقی می‌ماند، مثلاً**

**۳ ≠ ۱۲ = ۸+٤ = ٤۸ و ٤۸=۳+٤۵ یا**

**۵=٤+۱=١٤ و ١٤=۹+۵ یا**

**۸=۷+۱=۱۷ و۱۷=۹+۸**

**و ۹ را در این بحث معادل صفر می‌دانند که موارد استفادهٔ عدیده دارد.**

**در قرآن کریم به واحد بودن خداوند تأکید مکرر شده و کلمهٔ واحد بر مبنای حروف ابجد معادل ۱۹ می‌باشد. آیهٔ ۳۰ سورهٔ المدثر علیها تسعة عشر می‌باشد که این عدد ۱۹ بصورت گدبه‌کرات در قرآن کریم تکرار شده است و براساس استدلال بالا، ۱≠۱۰=۹+۱ و ۱+۹×۲=۱۹**

**۱- عدد ۱۹ دال بر وحدانیت خداوند متعال یا اشاره به آن می‌باشد.**

**۲- هر سورهٔ قرآن کریم با جمله بسم‌الله الرحمن الرحیم شروع می‌شود که دارای ۱۹ حرف است.**

**۳- اولین آیه از اولین سوره‌ای که نازل شد (علق) «اقرا باسم ربّک الذی خلق» می‌باشد که با توجه به تشدید حرف ب در ربّک ۱۹ حرف است.**

**٤- قرآن شامل ۱۱٤ سوره است.**

**۱۹×٦=۱۱٤**

**۵- سورهٔ علق شامل ۱۹ آیه است.**

**٦- سورهٔ علق نوزدهمین سورهٔ پایانی قرآن کریم است.**

**۷ - ۱۹ آیهٔ سورهٔ علق دارای ۷٦ کلمه است.**

**۷٦=٤×۱۹**

**۸- سورهٔ علق دارای ۲۸۵ حرف است.**

**۱۹×۱۵=۲۸۵**

**۹- آخرین سورهٔ وارد شده بر پیغمبر اکرم عبارت‌است از سورهٔ نصر که دارای ۱۹ کلمه است.**

**۱۰- تمام سوره‌های قرآنی به استثنای سوره توبه با بسم الله‌الرحمن الرحیم شروع می‌شود که شامل ۱۱۳ بسم‌الله می‌باشد ولی در سورهٔ نمل غیر از بسم‌الله اول، در آیهٔ ۳۰ نیز بسم‌الله داریم که جمع آن ۱۱٤ می‌گردد. ۱۱٤ = ۱۹×٦**

**۱۱- مابین دو بسم‌الله سورهٔ نمل ۳٤۲ کلمه قرار دارد.**

**۱۹×۱۸ =۳٤۲**

**۱۲- فاصله بین سورهٔ توبه (فاقد بسم‌الله) و سورهٔ نمل (دارای دو بسم‌الله) ۱۹ سوره می‌باشد.**

**۱۳- به استثنای بسم‌الله شروع سورهٔها که جزء آیات سوره‌ها نیست و در بقیهٔ سوره‌ها من جمله سوره فاتحه که بسم‌الله نیز جزء آیات آن است نکات زیر دیده می‌شود:**

الف- کلمهٔ اسم، ۱۹ مرتبه تکرار شده است.
ب- دومین کلمهٔ بسم‌الله الرحمن الرحیم (الله) ۲٦۹۸=۱۹X۱٤۲ مرتبه ذکر شده است.
ج- سومین کلمه (الرحمن) ۵۷=۳X۱۹ مرتبه ذکر شده است.
د- آخرین کلمه (الرحیم) ۱۱٤=٦X۱۹ مرتبه ذکر شده است

۱٤- بعد از ذکر عدد ۱۹ در آیه ۳۰ سورهٔ المدثر، در آیهٔ ۳۱ پنج اثر بر عدد ۱۹ ذکر گردیده است
الف- ناراحت می‌کند کافران را
ب- مطمئن می‌کند اهل کتاب را
ج- محکم می‌کند اعتقاد معتقدان قرآن را
د- پاک می‌کند هر شکلی را از دل اهل کتاب
هـ- مشت می‌زند. به دهان منافقان بی تفاوت در مقابل این معجزهٔ قرآن (عدد ۱۹)

۱۵- در آیهٔ ۳۵ این سوره می‌فرماید که: این (عدد ۱۹) یکی از بزرگترین معجزات است.

۱٦- سورهٔ فاتحه که نزول آن ۵ و بعد از سورهٔ المدثر نازل شده است بسم‌الله الرحمن الرحیم اولین آیهٔ سوره است (برخلاف سایر سوره‌ها که این جمله جزء آیات سوره نیست) که دارای ۱۹ حرف می‌باشد و مرتبط با آیهٔ ۳۰ مذکور نازل شده است.

۱۷- ۲۹ سوره از سوره‌های قرآن با حروف رمز شروع شده که این حروف رمز کلاً با ۱٤ حرف الفبای عرب تشکیل گردیده و در نتیجه
۱٤+۱٤+۲۹= ۵۷ =۱۹X۳

۱۸- هر چند که معانی این حروف رمز کاملاً مشخص نشده است معهذا مشاهده می‌شود که هر یک از این حروف در سورهٔ مربوطه مبیّن تعداد همان حرف در سوره می‌باشد که مضربی از عدد ۱۹ مذکور است مثلا ق در دو سورهٔ ٤۲و ۵۰، ۵۷ مرتبه که عبارت از ۱۹X۳ می‌باشد تکرار شده در حالیکه آیات سورهٔ ٤۲ بیش از دو برابر آیات سورهٔ ۵۰ است.

۱۹- درسورهٔ ٦۸ (القلم) که با حرف ن شروع می‌شود ۱۳۳ عدد ن وجود دارد که عبارت است از ۱۳۳=۱۹X۷

درخاتمه توضیح می‌دهم که ٤ جلد کتاب به زبانهای عربی، انگلیسی بین بعضی از حاضرین- بطور رایگان مربوط به همین موضوعات- توزیع شده است واین بود چکیده‌ای از مطالب.

اینک تقاضایم این است که:
اولاً تحقیق فرمائید آیا راز عدد ۱۹ که به شرح فوق ذکر شد قبلا به وسیله کسان دیگری کشف و بررسی شده است یا خیر واگر شده کجا، کی و به وسیله چه شخصی صورت گرفته و استدعایم این است برای دسترسی به آن، اینجانب را هدایت فرمائید.
ثانیاً اگر کاری در این زمینه صورت نگرفته جا دارد و در شأن آن مجله گرامی نیز هست که حداکثر کوشش برای به دست آوردن نسخ این کتب و ترجمه ونشر آن برای استفاده عموم معمول فرمایید که از هر جهت ارزندگی داشته.واجر شما نیز با خدا خواهد بود.

**با تقدیم شایسته‌ترین احترام**
**مهندس خلیل مؤیدی**

کیهان فرهنگی ضمن تشکر از آقای مهندس خلیل مؤیدی در ارسال نامهٔ فوق، بدینوسیله درخواست ایشان را به اطلاع می‌رساند و از همهٔ صاحبنظران و محققانی که این بحث را در خور غور و بررسی می‌دانند- که در تحقیقات اجمالی این نشریه، به نظر می‌رسد حاوی نکات جدّی و قابل تأملی باشد- درخواست می‌نماید آرا و نظریات خود را جهت درج به این نشریه ارسال دارند.

**کیهان فرهنگی ۳۵**

## پیوست ۲

### مربوط به مقالهٔ «روستائی شد...» صفحه ۹۷

در مجلهٔ آینده جناب دکتر ثروتیان درباره این بیت نظامی که:

سرمهٔ بیننده چو نرگس‌نماش — سوزن افعی چو زمرّد گیاش

بحثی می‌فرمایند که: بیت بدین صورت بی‌معنی است و باید بجای «سوزن» کلمهٔ «سوسن» باشد. زریاب‌خوئی — که واقعاً حیفم می‌آید عنوان «دکتر» بر سر اسمش بگذارم — جوابی می‌دهد بدین مضمون که: «سوزن» هم بی‌معنی نیست و منظور شاعر این بوده که هربرگی از گیاهان شاداب آن مرغزار در لطافت و جلوه و جلا به قطعه زمرّدی شبیه بود. همان زمردی که بر اساس افسانه‌ها تلألؤش چون سوزن بر چشم افعی می‌نشیند و کورش می‌کند. اینهم قسمتی ازمقاله ایشان

در نخستین سالهای تحقیق در معانی ابیات مخزن‌الاسرار، بیت زیر با تمام سخت رویی رو در رویم ایستاده بود و حل نمی‌شد.

آن خور و آن پوش چو شیر و پلنگ　　کاوری آن را همه ساله به چنگ

من نیز باکمال سرسختی اورا پیش جمعی از امثال و اقران خودش نهاده برای همه یك‌جا می‌کوشیدم، هرکتابی راکه دربارهٔ علم خواص و عجایب و غرایب‌می‌یافتم نخست به سراغ الاسد والنمر و شیر و پلنگ می‌رفتم و خواه ناخواه چیزی نیز دربارهٔ ذئب و أثمد و نهنگ به‌دست می‌آمد و در حل مشکل من یاری نمی‌کرد و آنچه را می‌خواستم نمی‌یافتم.

آن چیست‌که همه ساله شیر و پلنگ به‌دست می‌آورد؟ ــ نمی‌دانستم، و آن‌چیست که نظامی حکیم مارا به‌خوردن و پوشیدن آن ترغیب می‌کند؟ ــ حتماً باید چیزی پسندیده باشد.

از قضا روزی در فرهنگ آنندراج ذیل کلمهٔ «بید» می‌گشتم، گم شدهٔ خود را یافتم. پلنگ در ذیل بید‌ا، هرآنچه از کتب خواص ضبط شده بود دور ریخته شد.

ذیل کلمهٔ بید نوشته شده بود.

«...و نام گیاهی که به عربی خیزران‌گویند و از برگ آن پلنگ و امثال‌آن می‌بافند و برین معنی‌بیت به‌فوقانی نیز متعارف است. اشرف.

پی خواب بهاری فرش کردند　　پلنگ بید باف از سایهٔ بید.»

آن بودکه معنی منطقی بیت به‌دست‌آمد و معلوم‌گردیدکه حکیم می‌گوید:

«چیزی بخور و چیزی بپوش‌که همیشه و همه‌وقت بتوانی آن را به‌دست‌آوری نظیر شیر بز و گاو وگوسفند و جامه و گستردنی گیاه بافت یا بیدباف.» یا «ای انسان زیاده‌روی مکن و به‌کمترین خرسندباش.»

و باز این دلالت منطقی است‌که هر خواننده‌ای را در نخستین شاهد آقای‌زریاب برای اثبات مناسبت زمرد و گیاه به‌تأمل و اندیشه فرو می‌برد که نوشته‌اند:«تشبیه زمرد به گیاه سبز» نیز معمول بوده است و شعر معروف «زمرد وگیه سبز هردو همرنگند..».

آیا این «کیهٔ سبز» است یا گیه «گیاه» سبز؟

در فرهنگ آنندراج «گیه = گیاه» نوشته و به‌صورت «یك رنگ است» از ازرقی نقل‌کرده است:

زمرد و گیه سبز هر دو یك رنگ است　　ولیك‌ازان به‌نگین‌دان‌کنند ازین‌به‌جوال

آیا مؤلف فرهنگ باآن همه تیزبینی به‌معنی بیت نیندیشیده است؟ ــ مسلماًنه. وگرنه توجه می‌کرد برای لفظ «گیاه» و حتی «زمرد» برشمردن صفت «سبز» حشو قبیح است و گیاه قرمز و سپید و سیاه نداریم وگیاه را به‌دسته و پشته می‌بندند و می‌چینند، در جوال نمی‌کنند.

شاید «کیه» به‌کاف اول و کسر کاف اول و فتح یاء و های غیر ملفوظ صحیح باشدکه به‌معنی «مصطکی و علك رومی» است و در اصطلاح امروزی «سقز» گفته

می‌شود و صمغ درختی از نوع پستهٔ وحشی است و بیت به‌صورت زیر حامل معنی‌صحیح وپیام شاعر است:

زمرد و کیهٔ سبز هر دو یك رنگ است ولیك ازان به‌نگین‌دان‌کنند ازین‌به‌جوال

واگر چنین است چرا «کیهٔ سبز» و چرا بجوال؟

اینجاست‌که نیاز به تحقیق هست زیرا به‌نظر می‌رسد طراوت نهال کیه و حتی میوهٔ خوشه‌ای آن و کاربرد طبی این نهال موجب این قیاس ــ با تفضیل قدر زمرد برکیه ــ گردیده است.

احمد عاصم مترجم برهان قاطع به‌زبان ترکی به‌دوگونهٔ سپید و سیاه کیه (صمغ آن) اشاره می‌کند: «کیه به‌فتح یا، سقزی است از نوع مصطکی، دو نوع است. سفید آن را علك رومی می‌گویند حالا سقز گفته می‌شود و سیاه‌آن را علك نبطی می‌گویند.». وترکی کلام چنین است:

(کیه: فتح یا ایله مصطکی نوعندن بر ساقز در، ایکی نوع اولور: بیاضنه علك رومی دیرلر که حالا ساقز دیدکلریدور، و سیاهنه علك نبطی دیرلر.)۳

ظاهراً معلوم می‌شود غرض شاعر مخصوصاً با توجه به‌لفظ «جوال» شاخ وبرگ ودرنهایت میوهٔ خوشه‌ای و سرسبز این نهال طبی است (ر.ك: تحفهٔ حکیم مومن. ذیل مصطکی، نظر شیخ‌الرئیس) که همانند همهٔ گیاهان طبی در جوال می‌ریزند و حمل می‌کنند تا ضایع نشود و طبیعی است اگر غرض شاعر علف و گیاه بی‌قدر بود که‌مطلقاً بازمرد سنجیده نمی‌شد. با این ترتیب پایهٔ مناسبت «گیاه سبز» و «زمرد» می‌لرزد اگرچه مناسبت‌گیاهان طبی از نوع «سوسن» با مارومارگزیدگی ــ نه زمرد ــ برای همیشه محفوظ است. و من ناچارم بگویم‌که در برداشت منطقی و فنی حرف «چو»نیز ازسوی آقای زریاب با همهٔ نیك‌اندیشی ایشان تردیددارم.

یك بار دیگر به دیدهٔ تحقیق بنگرند، مصراع برابر نظر ایشان ضبط می‌شود:

سوزن افعی چو زمرد گیاش.

در معنی و تعبیر بیت نوشته‌اند: به‌نظر من سوزن افعی نیز صحیح می‌نماید ومقصود شاعر آن است که «گیاه آن‌باغ در سبزی به‌رنگ زمرد بود و به‌همین جهت مانند زمرد، سوزن و خار چشم افعی شده بود.»

ظاهراً هردو تصور از هردو تصدیق بالا با هردو تصدیق درجای خود درست است ولیکن از دایرهٔ تصور و تصدیق مصراع مذکور خارج است و هیچ ربطی به‌آن ندارد.

نکتهٔ ظریف در همین‌جا نهفته است:

گیاه آن باغ در سبزی به‌رنگ زمرد بود.

گیاه آن باغ: مشبه

برنگ: جانشین ادات تشبیه. همانند «نما» در «نرگس‌نما» . مصراع اول بیت

۳ــ ترجمه برهان قاطع (ترکی) مترجم احمد عاصم استانبولی، تاریخ ترجمه ۱۲۵۴ ﻫ. ق، چاپ سنگی دارالطباعهٔ مصریة، ربیع الاول ۱۲۵۱ ﻫ. ق.

مورد بحث.

زمرد: مشبه به.

درسبزی: وجه شبه.

کاملا صحیح است: «گیاه آن باغ در سبزی به‌رنگ زمرد بود.» اما «سوزن افعی» چه بود؟ ــ آیا سوزن افعی از دایرهٔ بحث بیرون نیفتاده‌است؟

ممکن است بگوییم بعداً گفته شده است‌که:

بهمین جهت [گیاه] مانند زمرد سوزن چشم و خار افعی شده بود.

اینجاست‌که معلوم نمی‌شودگیاه چند چیز شده بود؟ یك بار زمرد و یك بار سوزن؟ و یا اینکه اول زمرد و همان نیز سوزن و سوزن نیز سوزن چشم و خار افعی ومار؟

هنگامی‌که «سوزن افعی چو زمرد گیاش» به‌صورت «گیاه چون زمرد، مانند سوزن افعی شده بود.» تعبیر می‌شود. در تصدیق ــ نه ترکیب ــ مشبه به «به‌قطع‌اضافه» در پیش «مشبه» و ادات تشبیه پیش‌تر از هر دو قرار می‌گیرد، آیا چنین چیزی ممکن است! در حالیکه همان‌گاه نیز یك بخش‌کلام از نظر منطقی بی‌کار و به‌یاوه می‌ماند و ناچار می‌شویم یك «مانند» دیگر را با مهمان‌ناخواندهٔ «چشم» با لطف و ظرافت تمام برسر یك سفره بنشانیم!

حتی ممکن نیست یك مثال نادرست هم برای چنان ترکیبی درست کرد و پیش چشم آورد و فقط یك تأویل می‌ماندکه به زور مصادره به‌مطلوب «زمردگیاه» را «به قطع اضافه» و در معنی تصدیقی آن ــکه نادرست است ــ پیش چشم بیاوریم که در آن صورت نیز «چو» بلاتکلیف می‌ماند و معلوم نمی‌شود سوزن افعی به‌کدام یك از دو جزء اضافهٔ تشبیهی باید همانند شود: چو زمرد؟ یا چوگیاه؟

اینکه می‌گویم در معنی تصدیقی آن مسلماً مسأله روشن است‌که وقتی ترکیب اضافی و تشبیهی «بادام چشم» را به‌کسر میم به‌کار می‌بریم وقوع و وجود مماثله در آن محفوظ و پوشیده است ولیکن خود این اضافهٔ تشبیهی از نظر منطق استدلالی یك تصور است نه یك تصدیق، درصورتی‌که «چشم مانند بادام است» یك تصدیق است و استنباط آقای زریاب مبنی بر تصدیق است نه‌تصورکه «چو زمردگیاش» را به‌سکون دال و به قطع اضافه، به‌سادگی تصدیقی محسوب داشته می‌نویسند «گیاه آن باغ در سبزی چون زمرد بود و...»

در حالیکه کاملا روشن است شاعر «زمردگیا» را به‌معنی شاهدانه (بنگ) به‌کار برده و می‌گوید: سوسن خوش بو مانند بنگ بود [و بوی هر دو مست کننده بود].

سوسن افعی (سوسن خوش‌بو) : مشبه

چو: ادات تشبیه

زمردگیاه آن باغ (شاهدانه) : مشبه به

وجه شبه:؟ [بوی خوش و مست کنندگی هردو.]
و بحث بر سر این است که این وجه شبه چیست؟ و چرا سوسن صحیح است وسوزن غلط است.

آقای زریاب امثله و شواهدی ترکی و عربی و فارسی در باب مناسبت گیاه و
سداب و پودنه و مار و راسو ذکر فرموده‌اند درحالیکه سخن بر سر درستی یا نادرستی
«سوزن» است و در رابطهٔ «سوزن» با مار کـلمه‌ای نگفته‌اند و احتمال دارد چنین
رابطه‌ای حتی در زبانهای ملل دیگرهم یافته نشود؛ سوزن و عیسی شهرت ومعروفیت
دارد ولیکن افعی را نمی‌توان به‌عیسی بدل کرد و برای افعی معنی مناسب با جایگاه
کلمه و مصراع و بیت و حتی کل منظومه رادرکتاب لغت می‌توان پیدا کرد.

برای امکان تصحیح سوزن به‌صورت «سوسن» و یا عدم امکان اثبات صحت
معنی کلمهٔ سوزن در این بیت بوده است که من کوشیده‌ام صحت «سوسن» و درستی وجه
شبه آن را با بنگ (زمردگیا) در شمارهٔ خرداد ۶۳ مجلهٔ آینده به ثبوت برسانم.

مسلماً آقای زریاب نیز توجه و تأمل فرموده‌اند که یادداشت من در تصحیح و
معنی این بیت بر اساس همین وجه شبه دور می‌زند و سخن بر سر آنست که زمردگیا
(شاهدانه، بنگ) یک گیاه سکرآور با بوی تند است و شاعر کلید رمز معنی بیت را
درهمین نیز نهاده است  وبا توجه به‌معنی فضای باز محور عمودی سخن شاعر وگلوگاه
بستهٔ منطق معنوی بیت چاره‌ای نیست که بپذیریم شاعر  «افعا» را به‌عمد و برای ایجاد
مناسبت لفظی به‌صورت «افعی» نوشته و مراد او معنی «بوی خوش است» و ناچار
«سوسن» صحیح است.نه سوزن و کاتبان معنی را ندانسته و تحریف کرده‌اند. در مورد
این کاربرد نظامی امثله و شواهد فراوانی در پیش هست و اما فعلا این موضوع مطرح
است که شاعر در این بیت چه‌می‌گوید و چگونه است که هنرمند واژه‌های مناسب سرمه،
بیننده، نرگس، نرگس نما، افعی، زمرد و سوسن را به‌ردیف پیش هم می‌نهد و به‌کشف
مناسبت «زمردگیاه / شاهدانه» با «سوسن افعی/ سوسن خوشبو» و سکرآوری هردو
ومخصوصاً بوی خوش سوسن با خاصیت دارویی آن در مارگزیدگی توفیق می‌یابد.

## پیوست ۳

### مربوط به مقاله «این کجا و آن کجا» صفحه ۱۴۵

این هم قسمت اساسی «مقالهٔ جوابیّه» حضرت استادی دکتر حسینعلی هروی، نقل از صفحات ۴۳ـ۴۵ مجله «کیهان فرهنگی» سال ۵ شماره ۱۲.

با اینکه پاسخهای دندان‌شکن ایشان را در ذیل صفحات همان مقاله نقل کرده‌ام، دریغم آمد از خواندن و باز خواندن اصل نوشتهٔ ایشان محرومتان گذارم.

اما آنچه در باب اختصار و سهولت شرح خود نوشته‌ام هرگز مجوز این نخواهد بود که غلط یا اشتباهی تحویل خواننده، در هر درجهٔ علمی که باشد بدهم. این مطلقاً قابل بخشش نیست. پس اکنون می‌پردازم به دومین بهره از نقد جناب سعیدی یعنی آنجا که خطاهای مرا بر ملا ساخته و بر آنها انگشت نهاده‌اند. تا اگر اشتباهی در شرح و معنی ابیات مرتکب شده‌ام به هدایت نقد سالم برطرف سازم.

ب:

۱ـیارب این نودولتان را برخرخودشان نشان
کین همه ناز از غلام ترک و استر می‌کنند

ضبط قزوینی و خانلری «باخر خودشان نشان» است و بنده «برخر خودشان نشان» را مطابق ضبط قدسی انتخاب کرده‌ام و توضیح داده‌ام که با خر نشستن محتمل معنای نامطلوبی تواند بود، همچنانکه سودی آن را با خر در طویله نشستن معنی کرده است. جناب سعیدی مرقوم داشته‌اند: در متون کهن به جای به غالباً «با» به کار رفته است.

و جواب اینکه: ۱ـ اینجا بحث استعمال «با» به جای «به» مطرح نیست، سخن از مقایسهٔ باو بر است. مثلاً قدیمیها هم همه نمی‌گفتند «با خانه شدم» بعضی‌شان هم مثل خواجه حافظ شیرازی به خانه رفتن گفته‌اند چنانکه در این بیت:

مرو به خانه ارباب بی‌مروت دهر
که کنج عافیتت در سرای خویشتن است

۲ـ به فرض که پذیرفتیم با خر نشستن هم معنایی معادل بر خرنشستن داشته باشد نتیجه این است که در معنای بیت فرقی حاصل نشده.

۳ـ برای اینکه ثابت کنند با خرنشستن صحیح است با پیل‌نشستن را مثال آورده‌اند اما سخن بر سر این است که خر حیوان تحقیرشده‌ای است، اگر با خرنشستن از لحاظ دستوری هم درست باشد استعمال آن عاری از ذوق و ظرافت است زیرا به هرحال محتمل معنای مصاحبت با الاغ نیز می‌باشد و اهل زبان به این نکته‌ها توجه دارند، به خصوص شاعر نکته‌سنجی همچون حافظ که استاد ایهام و طنزگویی است. بگذریم، برای اینکه تصور نشود این نخستین باری است که چنین نکته‌ای در شعر حافظ

مکشوف شده و بنده تازه براثر توجه ناقد محترم با آن برخورد کرده‌ام عرض می‌کنم که این سومین‌بار است که در کار حافظ دراین بیت با این نکته مواجه شده‌ام و بحث «با» به جای «به» مطرح می‌شود: یکبار در مشاجرات قلمی با مرحوم مسعود فرزاد و یکبار در شرحی که بر مقالهٔ «کلام و پیام حافظ» نوشتهٔ ادیب ارجمند احمد سمیعی (گیلانی) نوشته بودم. محض حسن ختام اندکی ازاین نوشته را نقل می‌کنم: «به هرحال چه ضبط قزوینی را بپذیریم (با خرنشستن) و چه این ضبط (بر خرنشستن) را جز معنی تحقیری چیزی نصیب خر نمی‌شود. در زبان فارسی نه تنها از این چارپای زحمتکش هرگز با فخر و مباهات یادنشده، بلکه با افزودن یک (ئیت مصدری) از آن نماد حماقت ساخته‌اند.»

۲- خدا زان خرقه بیزار است صد بار
که صد بت باشدش در آستینی

در شرح این بیت بعداز آنکه معنی بت در آستین داشتن را نوشته‌ام احتمال داده‌ام که اشاره به واقعیت محسوسی نیز باشد وآن اینکه جبهٔ مشایخ صوفیه از پارچه‌های چینی دوخته می‌شده که صورتکهایی برآن‌ها نقش بوده. شاعر به ملاحظهٔ حرمت تصویر آن صورتکها را بت خوانده است. جناب سعیدی نپذیرفته‌اند ومرقوم داشته‌اند: «ذهن تلاشگر خود را به چین وماچین فرستاده‌اند وقبای گل وبته‌دار با تصاویر لیلی ومجنون بر تن شیخان خانقاهی پوشانده‌اند.» اما ذهن تلاشگر بنده به چین وماچین نرفته، قبای چینی است که به مثابه ره‌آورد یغماگران مغول به ایران زمین آمده است. بعداز چنگیز، در قرن هفتم وهشتم شاخه‌های مختلف از اولاد او در ایران سلطنت کردند وتمدن مخلوط مغولی- چینی در ایران رایج گشت. در جامع‌التواریخ رشیدی آمده است که خاتونان مغول در خانهٔ خود بتخانه داشتند ودیبای چینی، بت چینی، خوبرویان چین وچگل وغلام وکنیز ختائی همه آثار این فرهنگ است. چه استبعادی دارد که پارچه‌ای هم به سبک چینی با تصاویر لیلی ومجنون (البته چینی) در ایران مرسوم شده باشد.در هر حال بنده ابتدا معنی را داده‌ام وآنگاه حدسی زده‌ام، شاید محققی در ضمن کار خود به آن برخورد کند ونکته را روشن سازد. اما چون مطلب برایم قطعی نبود درآخر نوشته‌ام: «بنده هنوز دلیل وسندی براین حدس خود نیافته‌ام.» چرا ناقد محترم اینگونه نکته‌های حساس را در آنچه از نوشته‌های‌من‌نقل می‌کنند حذف می‌فرمایند؟

۳- ای پستهٔ تو خنده زده برحدیث قند
مشتاقم از برای خدا یک شکر بخند

یک شکر را در این بیت یک بوسه معنی کرده‌ام واین بیت نظامی:

دگر باره زشیرین شد شکر خواه
که غوغای مگس برخاست از راه

را که درآن شکر به معنی بوسه آمده به شهادت آورده‌ام. ناقد محترم معتقدند که یک شکر بخند یعنی «تبسمی کن» یا «یک ذره بخند» ومی‌افزایند: «در قرن هشتم به علت نبودن وسایل تصفیه، شکر را با رنگ طبیعی‌اش که به سرخی می‌زد به بازار می‌آوردند وهر اهل ذوقی با دیدن دانهٔ ریز وقرمز شکر به یاد دهان تنگ معشوق شیرین سخن می‌افتاده» در جواب عرض می‌کنم:

۱- درهمان قرن هشتم شکر مادهٔ سختی بوده که طوطی ناگزیر بوده با منقار محکم خود آن‌را بشکند وشکر شکن شود. دانهٔ ریز حاجت به شکستن طوطی نداشته. این بیت حافظ نیز همین معنی را تأیید می‌کند:

ز شور وعربدهٔ شاهدان شیرین کار
شکر شکسته، سمن ریخته، رباب زده

۲- هیچ شاعر فارسی زبانی دهان معشوق را از جهت خردی به دانهٔ شکر تشبیه نکرده ومطلقاً به یاد آن نیفتاده. اگر هست بفرمایند. ۳- تا وقتی غنچهٔ گل سرخ هست هیچ آدم خوش ذوقی از شکر سرخ بی‌شکل تیره رنگ به یاد لب ودهان معشوق نیفتاده. اگر افتاده بفرمایند. وبعد از جواب، اختلاف به اندازه یک بوسه بخند که بنده گفته بودم با یک ذره بخند یا تبسمی کن که شما معنی می‌کنید آنقدر نبود که قابل طرح وبحث شکر شناسی باشد.

٤- طوبی زقامت تونیارد که دم‌زند
زین قصه بگذرم که سخن می‌شود بلند

درنقد برمعنی این بیت نوشته‌اند: «به جای آنکه درخت طوبای به آن بلندی را جانشین بهشت به آن گشادی کنند وقامت معشوق را «نماد عیش وعشرت این جهانی» که به هر حال کوتاه ومختصر است، تعبیر فرمایند ایکاش خوانندهٔ مبتدی را متوجه معانی متعدد «بلند» می‌کردند تا لطف سخن دوپهلوی حافظ روشن‌تر شود.» وایکاش به جای این همه لطایف وظرایف دوکلمه حرف سرراست می‌زدند که بنده موضع اشکال را تشخیص دهم.بلند در بیت صفت سخن آمده ونمی‌دانم در بلند شدن سخن چه معانی متعددی می‌تواند نهفته باشد!؟

۵- گرطیره می‌نمایی وگرطعنه می‌زنی
ما نیستیم معتقد شیخ خودپسند

طیره نمودن را آشفته خاطر ساختن معنی کرده‌ام وناقد محترم «با خشم وتحکم» معنی می‌کنند. از حافظ مثال آورده‌اند: «شیخم به طیره گفت حرام است می‌مخور» واز سعدی «خشم بیحد مران وطیره مگیر» ظاهراً توجه ندارند که دراین مثالها به طیره گفتن وطیره گرفتن آمده که معنی خشم وتحکم در آنها صادق است ودر بیت مورد

بحث طیره نمودن است ومعنی همان آشفته خاطر ساختن که آورده‌ام.

۶- زآشفتگی حال من آگاه کی شود
آن را که دل نگشت گرفتار این کمند

این کمند را در بیت همان دام شیخ خودپسند دانسته‌ام وایشان آن را کمند زلف یار می‌دانند. نظرشان صحیح است. با تشکر.

۷- کفر زلفش ره دین می‌زد وآن سنگین دل
در رهش مشعلی از چهره برافروخته بود

بعد از آنکه معنای بیت را داده‌ام برای روشن کردن رابطهٔ میان راهزنی و مشعل افروختن که دربیت مطرح است به این نکته اشاره کرده‌ام که درجنگ و راهزنیهای شبانه درقدیم رسم چنان بوده که یکی از راهزنان مشعلی پیشاپیش می‌برد و دیگران از پشت سرمی‌آمدند و حمله می‌کردند و اشارهٔ شاعر به این واقعیت خارجی است. این رابطه فقط درتصور شاعر نبوده است و طبق معمول خود از وقایع زندگی اجتماعی به تخیلات شاعرانه رسیده است. از تاریخ آل‌مظفر شاهدی برادعای خود آورده‌ام. ناقد محترم نوشتهٔ مرا نقل کرده‌اند و بی‌هیچ توضیحی برآن افزوده‌اند: «ورنه باحضور دزدان چراغدار زمانه حاجت نبود که به سراغ تاریخ آل‌مظفر روند و هندوی زلف کافرکیش را به میدان جنگ بکشانند.» همین. این است کل اشکال برشرح بیت. به حقیقت نمی‌دانم مقصود چیست. سخن چندان به لطایف و ظرایف آراسته شده که مقصود درآن گم است، شاید می‌خواهند بفرمایند که مفهوم بیت به مصراع معروف سنایی: «چودزدی باچراغ آید گزیده‌تر برد کالا» اشاره دارد. اگر واقعاً چنین باشد باید عرض کنم مفهوم بیت حافظ نمی‌تواند بااین مصراع منطبق شود زیرا دربیت حافظ سخن از راهزنی بامشعل است نه دزدی باچراغ. درمصراع سنائی چراغ فقط یک مفهوم سمبولیک است مطلقاً درعالم واقع قابل تحقق نیست زیرا دزد که معمولاً دزد کالای خانگی و شهری است هرگز باچراغ به دزدی نمی‌رود. اگر مقصود دیگری داشته‌اند برمن روشن نیست. از سخنانی نظیر «به میدان کشیدن هندوی زلف کافرکیش» بیش از این دستگیرم نمی‌شود. تاریخ آل‌مظفر هم تاریخ عصر حافظ است پس برای آوردن شاهد راه دوری نرفته‌ام.

۷- نقش می‌بستم که گیرم گوشه‌ای زان چشم مست
طاقت و صبر از خم ابروش طاق افتاده بود

طاق افتادن را دربیت به حالتی بی‌نظیر افتادن معنی کرده‌ام و ناقد محترم آن را «جدا و دورماندن» می‌دانند. ولی اصطلاح طاق افتادن در فرهنگ معین هم یکتا و بی‌نظیر شدن معنی شده و این معنی است که دربیت درست جا می‌افتد. درحالیکه «دور و جدا ماندن» درهمان فرهنگ معین معادل اصطلاح «طاق شدن» آمده است. وانگهی «جدا و دورماندن» صبر و طاقت عاشق ازخم ابروی معشوق چه‌معنایی دارد؟

۸- پرتو روی تو تا در خلوتم دید آفتاب
می‌رود چون سایه هردم بردر و بامم هنوز

ناقد محترم معتقدند که بر بام آمدن آفتاب سرک کشیدن برای دیدن روی معشوق است چنانکه برای دیدن مهمان تازه وارد مردم از در و دیوار بالا می‌آیند و سرک می‌کشند. در حالی که بنده نوشته‌ام مراد این است که خورشید از شرم روی معشوق مثل سایه گریزان می‌شود و از در و دیوار بالا می‌رود. نظر ناقد محترم را به چند دلیل نمی‌توانم بپذیرم: ۱- در بیت سخن از خلوت عاشق و معشوق است و چه کسی در کشور مسلمان جرئت داشته از دیوار بالا بیاید و ناظر چنین خلوتی باشد؟ ۲- در انطباق کلمات بیت بانظر ناقد محترم نیز اشکالاتی پیش می‌آید بدین معنی که برای دیدن یک مهمان تماشائی مردم از دیوار بالا می‌آیند تا او را ببینند حال آنکه در بیت آفتاب پرتو روی معشوق را دیده است و حالا از دیوار بالا می‌رود. این بیت دیگر حافظ:

فروغ ماه می‌دیدم زبام قصر او روشن
که روی از شرم آن خورشید در دیوار می‌آورد

هم در همین زمینهٔ بیت مورد بحث است و مؤید نظر این بنده.

۹- خواهی که روشنت شود اسرار درد عشق
از شمع پرس قصه زباد صبا مپرس

در معنی بیت اختلافی نیست جز اینکه استنباط بنده از اینکه چرا باید قصه را از شمع پرسید و از باد صبا نپرسید این است که شمع به علت سوز و گداز خود که معلوم و محسوس است می‌داند که عشق با درد و سوز و گداز ملازمت دارد ولی باد صبا چون وزشی ملایم و خنک دارد از سر عشق آگاه نیست. ناقد محترم نقش باد صبا را چنانکه بنده گفته‌ام نمی‌پذیرند و می‌نویسند: «بعید می‌دانم قضیه مربوط به خنکی باد صبا باشد وزش باد قاتل شمع است.....» و بنده ابعد می‌دانم باد صبا که همیشه در حافظ بیمار است و کاهل رو اینجا نقش قاتل داشته باشد، ، به علاوه برای توضیح عشق دو حالت متضاد یعنی سوختن شمع را با خنکی باد صبا مقایسه می‌کند. قتل و جنایت در این مقایسه چه محلی از اعراب تواند داشت؟ بگذریم. این دیگر معنی نیست، این استنباطی است که هرکس می‌تواند به نسبت آشنایی خود با حافظ از کنایات و اشارات او داشته باشد. اینگونه اختلاف‌نظرها و استنباطهای مختلف در حافظ کم نیست،

مثلاً در این بیت:

طراز پیرهن زرکشم مبین چون شمع
که سوزهاست نهانی درون پیرهنم

که‌اتفاقاً باز موضوع به حالات شمع مربوط می‌شود. طراز پیرهن را بنده زرورقی دانسته‌ام که در قدیم به دور شمع می‌پیچیدند. جناب احمد احمدی بیرجندی این معنیّ را نپذیرفته. آن را اشکی دانسته است که اززیر شعلهٔ شمع می‌چکد و به شکل پوششی در ساقهٔ آن جمع می‌شود (نشر دانش شمارهٔ بهمن واسفند ۱۳۶۶). دکتر خانلری در تعلیقات برحافظ خود آن را پیرهن فانوس دانسته است وآقایان دکتر محمدعلی اسلامی ندوشن در مجلهٔ «دانشکده ادبیات» (پاییز ۱۳۶۷) وبهاءالدین خرمشاهی در **حافظ‌نامه** آن را شعلهٔ شمع به حساب آورده‌اند. این اختلاف‌نظرها هم سبب وسعت کار حافظ است وهم عامل گرفتاریهای آن. به هرصورت بنده نظر فاضل ارجمند جناب سعیدی را برمتن کارم خواهم افزود.

۱۰- دربارهٔ مصراع حافظ «رسید موسم گل معرفت مگوی» شرحی در باب معرفت گفتن نوشته‌ام وعباراتی از عین القضات نقل کرده‌ام. هیچ معلوم نیست نظرشان چیست، این مصراع ازعبید زاکانی را نقل کرده اند: «هر معرفتی که مرد بنگی گوید». از این اشارهٔ معماگونه هم‌بندهٔ کندذهن چیزی نفهمیدم ظرافت طبع وزینتهای حاشیه‌ای کلام چندان بر سراسر متن غلبه دارند که به اصل کلام مجال ظهور و بروز نمی‌دهند.

۱۱- خیز و درکاسهٔ سرآب طربناک انداز
پیشترزآنکه شود کاسهٔ سرخاک‌انداز

درتوضیح کلمهٔ خاک‌انداز نوشته‌ام که بعضی از صوفیه تارک‌الدنیا از کاسهٔ سر مرده برای خود خاک‌انداز می‌ساخته‌اند واشارهٔ بیت به این نکته است، نپذیرفته‌اند ونوشته‌اند: «قطعاً به سراغ استخوان شانه می‌رفتند.» اگر تااین حد را بپذیریم استخوان جمجمه هم معنای دوری نیست.

۱۲- چون زنسیم می‌شود زلف بنفشه پرشکن
وه‌که دلم چه یاد آن عهد شکن نمی‌کند

مصراع دوم را چنین معنی کرده‌ام: «شگفت‌آور است که چرا دلم یادی از آن معشوق عهدشکن نمی‌کند.» و ایشان معتقدند مراد کثرت و فراوانی است. تعجب‌آور اینکه ناقد محترم دیگری هم در «نشر دانش» (شمارهٔ اول آذرو دی ۱۳۶۷) معنایی را که بنده داده‌ام نپذیرفته‌اند و عیناً مثل جناب سعیدی معنی می‌کنند: «وه که دلم چه بسیار از آن عهدشکن یاد می‌کند». ولی حقیقت اینکه بنده هر قدر که جمله را می‌سنجم و زیرورو می کنم نمی‌توانم چنین معنایی از آن بیرون بیاورم و معنایی را که خود داده‌ام به جهات مختلف ترجیح می‌دهم: ۱- شگفتی شاعر از این است حالا که زلف بنفشه پرشکن شده قاعدتاً دل او باید به یاد یار «عهدشکن» بیفتد زیرا هر دو شکننده‌اند در صورتی که یاد آن عهدشکن نمی‌کند. ۲- این غزل از مطلع اعتراض و منفی‌گوئی است:

سروچمان من چرا میل چمن نمی‌کند
همدم گل نمی‌شود یادسمن نمی‌کند

فصل گلگشت است ولی معلوم نیست بر اثر چه حادثه‌ای نه معشوق میل تفرج دارد نه خود شاعر دل و دماغی. بیت بعد از بیت مورد بحث هم تأکید بر نفی و یأس شاعراست:

دل به امید روی او همدم جان نمی‌شود
جان به هوای کوی او خدمت تن نمی‌کند

پس بنده به دلایلی که عرض کردم بر نظر خود باقی مستم. نظر ناقدان ارجمند راهم در چاپ بعدی کتابم نقل خواهم کرد.

۱۲- کس ندانست که منزلگه مقصود کجاست
اینقدر هست که بانگ جرسی می‌آید

بعد از دادن معنی بیت در توجیه «بانگ جرسی می‌آید» نکته‌ای از **تفسیر ابوالفتوح رازی** نقل کرده‌ام به ین شرح: «وحارث بن هشام رسول ص را پرسید که وحی چون آید فرمود اوقاتی چنان باشد که آواز جرس. گاهی فرشته بیاید به صورت مردی و آنچه گوید بشنوم و بدانم.» و احتمال داده‌ام که بانگ جرس در بیت اشاره به این روایت باشد. ناقد محترم این اشارهٔ احتمالی را نپذیرفته‌اند و مرقوم داشته‌اند: «گاهی دستخوش سلیقهٔ اهل زمانه شده‌اند، حاضرم به صفای همان سینه که گنجینهٔ قرآن است قسم بخورم که قطعاً و حتماً ذهن شاعر هنگام سرودن این بیت متوجه این نکته نبوده است.» سوگند خوردن روش تازه‌ای است در امر تحقیق. و اگر این روش باب شود که طرفین دعوی شاهد بیاورند و سوگند یاد کنند منطق ارسطو بعد از دوهزار و پانصد سال بر طاق نسیان نهاده خواهد شد و طبعاً هرطرف که سوگند غلیظ و شدیدتری یاد کند و قطعاً و حتماً بیشتری مصرف کند ذی‌حق تشخیص داده خواهد شد. اما روش جدید مورد قبول بنده نیست. به روش خود پاسخ می‌دهم. **تفسیر ابوالفتوح رازی** از تفاسیر معتبر است، در زمان حافظ شهرت و رواج داشته، پس اصولاً این امکان منتفی نیست که با توجهی که حافظ به قرآن و علوم قرآنی داشته آن را دیده باشد اما برای اینکه به طور قطع بگوییم حافظ آن را دیده و اشارهٔ بیت متوجه آن است، لازم است سندی داشته باشم یا مشابهت مضمون بیت با مضمون روایت یک مشابهت کامل و تمام عیار باشد اما این جا مشابهت وجود دارد ولی نه در حد کمال در حدی

که تولید گمان می‌کند. گمانی که نه قابل رد است و نه قابل اثبات. بناچار احتمال می‌دهم که اخذ و اقتباسی به عمل آمده باشد ومشابهت صرفاً از نوع توارد و اتفاقی نباشد. در شعر حافظ سخن از وحی نیست بانگ جرس از منزلگه مقصودمی‌آید و در روایت،آمدن وحی به بانگ جرس تشبیه شده است. چنین است که مشابهت،یک مشابهت کامل نیست به هرحال بنده چنین جرئتی ندارم که دربارهٔ یک امر مشکوک چنان غلیظ و شدید به مقدسات سوگند یاد کنم، ناچار از ادات تمریض استفاده کرده‌ام و گفته‌ام احتمال دارد که اشاره به روایت باشد. و ناقد محترم طبق معمول نوشتهٔ بنده را ناقص نقل کرده‌اند و «احتمال» را منظور نداشته‌اند. روایت دلنشینی بود، مشابهت در حدی که ظن و گمان ایجاد کند وجود داشت، احتمالی داده‌ام و برنظر خود باقی هستم.

اما نقل روایت ابوالفتوح خود حکایتی دارد که به گفتنش می‌ارزد تا معلوم شود که لقمهٔ حرام چگونه در گلو گیر می‌کند. و حکایت اینکه ناشر فاضل بی‌ادعا (نشرنو) در طول کار شرح حافظ پیوسته مراقب جریان کار بوده، گاهی یادآوریهای سودمند می‌نمود. از جمله در این بیت او مرا متوجه روایت ابوالفتوح ساخت. نکته را جالب یافتم و نقل کردم. از ایشان خواهش کردم اجازه دهد در متن یادآور شوم که بر اثر تذکر او بوده است که بنده روایت را نقل کرده‌ام. او تعارفی کرد که لازم نیست، بنده هم اصرای نکردم، بلکه موقع را مغتنم شمردم و کشف نکته را به حساب خود گذاشتم و اکنون باید با سوگندان مغلظهٔ ناقد محترم مواجه شوم که چنین نیست. سهل است باید به ریا وتزویر متهم گردم که در نوع استدلال دستخوش سلیقهٔ اهل زمانه شده‌ام. اما اگر نقل یک روایت دلیل بر تبعیت از سلیقهٔ اهل زمانه شناخته شود باید خاطرنشان سازم که به شهادت فهارس که در جلد چهارم آمده ۱۰۳ آیه از قرآن کریم نقل کرده‌ام که هرکدام به جهتی با ابیات حافظ ارتباط پیدا می‌کنند و همه به سلیقه و قضاوت شخصی، پیراسته ازهر نوع میل و انعطاف:

گفتی از حافظ ما بوی ریا می‌آید
آفرین بر نفست باد که خوش بردی بوی

سعیدی سیرجانی نویسندهٔ شیرین سخن و طنزگوی معاصر که بعضی از آثارش در بین فارسی زبانان جهان شهرت بسیار یافته، از مردم سیرجان است. تحصیلات مقدماتی خودرا در سیرجان و کرمان به پایان رسانید و در همان زمان بود که حبیب یغمائی مدیر مجلهٔ یغما او را به ادامهٔ تحصیل تشویق کرد و سپس علی اصغر حکمت که گذارش به آن دیار افتاده بود و او را دانش آموزی مستعد تشخیص داده بود سعیدی را برای ادامهٔ تحصیل روانهٔ تهران ساخت و بدین ترتیب وی رشتهٔ زبان و ادبیات فارسی را در دانشگاه تهران به پایان رسانید و به خدمت معلمی در وزارت فرهنگ (آموزش و پرورش) پرداخت. از سال ۱۳۴۰ در هیأت مؤلفان لغتنامهٔ دهخدا به خدمت مشغول شد و از سال ۱۳۴۴ که بنیاد فرهنگ ایران زیر نظر دکتر پرویز ناتل خانلری آغاز به کار کرد تا تعطیل آن مؤسسه در انقلاب اسلامی، مسئولیت نشر کتاب را در آن بنیاد بر عهده داشت.

سعیدی سیرجانی در ضمن خدمت در بنیاد فرهنگ ایران چندین سال نیز در پژوهشکدهٔ بنیاد فرهنگ ایران و یکی دو دانشکده در تهران به تدریس ادبیات فارسی مشغول بود، و در سال ۱۹۸۸ میلادی بدعوت دانشگاه کلمبیا، نیو یورک به مدت یک نیمسال تحصیلی در بخش زبانها و فرهنگهای خاورمیانهٔ آن دانشگاه به تدریس متون فارسی اشتغال داشت.

در دوران انقلاب اسلامی با آنکه چند کتاب او مانند «سیمای دو زن» و «ضحّاک ماردوش» اجازهٔ نشر یافت ولی از سال پیش از نشر همهٔ آثار وی حتی دو کتاب مذکور و نیز «تاریخ بیداری ایرانیان» (مربوط به دوران مشروطیت) تألیف ناظم‌الاسلام کرمانی و «تفسیر سورآبادی» به زبان فارسی که بچاپ رسیده و صحافی شده، جلوگیری به عمل آمده است.

سعیدی سیرجانی اخیراً طی دو نامه خطاب به مقامهای بلند پایهٔ ایران و نمایندگان مجلس شورای اسلامی که در روزنامه‌های خارج از کشور به چاپ رسیده است دربارهٔ زیانهائی که از این راه به ناشران کتابهایش و شخص وی وارد گردیده، شکایت کرده است.

کتاب «ته بساط» تازه‌ترین مجموعه مقالات سعیدی سیرجانی است که در ایران اجازهٔ چاپ و نشر نیافته است.

# Tah Basat

Critical Essays by Saidi Sirjani
[Persian Language]

Ibex Publishers,
Bethesda, Maryland